부다페스트 홀리데이

부다페스트 홀리데이

2019년 01월 18일 초판 1쇄 펴냄
2020년 01월 20일 초판 2쇄 펴냄

지은이	유상현
발행인	김산환
편집	윤소영
디자인	윤지영
마케팅	정용범
지도	글터
펴낸 곳	꿈의지도
인쇄	두성 P&L
종이	월드페이퍼
주소	경기도 파주시 경의로 1100, 604호
전화	070-7535-9416
팩스	031-947-1530
홈페이지	www.dreammap.co.kr
출판등록	2009년 10월 12일 제82호

979-11-89469-22-1-14980
979-11-86581-33-9-14980(세트)

지은이와 꿈의지도 허락 없이는 어떠한 형태로도 이 책의 전부, 또는 일부를 이용할 수 없습니다.
※ 잘못된 책은 구입한 곳에서 바꿀 수 있습니다.

BUDAPEST
부다페스트 홀리데이

유상헌 지음

꿈의지도

CONTENTS

- 010　프롤로그
- 011　헝가리어 표기 원칙
- 012　〈부다페스트 홀리데이〉 100배 활용법
- 014　헝가리 주변도
- 015　부다페스트 지하철 노선도

BUDAPEST BY STEP
여행 준비 & 하이라이트

STEP 01
PREVIEW
부다페스트를 꿈꾸다

- 018　01 부다페스트 MUST SEE
- 022　02 부다페스트 MUST DO
- 028　03 부다페스트 MUST EAT

STEP 02
PLANNING
부다페스트를 그리다

- 032　01 부다페스트 오리엔테이션
- 038　02 부다페스트 여행 체크리스트
- 046　03 부다페스트 드나들기
- 054　04 부다페스트 대중교통 완전 정복
- 058　05 계절별 여행 설계
- 060　06 부다페스트 카드
- 064　07 부다페스트 2박 3일 기본 코스
- 068　08 부다페스트 근교 포함 2박 3일 코스
- 070　09 부다페스트 3박 4일 코스
- 071　10 부다페스트 당일치기 속성 코스
- 072　11 부다페스트 근교 1주일 코스
- 074　12 부다페스트에서 헝가리를 만나다

STEP 03
ENJOYING
부다페스트를 즐기다

- 078 01 세계 3대 야경 속으로
- 080 02 부다페스트 온천 여행
- 084 03 부다페스트 밀레니엄 프로젝트
- 086 04 아름답고 푸른 다뉴브강
- 088 05 유네스코 세계 문화유산 탐험
- 090 06 부다페스트가 한눈에 보이는 전망대
- 091 07 한국인 입맛에 딱! 부다페스트 식도락 여행
- 092 08 귀족처럼 즐기는 카페 문화
- 094 09 성실히 기억하는 격동의 현대사
- 096 10 클래식부터 클럽까지 신나는 공연
- 098 11 부다페스트 축제 캘린더

STEP 04
EATING
부다페스트를 맛보다

- 104 01 굴라시의 본고장, 헝가리 전통 음식
- 107 02 개성만점 알코올 파티
- 110 03 수준 높은 베이커리
- 112 04 가볍게 즐기는 길거리 간식
- 113 05 최고급 미쉐린 레스토랑
- 114 06 모든 취향을 저격하는 글로벌 요리
- 116 07 한식이 그리울 때, 한국 식당
- 117 08 부다페스트 레스토랑의 예절과 이용 방법

STEP 05
SHOPPING
부다페스트를 남기다

- 122 01 헝가리쿰! 헝가리쿰! 헝가리쿰!
- 125 02 부다페스트의 쇼핑몰과 쇼핑가
- 128 03 구경만 해도 즐거운 전통 시장
- 130 04 꼭 알아야 하는 편의점 쇼핑
- 132 05 택스 리펀드 제도

STEP 06
SLEEPING
부다페스트에서 자다

- 136 01 부다페스트 숙박업소 속성 정리
- 141 02 부다페스트 지역별 숙박 가이드
- 142 03 강변의 고급 호텔 BEST 3
- 143 04 피로가 풀리는 스파 호텔 BEST 3
- 144 05 오랜 전통을 잇는 역사적인 호텔 BEST 3
- 145 06 실속 여행자를 위한 중저가 호텔 BEST 3
- 146 07 호텔을 대신하는 호스텔 BEST 3
- 147 08 배낭여행의 동반자 호스텔 BEST 3
- 148 09 친구처럼 안심되는 한인 민박

CONTENTS

BUDAPEST BY AREA
부다페스트 지역별 가이드

01
페슈트 중심부
152

154	PREVIEW
155	ONE FINE DAY
156	MAP
158	SEE
173	EAT
179	SLEEP

02
페슈트 북부
184

186	PREVIEW
187	ONE FINE DAY
188	MAP
190	SEE
200	EAT
205	SLEEP

03
페슈트 남부
212

214	PREVIEW
215	ONE FINE DAY
216	MAP
218	SEE
228	EAT
235	SLEEP

04 부더 *242*	244 245 246 248 265 269	PREVIEW ONE FINE DAY MAP SEE EAT SLEEP

05 오부더&머르기트 *272*	274 275 276 278 285	PREVIEW ONE FINE DAY MAP SEE EAT

SPECIAL 1 DAY TOUR *286*	288 298 323	**01** 센텐드레 **02** 다뉴브 벤드 **03** 벌러톤 호수

346	여행 준비 컨설팅
357	인덱스

프롤로그

강변에 자리 잡은 웅장한 국회의사당, 그러나 여기는 영국 런던이 아니다. 아름다운 다리 위로 보이는 거대한 고성, 그러나 여기는 체코 프라하가 아니다. 폐허도 예술로 승화시키는 남다른 센스와 클럽의 열기, 그러나 여기는 독일 베를린이 아니다. 진한 커피 향 가득한 역사적인 카페, 그러나 여기는 오스트리아 빈이 아니다.

여기는 헝가리의 수도 부다페스트. 웅장하고 아름다운 건축, 감탄사가 절로 나오는 낭만적인 야경, 시원하게 강바람을 가르는 유람선, 드문드문 고개를 드는 동구권의 복고적 분위기, 전통과 어우러지는 젊은 열기 등 무엇 하나 빠지지 않고 이 넓은 도시의 낮과 밤을 채운다. 뜨뜻한 물에 몸을 담그고 피로를 풀어야 하는 당신에게는 세계적인 온천이, 얼큰한 국물로 속을 풀어야 하는 당신에게는 고추와 마늘이 팍팍 들어간 맛있는 음식이 기다리고 있다.

취재를 위해 부다페스트를 하염없이 걸었다. 과연 소문대로 야경은 아름다웠고, 런던·프라하·베를린·빈 등이 겹쳐지는 다채로운 매력은 예상 밖의 즐거움을 선사했다. 물가는 저렴하고, 사람들은 친절했으며, 대도시의 인프라는 편리한 여행을 도왔다.

〈부다페스트 홀리데이〉에 그 즐거움을 모았다. 헝가리의 낯선 언어와 다른 화폐 등 여행에 걸림돌이 되는 장벽이 없지는 않았다. 하여, 걸림돌을 치울 공부는 저자가 했다. 독자 여러분은 〈부다페스트 홀리데이〉를 가지고 즐거움만 누리시기를 바란다!

Thanks to..

글만 쓰지 않았을 뿐 함께 자료를 모으고 뒷바라지 해준 꽃보다 아름다운 최지연 어시스님은 사실상 이 책의 공동저자라 해도 과언이 아니다. 애비어미가 바쁜 와중에도 건강하게 잘 자라준, 제 엄마를 똑 닮아 상위 0.1%의 미모를 뽐내는 따님도 (안 자느라) 고생 많았다. 물심양면으로 도와주시는 네 분의 부모님과 나중에 얼굴 보고 할 말 많은 또 한 분의 아버님, 늘 마음 쓰였던 핸디캡을 제거해 준 올림푸스코리아 양영지 과장님, 꿈의지도 김산환 대표님과 서수빈 에디터님, 이상 열 분의 님들과 취재에 많은 도움 주신 BFTK의 Szervátiusz Lilla께 감사 인사를 전한다.

헝가리어 표기 원칙

외래어 표기법을 따르자면 Budapest는 부다페스트가 아니라 부더페슈트가 옳다. 그렇다고 책을 〈부더페슈트 홀리데이〉라고 할 수는 없는 노릇. 많은 고민 끝에 도시 이름은 부다페스트라는 관용적 표기를 인용하고, 나머지 고유 명사는 모두 외래어 표기법에 준하여 적기로 결정하였다.

그러하다 보니 Budapest는 부다페스트이지만 Buda는 부더, Pest는 페슈트로 적게 되었다. 다소 혼동될 수 있지만 이것이 그나마 현지의 지명에 가장 익숙해지는 길이라 생각하였음을 먼저 밝힌다.

그 외에는 부다페스트와 떼려야 뗄 수 없는 다뉴브(도나우)만 예외적으로 현지어 표기인 두너강 대신 영어식 표기인 다뉴브강으로 적었다. 단순한 지명이 아니라 다뉴브 유람선, 다뉴브 벤드 등 여행에 직접적으로 관련이 되는 명칭이기에 우리에게 친숙한 표현을 사용하는 것이 독자 여러분께 더 효과적으로 전달될 것이라 생각한다.

다행히 부다페스트에는 영어 표지판이 잘 갖춰져 있으며, 주요 관광지의 영어식 표기도 곳곳에서 발견할 수 있다. 따라서 이 책에서는 관광지의 현지어와 영어식 표기를 함께 소개하여 이해를 돕도록 하였다.

〈부다페스트 홀리데이〉 100배 활용법

부다페스트 여행 가이드로 〈부다페스트 홀리데이〉를 선택하셨군요. '굿 초이스'입니다.
부다페스트에서 뭘 보고, 뭘 먹고, 뭘 하고, 어디서 자야 할지 더 이상 고민하지 마세요.
친절하고 꼼꼼한 베테랑 〈부다페스트 홀리데이〉와 함께라면
당신의 부다페스트 여행이 완벽해집니다.

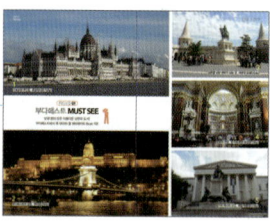

1) 부다페스트를 꿈꾸다
❶ STEP 01 » PREVIEW 를 먼저 펼쳐 보세요. 웅장한 건축물의 낮과 화려한 야경의 밤이 공존하는 부다페스트에서 꼭 봐야 할 것, 해야 할 것, 먹어야 할 것을 알려 줍니다. 놓쳐서는 안 될 핵심 요소들을 사진으로 먼저 만나 보세요.

2) 여행 스타일 정하기
❷ STEP 02 » PLANNING 을 보면서 나의 여행 스타일을 정해 보세요. 여행의 기본 배경이 되는 역사, 여행 기본 정보로 부다페스트와 친해지세요. 그 다음은 핵심만 쏙쏙 보는 당일치기부터 소소한 행복을 만끽할 수 있는 1주일 코스까지 원하는 스케줄에 맞춰 일정을 선택하기만 하면 됩니다.

3) 할 것, 먹을 것, 살 것 고르기
여행의 밑그림을 다 그렸다면 구체적으로 여행을 알차게 채워갈 단계입니다.
❸ STEP 03 » ENJOYING 에서 ❹ STEP 05 » SHOPPING 까지 펜과 포스트잇을 가지고 꼼꼼히 체크해 보세요. 넋이 나갈 정도로 황홀한 부다페스트의 야경, 차원이 다른 스케일의 온천, 한국인의 입맛에 딱 맞는 헝가리의 음식들, 부다페스트에서 꼭 사와야 할 아이템까지 체크만 하면 됩니다.

4) 여행지별 일정 짜기

여행의 콘셉트와 목적지를 정했다면 이제 여행지별로 묶어 동선을 그려봅시다. ❺ **부다페스트 지역편**에서 부다페스트의 지역별 관광지와 레스토랑 등을 소개합니다. 도시를 가장 알차게 여행할 수 있는 효율적인 루트를 제시합니다. 추천 루트만 따라 해도 알찬 일정이 될 거예요.

5) 숙소 정하기

어디서 자느냐가 여행의 절반을 좌우합니다. 숙소가 어디인지에 따라 일정도 달라집니다. ❻ **STEP 02 》 SLEEPING**에서는 각 테마별 베스트 숙소를 제시합니다. 이와 함께 ❼ **부다페스트 》 SLEEP**에서는 지역별 여행지마다 먹고 잘 수 있는 곳들을 알려 줍니다. 배낭여행자들을 위한 호스텔, 국회의사당이 보이는 화려한 호텔, 상상도 못할 가성비 넘치는 숙소까지. 자신의 취향에 맞는 숙소가 금방 나타날 거예요.

6) D-day 미션 클리어

여행 일정까지 완성했다면 책 마지막의 ❽ **여행준비 컨설팅**을 보면서 혹시 빠뜨린 것은 없는지 확인해 보세요. 여행 90일 전부터 출발 당일까지 날짜별로 챙겨야 할 것들을 담아 놓았습니다.

7) 홀리데이와 최고의 여행 즐기기

이제 모든 여행 준비가 끝났으니 〈부다페스트 홀리데이〉가 필요 없어진 걸까요? 여행에서 돌아올 때까지 내려놓아서는 안 돼요. 여행 일정이 틀어지거나 계획하지 않은 모험을 즐기고 싶다면 언제라도 〈부다페스트 홀리데이〉를 펼쳐야 하니까요. 〈부다페스트 홀리데이〉는 당신의 여행을 끝까지 책임집니다.

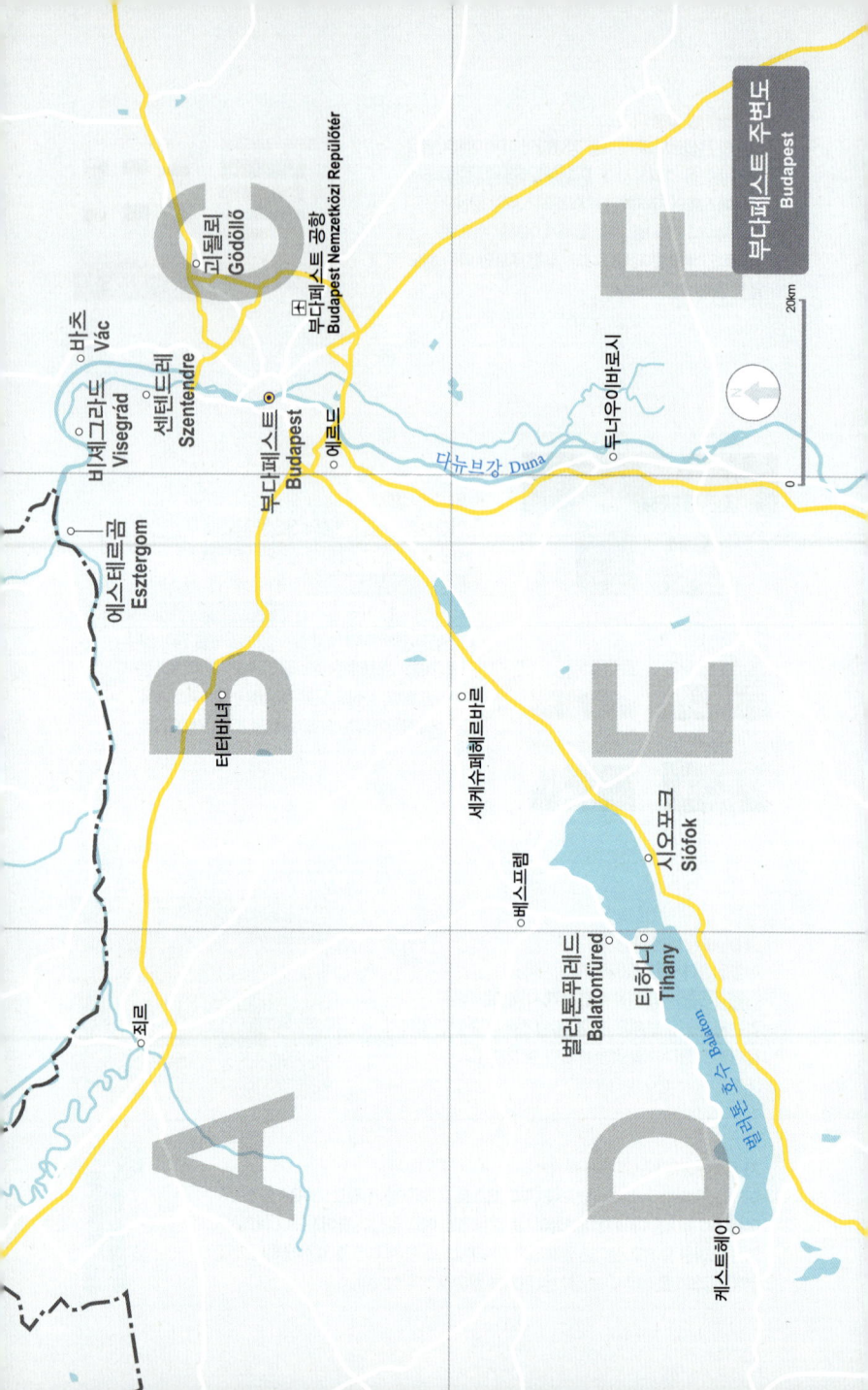

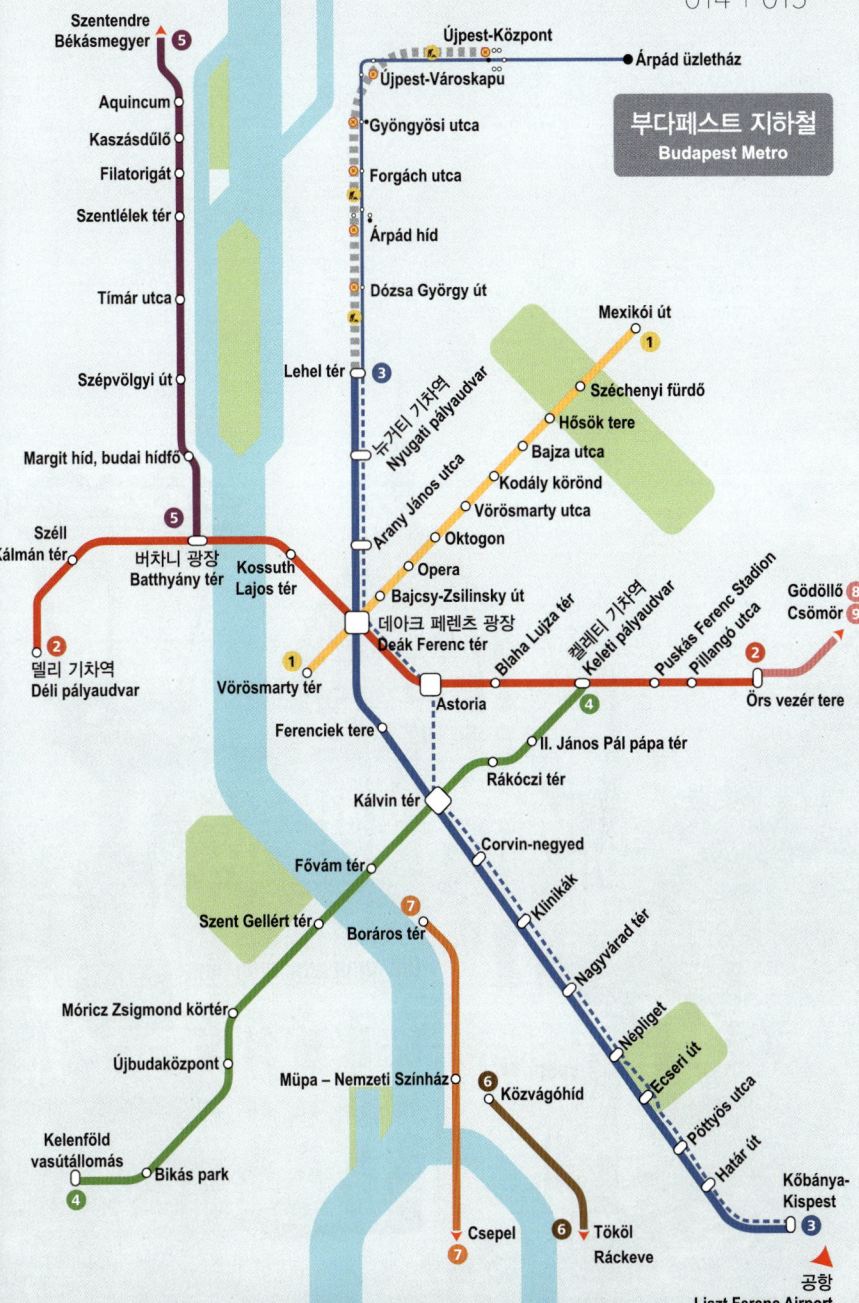

Step 01
PREVIEW

부다페스트를 꿈꾸다

01 부다페스트 MUST SEE
02 부다페스트 MUST DO
03 부다페스트 MUST EAT

STEP 01
PREVIEW

1 다뉴브의 주인공, 국회의사당(158p)

> PREVIEW 01

부다페스트 MUST SEE

낮과 밤이 모두 아름다운 낭만의 도시!
부다페스트에서 꼭 보아야 할 하이라이트 BEST 10!

2 부다페스트의 상징, 부더성(250p)

낭만을 낚는 어부가 되는 곳, 어부의 요새(254p)

영광의 전당, 성 이슈트반 대성당(166p)

헝가리 역사의 보고, 국립 박물관(218p)

STEP 01
PREVIEW

6
사자와 눈맞춤, 세체니 다리(164p)

7
영웅의 땅, 회쇠크 광장(194p)

8 동화 속 예술가 마을, 센텐드레(288p)

9 헝가리의 첫 수도, 에스테르곰 대성당(317p)

10 힐링이란 이런 것, 벌러톤 호수(326p)

STEP 01
PREVIEW

1 유럽 3대 야경 즐기기

2 언덕 위에서 다뉴브강 일몰 감상하기

PREVIEW 02

부다페스트
MUST DO

부다페스트에서 꼭 해봐야 할
15가지 미션!
이것을 완수하면 당신은
부다페스트 전문가가 된다.

4 다리 위에서 다뉴브강 바라보기

3 국회의사당을 바라보며 사랑을 속삭이기

5 다뉴브강에서 유람선 타기

STEP 01
PREVIEW

6 루인 펍에서 젊음을 불태우기

8 달콤한 와인 마시기

9 중앙 시장에서 헝가리쿰 득템하기

7 우아한 카페에서 수다 떨기

10 세계적인 온천에서 하루의 피로를 풀기

STEP 01
PREVIEW

11 고추와 마늘이 팍팍 들어간 매콤한 음식 맛보기

12 유럽 대륙에서 가장 오래된 지하철 탑승해 보기

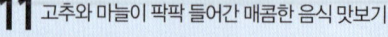

14 언드라시 거리를 여유롭게 거닐어 보기

13 우리에게 낯선 동구권의 흔적을 만나기

15 겨울의 낭만, 크리스마스마켓 즐기기

STEP 01
PREVIEW

구야시
이것은 얼큰한 육개장?
오리지널 본토 굴라시

할라슬레
생선이 들어간 매콤한 찌개?
헝가리식 매운탕 할라슬레

PREVIEW 03
부다페스트 MUST EAT

치르케 퍼프리커시
'치느님'과 매운 소스의 만남
치르케 퍼프리커시

퍼르쾰트
동서양 요리가 모두 느껴지는
헝가리식 스튜 퍼르쾰트

푸아그라
헝가리는 프랑스만큼이나
거위 간을 사랑한다는 사실

굴뚝빵
동유럽의 명물인 동글동글
쫀득한 굴뚝빵

맛과 가격 모두를 만족시키는 부다페스트의 다양한 음식열전!
무엇보다 헝가리 요리는 한국인의 입맛에 너무 잘 맞는다.

란고시
토핑 얹은 바삭한 도넛?
꽈배기맛 부침개 란고시

토르터
오스트리아의 토르테가
헝가리의 토르터로 진화했다.

Step 02
PLANNING

부다페스트를 그리다

01 부다페스트 오리엔테이션
02 부다페스트 여행 체크리스트
03 부다페스트 드나들기
04 부다페스트 대중교통 완전 정복
05 계절별 여행 설계
06 부다페스트 카드
07 부다페스트 2박 3일 기본 코스
08 부다페스트 근교 포함 2박 3일 코스
09 부다페스트 3박 4일 코스
10 부다페스트 당일치기 속성 코스
11 부다페스트와 근교 1주일 코스
12 부다페스트에서 헝가리를 만나다

STEP 02
PLANNING

PLANNING 01

부다페스트 **오리엔테이션**

유명한 도시인데 막상 부다페스트에 대해 생각하면 우리가 알고 있는 내용이 많지 않다.
부다페스트를 이해할 수 있는 배경 정보를 요약한다.

지명의 유래

헝가리의 수도 부다페스트Budapest는 다뉴브강 서편의 부더Buda와 동편의 페슈트Pest가 통합된 거대 도시다. 헝가리어 발음으로는 부더페슈트, 영어 발음으로는 뷰더페스트. 한국에서는 독일어 발음인 부다페스트가 관용적으로 통한다.

부더와 페슈트 모두 그 어원은 공식적으로 기록되지 않았으며 여러 설이 존재한다. 부더는 훈족의 지도자 블레더Bleda에서 유래했다는 설이 가장 유력하다. 온천이 샘솟아 슬라브어로 '물'을 뜻하는 보다Voda에서 지명이 유래했다는 설도 그럴듯했지만 가능성은 낮다고 한다. 페슈트는 슬라브어로 동굴을 뜻하는 단어 페슈테라Peștera에서 유래했을 것으로 추정된다.

부더와 페슈트의 통합은 1873년. 보다 정확히 이야기하면, 부더의 구시가지에 해당되는 오부더Óbuda까지 세 지역이 통합되었다. 그 전까지 별개의 도시였던 만큼 부더와 페슈트의 분위기는 사뭇 다르다. 부더는 언덕 위의 고성과 요새가 돋보이는 중세의 군사 도시의 모습이라면, 페슈트는 평지 위에 웅장한 건물이 가득한 중세의 대도시의 모습을 하고 있다.

부더와 페슈트 사이에 흐르는 다뉴브강(헝가리어로는 두너강Duna이다)은 도시의 상징이나 마찬가지. 독일 서남부에서 발원하여 2,800km 이상 흘러 흑해로 들어간다. 다뉴브강이 흐르는 나라만 무려 10개국. 부다페스트는 '다뉴브강의 진주'라는 별명을 갖고 있는 것에서 알 수 있듯 그중에서도 다뉴브강의 풍경이 가장 아름다운 도시로 꼽힌다.

영어 국명인 헝가리Hungray는 '훈족의 국가'라는 뜻, 헝가리어 국명인 머저로르사그Magyarország는 '머저르(마자르)족의 국가'라는 뜻이다. 훈족과 머저르족은 전혀 다른 민족이지만, 유럽의 시선에서 보았을 때 유목민족인 머저르족의 유럽 침공이 마치 훈족의 유럽 침공처럼 공포의 대상이었기 때문에 이렇게 불린다.

1. 다뉴브강 2. 부더와 페슈트를 연결하는 세체니 다리 3. 헝가리의 첫 국왕 성 이슈트반 1세

헝가리의 역사

고대 로마 제국

가장 먼 역사는 고대 로마까지 거슬러 올라간다. 로마 제국 영토의 동북부 끄트머리가 바로 헝가리의 일부. 부다페스트가 바로 로마의 국경 도시였고, 당시 이름은 아쿠인쿰Aquincum이었다. 아쿠인쿰 박물관(278p) 등 당시 로마의 유적을 확인할 수 있는 장소가 있다.

머저르족의 진출

896년 아르파드Árpád가 지휘하는 머저르Magyar 민족이 중앙아시아로부터 이 지역에 진출하여 정착하고 헝가리 대공국을 세웠다. 헝가리에서는 896년을 국가의 원년으로 생각한다.

헝가리 왕국 건립

997년 헝가리 대공이 된 이슈트반은 기독교를 받아들이며 유럽으로 세를 떨쳤다. 헝가리 내의 이민족과의 갈등을 극복하고 1000년 헝가리 왕국의 초대 국왕 이슈트반 1세가 되었다. 당시 수도는 에스테르곰(315p). 이슈트반 1세는 가톨릭 성인으로 존경받으며 성 이슈트반 1세라 불린다.

부다페스트로 천도

1241년 몽골의 침략으로 큰 피해를 입었으나 몽골군이 퇴각하면서 국가는 유지되었다. 당시 국왕 벨러 4세는 에스테르곰을 떠나 1265년 다뉴브 강변 언덕 위에 성을 짓고 수도를 옮겼다. 이것이 바로 부더성(250p). 이때부터 부다페스트(정확히는 통합 전 부더)가 헝가리의 수도가 되었다.

헝가리 왕국의 황금기

아르파드 왕조가 끊기고 권력 다툼이 일어났다. 1458년 왕위에 오른 마차시 1세는 이탈리아 르네상스를 받아들이고 중앙 권력을 강화하며 영토를 확장해 보헤미아와 오스트리아의 군주까지 겸임하였다. 이 시기를 헝가리의 황금기라 부른다. 마차시 성당(255p)이 바로 그의 이름을 딴 것이다. 헝가리 왕국의 전성기 시절에는 오늘날의 슬로베니아와 크로아티아, 보헤미아(체코의 일부)까지도 헝가리 국왕이 군주를 겸임할 정도로 세력이 막강했다.

에스테르곰 대성당

마차시 성당

터키의 침략

마차시 1세가 연 황금기는 오래가지 못했다. 1526년 오스만 제국(오늘날의 터키)과의 전쟁에서 패배한 뒤 국가가 셋으로 나뉘고, 터키와 오스트리아의 지배를 받게 된다. 이때 터키를 통해 전수된 온천 문화가 헝가리에서 꽃을 피웠다.

오스트리아의 지배

셋으로 분할된 헝가리의 전체 영토는 17세기 말 오스트리아 합스부르크 왕가의 지배를 받게 된다. 그러나 오스트리아는 헝가리의 언어나 문화를 탄압하지 않았고 오스트리아의 귀족 문화가 헝가리에 전파되는 계기가 되었다.

1848년 헝가리 혁명

19세기 전 유럽을 덮친 자유주의와 민족주의 물결에 따라 헝가리에서도 오스트리아로부터 독립하려는 거대한 혁명이 일어났다. 비록 혁명은 실패했지만 한 번 불붙은 독립의 염원은 꺼지지 않았다.

오스트리아-헝가리 이중제국

신성 로마 제국이 해체되고 오스트리아는 점차 힘을 잃어갔다. 오스트리아는 1866년 프로이센과의 전쟁에서 패하며 독일연방에서 쫓겨났고, 점령지를 지킬 힘을 상실함에 따라 1867년 '대타협'을 통해 오스트리아-헝가리 이중제국을 출범하게 된다. 헝가리는 더 이상 피지배 민족이 아니라 오스트리아와 동등한 위치에서 국가의 한 축을 담당하게 되었다.

부다페스트 통합

1873년 부더와 페슈트가 하나로 통합되어 부다페스트가 되었다. 이 시기를 전후해 세체니 다리(164p) 등 다뉴브강을 가로지르는 큰 다리가 놓였다.

밀레니엄 프로젝트

헝가리는 국가 수립 1000년을 기념해 1896년 전후로 부다페스트를 눈부시게 바꾸었다. 국회의사당(158p), 성 이슈트반 대성당(166p), 언드라시 거리(190p)와 밀레니엄 지하철(168p), 회쇠크 광장(194p) 등이 그 결과물이다.

전쟁과 공산주의 시대

제2차 세계대전 중 추축국으로 독일과 한편이었기에 연합군의 폭격으로 많은 피해를 입었고, 이후 공산주의 정권이 들어섰다. 1956년에 자유를 요구하는 혁명이 일어났지만 소련의 탄압으로 실패하였다. 공포의 집(192p), 홀로코스트 메모리얼 센터(221p), 1956 혁명 기념관(161p) 등 당시의 역사적인 장소가 여럿 있다.

현대

소련의 몰락과 함께 동유럽 지역의 여러 나라가 민주화될 때 헝가리도 자유를 얻었다. 1989년 헝가리 공화국이 수립되고 오늘날까지 이어지는 중이다.

국회의사당

부다페스트 행정 구역

프랑스 파리처럼 숫자로 구區를 표시한다. 1873년 도시가 통합되었을 때에는 1~10구로 나뉘었고, 이후 도시가 계속 확장되면서 지금은 1~23구, 총 23개의 행정 구역으로 나뉜다. 그런데 여행자의 입장에서 굳이 23개의 구를 구분할 필요는 없으며, 페슈트-부더-오부더의 구분 정도만 숙지하면 좋다.

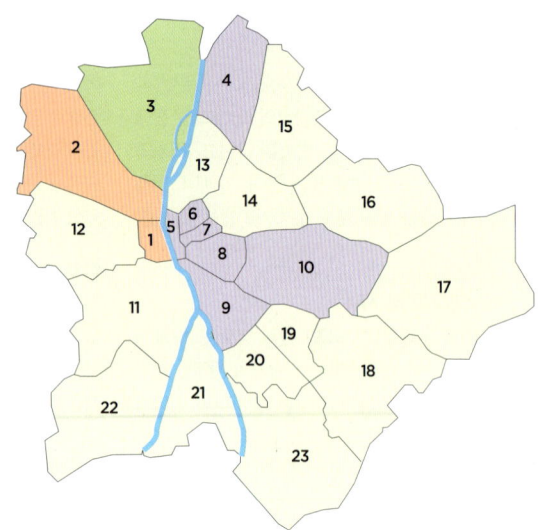

- 부더 : 1·2구
- 오부더 : 3구
- 페슈트 : 4~10구

💬 | Talk |
헝가리는 우리와 '자매의 민족'일까요?

헝가리 민족인 머저르족은 중앙아시아에서 넘어온 유목 민족이다. 혹자는 머저르족이 곧 말갈족이라 이야기한다. 실제 헝가리는 유럽보다 아시아와 비슷한 문화가 많다. 성을 마지막에 적는 서양과 달리 헝가리는 이름을 적을 때 동양처럼 성을 앞에 둔다. 고추와 마늘이 팍팍 들어간 매운 음식을 즐겨 먹고 곳곳에 삼족오와 태극 문양이 보인다고 한다. 그래서 고구려와 발해가 멸망한 뒤 말갈족이 유럽까지 간 것이라고 이야기한다.

이들은 말한다. 돌궐(투르크)의 나라 터키인은 '형제의 민족', 말갈(머저르)의 나라 헝가리인은 '자매의 민족'이라고. 그런데 돌궐족이 투르크족이라는 근거는 밝혀졌으나 말갈족이 머저르족이라는 근거는 밝혀지지 않았으며, 정황만 가지고 꿰어 맞춘 주장이라 보는 것이 타당하다. 가령, 삼족오라고 주장하는 문양은 오랫동안 헝가리의 지배 세력이었던 오스트리아의 국장인 독수리를 그린 것에 가깝다.

따라서 저자는 이렇게 정리하고 싶다. 헝가리인이 말갈인의 후예라는 주장은 근거가 없다. 다만 '신기하게도' 비슷한 점이 있다는 것은 사실이므로 우리도 그런 유사점을 발견할 때 '신기함'을 느끼면 되지 않을까.

부다페스트의 개요

화폐

포린트 화폐

헝가리 화폐 포린트Forint를 사용한다. 통화를 표기하는 기호는 Ft, 통화 코드는 HUF. 달러로 비유하면, Ft는 $와 쓰임새가 같고 HUF는 USD와 쓰임새가 같다. 포린트는 20,000·10,000·5,000·2,000·1,000·500포린트 지폐, 200·100·50·20·10·5포린트 동전으로 구성된다. 과거에는 1·2포린트 동전도 있었지만 지금은 사용되지 않는다. 최소 단위가 5포린트라는 것은, 다시 말하면 거스름돈도 5포린트 단위로 받게 됨을 의미한다. 만약 제품 가격이 998포린트인데 1,000포린트를 내면 거스름돈은 없다. 유로화는 다수의 숙소와 일부 레스토랑 정도에서 통용되며, 환율 계산이 불리하게 적용된다. 1,000포린트는 약 3.1유로, 우리 돈으로 약 4,000원의 가치를 갖는다(2019년 12월 환율 기준).

언어

헝가리어. 부다페스트는 대도시이면서 외국인 관광객이 많이 찾기 때문에 영어로 의사소통하는 것에 무리가 없다.

시차

중앙유럽 표준시. 프랑스·독일·오스트리아 등 유럽 내륙 주요 국가와 시차가 같다. 한국보다 7시간 빠르고, 서머타임(3월 마지막 일요일부터 10월 마지막 일요일까지) 적용 시 8시간 빠르다.

인구

헝가리 인구는 약 1,000만 명. 그 중 약 180만 명이 수도 부다페스트에 거주한다. 부다페스트는 인구수 기준 유럽 10위(러시아를 제외하면 8위) 도시에 해당된다.

전압

230V, 50Hz. 유럽연합의 통합 규격을 준수하여 소위 '돼지코' 모양의 콘센트를 사용하므로 별도의 어댑터는 필요 없다.

국기

적·백·녹 3색으로 이루어진다. 이 세 가지 색상은 헝가리 왕국의 국기에서부터 사용된 것이며, 오스트리아-헝가리 이중제국과 공산국가인 헝가리 인민 공화국 시절에도 사용되었다. 민족주의 성향이 강한 편이어서 적·백·녹 3색은 갖가지 디자인에 적극적으로 응용된다.

헝가리어로 쓰인 안내

헝가리의 국기

PLANNING 02
부다페스트 **여행 체크리스트**

다른 화폐, 낯선 언어, 막연히 걱정되는 동유럽의 치안.
여행을 준비할 때 '낯섦'으로 인해 생기는 우려를 일곱 가지 문답으로 말끔하게 정리한다.

Q1. 환전은 어떻게 할까?

포린트 화폐는 한국에서 범용적으로 환전되지 않으며, 소수 은행에서 가능하지만 환율 등이 불리할 수밖에 없다. 따라서 한국에서 유로화로 환전하여 지참한 뒤 헝가리 현지에서 유로를 포린트로 바꾸는 것이 좋다. 특히 헝가리 외에 다른 나라도 함께 여행할 계획이라면 더욱 유로가 필요하다.

공항, 기차역, 버스 터미널 환전소

비행기나 기차 및 버스로 부다페스트에 도착했다면 그 도착 장소에서 환전소를 발견할 수 있다. 하지만 이러한 장소의 환전소는 환율이 매우 나빠 손해가 크다는 점을 유념해야 한다. 부다페스트 대중교통 티켓판매기는 카드 결제가 가능하니 일단 데아크 페렌츠 광장 등 시내 중심부까지 이동한 후에 환전하는 것을 권한다.

공항 환전소

시내 환전소

유로를 사용하지 않는 대도시라 그런지 시내에서 슈퍼마켓보다 환전소를 더 자주 보게 된다. 환전소는 모두 영어로 'CHANGE' 또는 'EXCHANGE'라고 적힌 간판을 달고 있다. 다만 환전소마다 환율과 수수료는 모두 다르다. '수수료 없음No Commission'이라고 붙인 환전소도 종종 보이는데, 수수료가 없어도 환율이 나쁘면 어차피 손해다. 저자가 부다페스트 시내 곳곳에서 확인한 결과 데아크 페렌츠 광장 주변의 환전소가 환율이 가장 좋았다. 위치는 045p 참조. 단, 환율은 언제든 바뀔 수 있으므로 시내 환전소 몇 곳을 다니며 환율을 조사해 본 뒤 환전하는 것을 권장한다.

공시된 환율은 두 가지 숫자가 적혀 있는데, 작은 숫자 기준으로 확인해야 한다. 가령, EUR(유로)에 300과 310 두 가지 숫자가 적혀 있다면, 1유로를 내면 300포인트로 바꿔 주고 310포인트를 내면 1유로로 바꿔 준다는 뜻이다. 이 두 숫자의 차이가 적을수록 신뢰할 만한 환전소라 할 수 있다.

은행 ATM

국제현금카드로 부다페스트 은행의 ATM기에서 포린트를 인출하는 방법도 있다. 인출한 금액만큼 환율과 수수료를 계산하여 본인의 은행의 계좌에서 잔액이 차감되는 방식이다. 카드 사용은 현금 환전보다 환율에서는 유리하지만 수수료에서 불리하므로 소액을 자주 인출하면 현금 환전보다 손해, 거액을 한 번에 인출하면 현금 환전보다 조금 더 유리하다. ATM 이용은 24시간 가능하므로 환전소가 열지 않는 시간대에 이용할 수 있다는 장점도 있다. 대표적인 은행으로는 OTP 뱅크Otpbank, 에어스테 뱅크Erste Bank, 부다페스트 뱅크Budapest Bank 등이 있다.

OTP 뱅크

길거리 CD기

은행 ATM기가 아니라 길거리에 설치된 CD기에서 신용카드나 체크카드로 현금을 인출할 수 있다. 그러나 이 방법은 절대 이용하지 말라고 이야기하고 싶다. 길거리에 노출된 CD기는 범죄의 표적이 된다. 기계에 해킹 툴을 심어 두어 카드 정보를 복제해 큰 피해를 보게 될 수도 있다.

시내 환전소

환율 표시

STEP 02
PLANNING

Q2. 언어는 잘 통할까?

헝가리어는 영어, 독일어, 프랑스어 등 유럽의 주요 언어와 뿌리 자체가 다르다. 자음을 겹쳐 적고 모음의 종류가 많기 때문에 영어에 익숙한 한국인들에게는 매우 낯설다. 그러나 관광객을 상대로 하는 곳에서는 영어를 수준급으로 구사하므로 여행 중 헝가리어를 몰라서 당황할 순간은 많지 않다. 동구권 국가였던 이유로 장년층은 러시아어에 친숙하고, 젊은 세대는 영어를 잘하는 편이다.

헝가리어 철자와 발음

영어 알파벳과 같은 라틴 문자를 사용하지만 변형된 모음이 있어 총 35개의 철자를 사용한다. 영어에 없는 모음은 á, é, í, ó, ö, ő, ú, ü, ű로 총 9개다. q, w, x, y는 외래어 표기 외에는 거의 단독으로 사용되지 않지만, y는 다른 자음과 겹쳐 사용되는 경우가 빈번하다.

문자	발음	예시	문자	발음	예시
a	[ɒ] 어	Magyar 머저르	m	[m] 므	Meccs 메치
á	[aː] 아ː	Deák 데아크	n	[n] 느	Nemzeti 넴제티
b	[b] 브	Balaton 벌러톤	ny	[ɲ] 니	Nyugati 뉴거티
c	[ts] 츠	Ferenc 페렌츠	o	[o] 오	Oktogon 오크토곤
cs	[tʃ] 치	Lépcső 레프최	ó	[oː] 오ː	Autó 아우토
d	[d] 드	Duna 두너	ö	[ø] 외	Hősök 회쇠크
dz	[dz] 즈	Madzag 머저그	ő	[øː] 외ː	Első 엘쇠
dzs	[dʒ] 쥐	Dzsem 쥄	p	[p] 프	Palota 펄로터
e	[ɛ] 에	Erzsébet 에르제베트	r	[r] 르	Szobor 소보르
é	[eː] 에ː	Étterem 에테렘	s	[ʃ] 슈, 시	István 이슈트반
f	[f] 프	Fő 푀	sz	[s] 스	Széchenyi 세체니
g	[g] 그	Margit 머르기트	t	[t] 트	Templom 템플롬
gy	[ɟ] 지	Győr 죄르	ty	[ty] 티, 치	Mátyás 마차시
h	[h] 흐	Halász 헐라스	u	[u] 우	Buda 부더
i	[i] 이	Kijárat 키야러트	ú	[uː] 우ː	Múzeum 무제움
í	[iː] 이ː	Híd 히드	ü	[y] 위	Fürdő 퓌르되
j	[j] 요	Lajos 러요시	ű	[yː] 위ː	Mű 뮈
k	[k] 크	Kossuth 코수트	v	[v] 브	Vác 바츠
l	[l] 르	Liszt 리스트	z	[z] 즈	Ház 하즈
ly	[j] 이	Király 키라이	zs	[ʒ] 지	József 요제프

* 위 발음은 최대한 외래어 표기법을 인용하여 표기한 것이며, 실제 발음은 거센소리보다 된소리에 가깝다. 가령, kép는 '케프'가 아니라 '께쁘'라고 해야 알아듣는다.

알아 두면 좋은 기본 단어

영어로 의사소통이 가능하고 영어 표지판이 있지만, 그래도 여기 정리된 헝가리어 단어를 알아 두면 여행에 도움이 된다.

뜻	단어	발음	뜻	단어	발음
0	nulla	눌러	월요일	hétfő	헤트푀
1	egy	에지	화요일	kedd	케드
2	kettő	케퇴	수요일	szerda	세르더
3	három	하롬	목요일	csütörtök	취퇴르퇴크
4	négy	네지	금요일	péntek	펜테크
5	öt	외트	토요일	szombat	솜버트
6	hat	허트	일요일	vasárnap	버샤르너프
7	hét	헤트	주말	hétvége	헤트베게
8	nyolc	뇰츠	공휴일	ünnep	위네프
9	kilenc	킬렌츠	거리	utca/ut.	우차/우트
10	tíz	티즈	광장	tér	테르
입구	bejárat	베야러트	박물관	múzeum	무제움
출구	kijárat	키야러트	교회	templom	템플롬
계산대	kassza	커써	선착장	rakpart	러크퍼르트
화장실	mosdó/WC	모스도/WC	기차역	pályaudvar	파야우드버르
정류장	megálló	메갈로	공항	repülőtér	레퓔뢰테르

* 식당 메뉴판에 등장하는 헝가리어는 118p에 따로 정리되어 있다.

알아 두면 좋은 기본 회화

모르는 언어를 어설프게라도 흉내 내어 한두 마디 이야기해 보는 것도 여행의 잔재미. 여기 몇 가지 인사말이 있다.

뜻	문장	발음
안녕하세요.	Jó napot.	요 너포트
안녕히 가세요.	Szia.	시어
고맙습니다.	Köszönöm.	쾨쇠뇜
매우 고맙습니다.	Köszönöm szépen.	쾨쇠뇜 세펜
반갑습니다.	Örülök.	외륄뢰크
죄송합니다.	Sajnálom.	셔이날롬

뜻	문장	발음
실례합니다.	Bocsásson meg.	보차숀 메그
또 만나요.	Viszontlátásra.	비손트라타슈러
영어를 할 수 있나요?	Beszélsz angolul?	베셀시 엉골룰
나는 헝가리어를 못해요.	Nem beszélek magyarul.	넴 베셀레크 머저룰
도와주시겠어요?	Tudna segíteni?	투드너 셰기테니
이름이 뭐에요?	Hogy hívnak?	호지 히브너크
나는 한국인입니다.	Koreai vagyok.	코레어이 버조크
비싸요.	Drága.	드라거

Q3. 치안은 괜찮을까?

헝가리는 동유럽에서 치안이 우수한 편에 속한다. 특히 야경으로 유명한 부다페스트는 페슈트 중심부나 부더의 언덕 위에도 밤까지 유동인구가 많아 안전하다. 단, 켈레티 기차역과 뉴거티 기차역 부근은 유흥업소가 더러 있어 밤에는 분위기가 좋지 못하다. 여행 중 일부러 외진 곳이나 으슥한 뒷골목을 찾아갈 일이 없으니 특별히 주의할 만한 위험한 장소는 없다고 보아도 된다.

경찰차

다만 부다페스트도 소매치기로부터 안전하지는 않은 편이다. 어떠한 경우든 귀중품은 각별히 챙겨야 함을 유의하자. 가장 위험한 장소는 지하철역이다. 좁고 붐비기 때문에 플랫폼에서 지하철을 기다릴 때 또는 에스컬레이터로 오르내릴 때 주의가 필요하다.

소위 '투어리스트 트랩'이라 불리는 바가지나 사기 범죄는 일부 부도덕한 택시, 환전소, 레스토랑에서 발생하지만 최근 택시와 레스토랑에서의 나쁜 상술은 많이 줄었다. 거리를 돌아다니며 돈을 바꿔주는 환전상은 무조건 이용하지 말아야 한다. 유사시 경찰의 도움을 요청하려면 국번 없이 112로 신고할 수 있다.

Q4. 아플 땐 어디로 가야 할까?

유럽 선진국 국민이 의료 관광차 찾아오는 대표적인 나라가 바로 헝가리라는 사실. 헝가리는 의료 수준이 굉장히 우수하기로 유명하다. 그러나 언어와 비용의 문제 때문에 병원 진료를 쉽게 받기는 어렵다. 아주 위급한 상황이 아닌 이상 병원 진료보다는 약국에서 비처방 의약품을 구입하는 편이 낫다.

약국

약국을 헝가리어로 조지세르타르Gyógyszertár라고 하며, 시내 중심부의 약국은 영어(Pharmacy)나 독일어(Apotheke)도 함께 적어 두고 있으며, 영어로 의사소통이 가능하다.

Q5. 인터넷 사용은 편리할까?

당연하다. 공공 와이파이도 곳곳에 있고, 현지 통신사의 데이터 속도도 우수하다. 정보 검색과 개인적인 용무 목적이라면 호텔, 레스토랑 등에서 제공하는 와이파이만 사용해도 큰 불편은 없을 것이고, 여행 중 수시로 지도나 여행 정보를 검색하려면 현지 통신사 유심을 사용하는 게 무난하다.

현지 유심

헝가리의 통신사는 보다폰Vodafone과 텔레노르Telenor가 양분한다. 저자가 양 통신사 모두 사용해 본 결과, 이 중 외국인 관광객이 사용하기에는 보다폰이 더 좋다고 결론을 내렸다. 보다폰은 실시간 개통이 가능한 반면 텔레노르는 개통까지 빠르면 30분, 심한 경우 최대 3일이 소요되기 때문이다.

데아크 페렌츠 광장의 보다폰 대리점은 외국인 관광객도 많이 찾아 영어로 의사소통이 편한 대신 주말에는 영업하지 않는다. 주말에 개통이 필요하면 뉴거티 기차역 옆 웨스트엔드 쇼핑몰 내에 있는 보다폰 대리점을 이용하자. 시내에서 가까운 텔레노르 대리점은 아스토리아에 있다.

데아크 페렌츠 광장의 보다폰 대리점

웨스트엔드 쇼핑몰의 보다폰 대리점

와이파이

거의 모든 숙박 업소, 대부분의 레스토랑과 카페에서 와이파이를 제공한다(물론 암호 인증이 필요하다). 데아크 페렌츠 광장 등 일부 중심가에서는 공공 와이파이를 무료로 제공하기도 한다. 기차역 또한 와이파이를 무료로 제공하는데, 감도가 약한 사각지대가 많은 편이다.

아스토리아의 텔레노르 대리점

💬 | Talk |
현지 유심 국내에서 구입하기

부다페스트에서 구매할 수 있는 현지 유심은 대부분 헝가리 내에서 유효한 상품이다. 만약 헝가리 포함 유럽 여러 나라를 여행한다면, 또는 현지에서 외국어로 의사소통하지 않고 편하게 구매하고 싶다면, 현지 유심을 국내에서 미리 구매하는 방법도 있다. 포털 사이트에 '유럽 유심'으로 검색하면 다수의 판매처가 검색된다. 주로 보다폰, 오투O2, 이이EE 등 영국 통신사의 유심이지만 헝가리를 포함하여 유럽 대부분의 국가에서 데이터와 통화 사용이 가능하다. 일부 판매처는 인천공항 수령이나 24시간 상담 등의 부가 서비스까지 제공한다.

오투 유심

Q6. 쉬는 날 여행하기 괜찮을까?

일요일을 포함하여 주말에도 레스토랑과 상점은 대부분 영업한다. 공휴일에는 다수의 상점이 문을 닫고, 레스토랑은 문을 연다. 박물관 등 유료 관광지 역시 일요일과 공휴일에 문을 열고, 대신 월요일에 쉬는 곳이 많다. 대중교통은 공휴일에도 정상 운행한다. 공휴일은 대부분 부활절과 크리스마스 등 기독교 절기에 영향을 받으며, 건국기념일과 두 번의 혁명기념일 등 역사적인 기념일도 있다.

공휴일 (2020년 기준)

1월 1일 : 새해 첫날
3월 15일 : 1848년 혁명기념일
3월 30일 : 성 금요일
4월 2일 : 이스터 먼데이(부활절 다음날)
4월 10일 : 성 금요일
4월 13일 : 이스터 먼데이(부활절 다음날)
5월 1일 : 노동자의 날
5월 21일 : 성령강림절
6월 1일 : 성령강림절
8월 20일 : 건국기념일 (성 이슈트반 데이)
10월 23일 : 1956년 혁명기념일
11월 1일 : 만성절
12월 25일 : 크리스마스
12월 26일 : 박싱데이(크리스마스 다음날)

* 이 외에도 12월 24일과 12월 31일은 준공휴일로 대부분의 상점이 일찍 닫는다.

Q7. 모르는 건 어디에 물어볼까?

관광 안내소Info Point에서 무료 지도를 얻고, 모르는 것을 물어볼 수 있다. 대중교통을 포함하여 여행에 필요한 모든 정보를 관광 안내소에서 안내받을 수 있다. 부다페스트 카드 구입, 오페라 등 공연 티켓 구입, 세체니 온천 등 유명 온천의 티켓 구입도 가능하다. 데아크 페렌츠 광장, 시민 공원 부근, 공항에 공식 관광 안내소가 있으며, 주말과 공휴일에도 운영한다. 중앙 시장과 켈레티 기차역 내에는 간단한 정보의 확인이 가능한 인포 포인트가 있다.

데아크 페렌츠 광장

데아크 페렌츠 광장

주소 Budapest, Sütő u. 2.
전화 1-576-1401
운영 시간 08:00~20:00

시민 공원 부근

주소 Budapest, Olof Palme sétány 5.
전화 1-576-1404
운영 시간 09:00~19:00

부더성 부근

주소 Budapest, Tárnok u. 15.
운영 시간 09:00~18:00

공항

전화
(터미널2A) 1-576-1402,
(터미널2B) 1-576-1403
운영 시간
(터미널2A) 08:00~22:00,
(터미널2B) 09:00~19:00

🔊 |Theme|
부다페스트 여행의 시작, 데아크 페렌츠 광장

앞서 소개한 환전소, 보다폰 대리점, 관광 안내소, 무료 와이파이 핫스폿이
모두 모여 있으며, 지하철 3개 노선의 환승역이자 공항버스 정류장이기도 한
데아크 페렌츠 광장은 단연코 부다페스트 여행의 시작점이다. 여행 시작 전 환전이나
현지 유심 구입이 필요할 때, 정보를 얻거나 모르는 것을 물어보고 싶을 때,
어디서든 편하게 데아크 페렌츠 광장으로 이동하여 여행의 준비를 끝마칠 수 있다.

PLANNING 03
부다페스트 드나들기

비행기로, 기차로, 버스로.
부다페스트에 드나드는 방법에 대한 총정리.

비행기로 드나들기

부다페스트 공항의 정식 명칭은 리스트 페렌츠 국제공항Budapest Liszt Ferenc Nemzetközi Repülőtér. 부다페스트 남동쪽 16km 떨어진 지역에 있다. 공항코드는 BUD. LOT폴란드 항공이 인천과 부다페스트간 직항 노선을 운항하며, 루프트한자, 에어프랑스, 아에로플로트, 핀에어 등 다수의 유럽계 항공사로 1회 환승으로 불편하지 않게 갈 수 있다. 또한 헝가리 국적의 저가항공사 위즈에어Wizz Air의 허브 공항이기에 런던(루튼), 베를린(쇠네펠트), 프랑크푸르트, 브뤼셀, 로마, 바르셀로나, 마드리드 등 유럽 각국의 주요 도시와 직항으로 연결된다.

위즈에어

부다페스트 공항에서 시내 이동

미니부드

공항과 시내를 연결하는 리무진 버스는 없지만 미니부드MiniBUD 라는 셔틀버스(승합차)로 목적지 바로 앞까지 이동할 수 있다. 원하는 목적지까지 다이렉트로 간다는 점에서 택시와 같다. 대중교통보다 요금은 비싸지만 택시보다는 저렴하므로 짐이 많거나 목적지를 찾아가기 어려울 것 같다면 유용하다. 최소 1인, 최대 8인 이상 이용할 수 있으며, 편도와 왕복 모두 가능하다.

미니부드

Data **티켓 구입** 공항의 미니부드 매표소 또는 인터넷 홈페이지 (www.minibud.hu) 이용
요금 1인 17.5유로, 2인 1인당 10.6유로, 3~6인 1인당 7유로, 7인 1인당 6.6유로, 8인 이상 1인당 6유로

시내버스

■ **100E번 버스** 공항과 데아크 페렌츠 광장을 연결하는 직행 시내버스. 약 40~50분 소요된다. 큰 짐을 보관할 공간이 따로 없지만 저렴한 요금에 직행으로 이동할 수 있어 가장 보편적으로 이용된다. 공항행 버스도 데아크 페렌츠 광장에서 탑승한다.

100E번 버스

Data **운행 시간** 공항 출발 05:00~01:20 **배차 간격** 20분
티켓 구입 정류장 옆 티켓판매기 또는 대중교통 BKK 매표소
요금 900포린트(부다페스트 카드나 1일권 사용 불가)

■ **200E번 버스** 공항과 M3호선 지하철역 쾨바녀키슈페슈트Kőbánya-Kispest를 연결하는 시내버스. 시내로 가려면 M3호선으로 환승한다. 공항으로 갈 때는 그 역순이다. 버스는 사실상 24시간 운행하지만 지하철은 밤에 운행하지 않으므로 23시 이후 시내로 이동할 경우 200E번 버스로 허타르 우트Határ út에 내린 뒤 914·950번 야간버스로 갈아타면 데아크 페렌츠 광장까지 간다.

Data **티켓 구입** 정류장 옆 티켓판매기 또는 BKK 매표소
요금 환승권 530포린트(부다페스트 카드나 1일권 사용 가능)

쾨바녀키스페슈트역 공항버스 정류장 안내

BKK 매표소

Tip 평일 저녁이나 주말에는 M3호선 공사(057p)로 인해 지하철역 앞에서 출발하는 대체 교통편 Replacement Bus를 타야 한다.

티켓판매기 이용 방법

BKK 매표소는 규모가 작아 줄이 길다. 티켓판매기를 이용해도 신용카드 또는 포린트 화폐로 쉽게 티켓을 구입할 수 있다. 티켓판매기는 버스 정류장 부근에 설치되어 있다. 100E번 버스 티켓 구입 방법은 아래와 같다.

하단의 영국 국기 클릭해 영어로 변경

Airport Shuttle Bus Single Ticket 클릭

Confirm 클릭

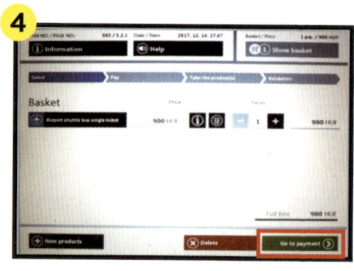

인원수 선택 후 Go to Payment 클릭

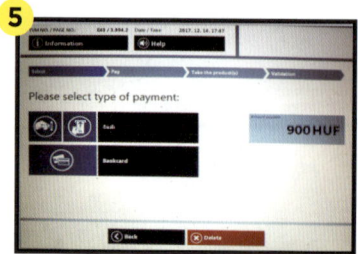

현금(Cash)과 카드(Bankcard: 신용카드 포함) 중 지불 방법 선택

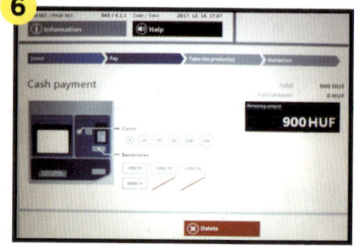

안내에 따라 기계에 현금 또는 카드 투입

* 200E번 버스 티켓은 2번 메뉴에서 Transfer Ticket을 선택한다. 펀칭 등 대중교통 이용 방법은 055p에 정리되어 있다.

기차로 드나들기

부다페스트 주요 기차역은 세 곳이다. 노선에 따라 저마다 메인 기차역 역할을 하므로 부다페스트에서 기차를 타거나 내릴 때에는 역 이름을 잘 확인해야 한다. 각각 동역·서역·남역이라는 뜻이지만 막상 그 위치는 동·서·남이 아니기 때문에 오히려 혼동될 수 있으므로 이 책에는 헝가리어식 명칭으로 소개하였다.

켈레티 기차역 Keleti Pályaudvar

동역이라는 뜻. 가장 큰 기차역이다. 켈레티 기차역에서 타고 내리는 대표적인 국제선은 오스트리아 빈, 독일 뮌헨, 슬로베니아 류블랴나 등이 있다.

시내 이동 지하철 M2호선으로 데아크 페렌츠 광장까지 세 정거장

켈레티 기차역

뉴거티 기차역 Nyugati Pályaudvar

서역이라는 뜻. 체코 프라하나 폴란드 바르샤바 등 부다페스트보다 북쪽에 있는 도시를 연결하는 국제선이 주로 다니고, 근교도시 에스테르곰이나 바츠도 뉴거티 기차역에서 연결된다.

시내 이동 지하철 M3호선으로 데아크 페렌츠 광장까지 두 정거장

뉴거티 기차역

델리 기차역 Déli Pályaudvar

남역이라는 뜻. 현대식 외관의 선입견과 달리 셋 중 가장 먼저 문을 열었다. 델리 기차역의 주요 국제선은 크로아티아 자그레브, 국내선은 벌러톤 호수 방향의 열차를 꼽을 수 있다.

시내 이동 지하철 M2호선으로 데아크 페렌츠 광장까지 네 정거장

델리 기차역

> **Tip 켈렌필드 기차역 Kelenföld Vasútállomás**
> 부다페스트 제4의 기차역인데, 시 외곽에 위치하고 있어 여행자가 일부러 들를 일은 많지 않다. 일부 야간열차 노선이 켈렌필트 기차역에 정차한다.
> **시내 이동** 지하철 M4호선으로 칼빈 광장까지 여섯 정거장, M3호선으로 환승하여 데아크 페렌츠 광장까지 두 정거장

기차역 편의시설

세 곳의 주요 기차역은 구조가 다르지만 이용 방법은 동일하다.

티켓 구입

1. 매표소에서 구입

직원에게 행선지를 이야기하고 스케줄을 안내받은 뒤 탑승할 열차를 지정하여 표를 구매하는 방식. 아무래도 직접 기계를 조작하지 않아도 되므로 가장 쉽지만, 가장 오래 기다려야 하는 방법이기도 하다. 국내선과 국제선 매표소가 분리되어 있다는 것을 기억해 두자.

켈레티 기차역 국내선 매표소

켈레티 기차역 국제선 매표소

2. 티켓판매기

곳곳에 설치된 티켓판매기에서 직접 표를 구매할 수 있다. 인터페이스가 썩 편리하지는 않지만 목적지를 선택하고 열차 스케줄을 조회한 뒤 그중 원하는 열차편을 택해 표를 구입하는 방식이므로 몇 번 만져 보면 어렵지 않게 이용할 수 있을 것이다.

전국 공통 티켓판매기

티켓판매기 화면

3. 인터넷

헝가리철도청 인터넷 홈페이지(www.mav-start.hu)에서 온라인 티켓을 구입할 수 있다. 헝가리에서 출발하는 국제선 티켓도 예매가 가능하지만, 이 경우 온라인 출력이 불가능하며 티켓판매기에서 예약 번호를 입력하여 실물 티켓으로 교환한다.

헝가리철도청 홈페이지

4. 유레일패스

가장 간편한 것은 헝가리 철도패스를 포함한 유레일패스다. 아무 열차나 탑승할 수 있으므로 열차 종류에 상관없이 스케줄에 맞춰 여행할 수 있고, 혹 연착이 발생해도 자유롭게 다른 열차를 타고 시간을 절약할 수 있다. 헝가리 철도패스 또는 헝가리가 들어가는 2개 국패스는 요금도 저렴하여 큰 부담이 없고, 유레일 홈페이지(www.eurail.com/kr)를 통한 스케줄 확인, 좌석 예약, 여행정보 습득 등 편리한 부가 기능도 이용할 수 있다.

유레일패스

플랫폼 확인

기차역마다 열차의 출발 및 도착을 알려 주는 전광판이 설치되어 있다. 내가 탑승할 열차가 몇 번 플랫폼에서 출발하는지 쉽게 확인할 수 있다. 켈레티 기차역과 뉴거티 기차역은 들어가자마자, 델리 기차역은 매표소 부근에 큰 전광판이 있다.

켈레티 기차역

검표

모든 기차역에 개찰구가 따로 없으며 일단 티켓을 가지고 열차에 탑승한 뒤 차장에게 직접 검표받는다.

환승

기차를 갈아탈 때에는 위 절차를 한 번 더 거친다고 보면 된다. 환승역에서 다시 플랫폼을 확인하고, 기차에 탑승한 뒤 다시 한 번 검표받는다. 조그마한 기차역에서 환승할 경우에는 전광판이 없을 수도 있다. 일단 매표소 주변을 확인한 뒤 전광판이 없으면 매표소 직원에게 문의하도록 하자.

작은 역의 전광판

짐 보관

세 기차역 모두 코인라커를 운영한다. 요금은 작은 칸 600포린트, 큰 칸 800포린트. 모두 24시간 기준이다.

켈레티 기차역의 코인라커

버스로 드나들기

국제선 버스는 네플리게트 터미널Népliget Autóbusz-Pályaudvar을 주로 이용하며, 일부 노선은 켈렌푈드 기차역 앞에 정차한다. 최근 유럽 버스 시장을 석권한 플릭스버스Flixbus를 이용하여 오스트리아, 슬로베니아, 크로아티아, 체코, 폴란드 등 동유럽을 편하게 여행할 수 있다.

시내 이동 지하철 M3호선으로 데아크 페렌츠 광장까지 여섯 정거장

플릭스버스

STEP 02
PLANNING

|Theme|
부다페스트에서 동유럽 여행

헝가리는 오스트리아, 슬로바키아, 슬로베니아, 크로아티아, 세르비아,
루마니아, 우크라이나까지 총 7개국과 국경을 맞대고 있다.
이 중 오스트리아, 체코, 크로아티아는 한국인에게 인기 높은 동유럽 여행국이며,
슬로베니아는 최근 굉장히 주목받는 떠오르는 여행국이다. 슬로바키아 북쪽의 폴란드,
오스트리아 서쪽의 독일까지, 부다페스트에서 갈 수 있는 곳은 매우 많다.

지도 설명
- 청색 글자는 기차, 녹색 글자는 버스 소요 시간이며, 모두 직행 기준이다.
- 기차는 각각의 열차코드를 구분하였고, 버스는 모두 플릭스버스 기준이다.

열차 스케줄 조회 및 승차권 구입

유레일 홈페이지(www.eurail.com/kr)에서 모든 열차 스케줄을 조회할 수 있다. 헝가리철도청 홈페이지에서도 조회가 가능하지만 한국어도 지원되는 유레일 홈페이지를 이용하는 것이 더 편리하다. 승차권 구입은 헝가리철도청 홈페이지 또는 부다페스트 기차역의 국제선 매표소를 이용한다. 대부분의 열차는 일찍 구입할수록 할인되는 얼리버드 요금 제도가 있으므로 홈페이지에서 미리 구매하는 게 낫다.

유레일 홈페이지

유레일패스

유레일패스를 구입하면 일일이 티켓을 구매하는 수고를 덜 수 있고, 아무 열차나 자유롭게 탑승할 수 있어 가장 편리하다. 유레일패스는 기차가 지나가는 모든 나라에서 유효해야 한다. 가령, 부다페스트에서 뮌헨까지 기차로 이동하려면 헝가리-오스트리아-독일 3개국에서 유효한 셀렉트패스가 필요하다. 셀렉트패스에서 크로아티아와 슬로베니아는 한 나라로 간주한다.

야간열차

부다페스트가 지리적으로 유럽의 중심에 가깝지는 않기 때문에 도시 간 이동 시간이 많이 소요되는 편이나 야간열차를 이용하면 밤에 자면서 이동할 수 있어 경제적이다. 헝가리철도청의 에엔EN;Euro Night 야간열차가 부다페스트와 스위스 취리히 또는 독일 뮌헨을 연결하며, 폴란드철도청의 에엔 야간열차는 바르샤바와 연결한다.

야간열차 홈페이지

플릭스버스

동유럽은 서유럽에 비해 같은 거리라도 기차 이동 시간이 최대 4배나 차이난다. 그렇다보니 동유럽의 경우는 기차와 버스의 소요 시간에 큰 차이가 없다. 방대한 네트워크를 가진 플릭스버스는 기차 못지않은 효율적인 이동 수단이며, 요금도 기차보다 저렴하다. 플릭스버스 홈페이지(global.flixbus.com)에서 스케줄을 확인하고 티켓을 예매할 수 있다.

플릭스버스 홈페이지

PLANNING 04
부다페스트 대중교통 완전 정복

강도 건너고 언덕도 올라야 하는 넓은 도시 부다페스트에서 대중교통 이용은 필수! 차근차근 이해하면 전혀 어렵지 않다.

대중교통의 구분

총 4개 노선(M1~M4)의 지하철이 땅 밑으로, 수많은 트램(노면전차)과 버스가 땅 위로 다닌다. 버스는 일반 시내버스와 소위 '더듬이 버스'라 불리는 티롤리버스가 있다. 여기에 부다페스트에서 근교까지 연결하는 총 5개 노선(H5~H9)의 광역철도가 다닌다. 모든 대중교통은 BKK 네트워크로 통합되어 요금 규정과 승차권에 교통수단별 구분이 없다. 단, 광역철도는 부다페스트 경계까지만 BKK 관할이며, 센텐드레(288p)나 괴될뢰 등 근교 도시까지 가는 구간은 별도의 요금 규정이 적용된다.

지하철

트램

티롤리버스

> **Tip** 부다페스트 지역의 대중교통을 총괄하는 부다페스트 교통 센터BKK; Budapesti Közlekedési Központ 홈페이지(www.bkk.hu)에서 노선도 확인, 스케줄 조회, 주요 공지사항 확인 등을 영어로 지원한다.

티켓의 종류와 요금

여러 종류의 티켓이 있지만 교통수단별 구분 없이 요금이 통합되어 있어 구분이 간단하다. 부다페스트 밖으로 나가지 않으면 1회권, 환승권, 24시간권 세 가지, 광역철도로 외곽까지 나갈 경우 익스텐션 티켓까지 총 네 가지만 기억해 두면 된다. 티켓 구입은 지하철역과 주요 정류장에 있는 티켓판매기를 이용한다.

티켓판매기

- **1회권** 환승 없이 한 번 타고 내리는 승차권. 요금은 350포린트.

- **환승권** 한 번 갈아탈 때 사용하는 티켓. 요금은 530포린트. 발권하면 총 2장의 티켓을 수령한다. 만약 지하철에서 버스로 갈아타면, 첫 번째 티켓을 지하철 탑승 전 개시하여 탑승하고, 두 번째 티켓을 버스 타기 전 개시하여 탑승하는 식으로 사용한다. 지하철끼리의 환승은 1회권으로 모두 유효하다.

환승권

- **24시간권** 개시 후 24시간 동안 제한 없이 대중교통을 탈 수 있는 티켓. 정식 명칭은 24시간 트래블카드24-hour Travelcard다. 요금은 1,650포린트. 24시간 동안 대중교통을 5회 이상 탑승할 예정이면 1회권보다 더 경제적이다.

익스텐션 티켓

- **익스텐션 티켓** 부다페스트 경계까지 1회권 또는 1일권이 유효하고, 그 너머로는 별도의 익스텐션 티켓을 구매해야 된다. 요금은 거리에 비례. 센텐드레까지 310포린트, 괴될뢰까지 370포린트.

이 외에 지하철 세 정거장 이내를 이동할 때 1회권보다 조금 저렴한 단거리권(300포린트)을 이용할 수 있고, 1회권을 10장 묶음으로 구입하는 블록10 티켓(3,000포린트)도 있다. 또한 24시간권은 단체(2~5인)가 함께 다닐 때 사용할 수 있는 그룹 트래블카드(3,300포린트)를 이용할 수도 있다. 일행이 3인 이상일 때 경제적이다.

개시와 검표

티켓 구입 후 '펀칭'이라 부르는 개시 절차가 필요하다. 펀칭 기계에 티켓을 밀어 넣고 도장을 찍은 뒤 탑승해야 한다. 지하철은 입구 앞에 직원이 상주하며 티켓을 검사하고, 나머지 교통수단은 일단 탑승한 뒤 불시에 검표원이 탑승하면 티켓을 보여 준다. 티켓이 없거나 개시하지 않은 경우 무임승차로 벌금(현장에서 납부하면 8,000포린트, 청구서를 받아 나중에 납부하면 16,000포린트)을 부과한다.

트램 내부의 펀칭 기계

지하철역 펀칭 기계

티켓판매기 이용 방법

티켓판매기를 이용하여 티켓을 구입하는 것은 매우 간단하다. 영어로 지원되며, 여행자가 주로 구입하게 될 1회권, 환승권, 24시간권은 모두 첫 화면에서 바로 인원 확인 및 결제 화면으로 넘어간다. 문자 그대로 클릭 3~4번이면 티켓을 손에 쥐게 된다. 수중에 포인트가 없어도 카드로 결제할 수 있다. 먼저 하단의 영국 국기를 클릭하여 영어 화면으로 전환한 뒤 구입을 시작한다.

■ 1회권, 환승권, 24시간권

- Single Ticket : 1회권
- Transfer Ticket : 환승권
- 24-hour Budapest Travelcard : 24시간권

익스텐션 티켓 등 그 밖의 티켓은 Other Tickets And Passes 클릭한다.

■ 그 외 티켓

그 밖의 티켓을 구입할 때에도 방법은 간단하다. Other Ticket And Passes 버튼을 클릭한 뒤 화면에서 카테고리를 선택한다. 여행자가 구매할 만한 티켓은 크게 아래와 같다.

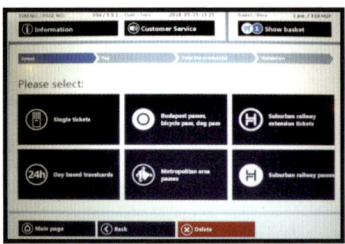

- Single Ticket : 단거리권, 리버버스 티켓
- Suburban Railway Extension Ticket : 익스텐션 티켓
- Day Based Travelcards : 그룹 트래블카드

이 중 익스텐션 티켓은 출발지와 도착지를 선택해야 한다. 센텐드레로 가려면 H5호선 Békásmegyer역, 괴될뢰로 가려면 H8호선 Ilonatelep역을 출발지로 지정한다.

특별히 기억할 트램·버스 노선

지상으로 달리는 트램과 버스는 노선이 워낙 많고 복잡하여 일일이 외워 두기는 힘들다. 그러나 아래 노선은 특별히 기억해 두면 좋다.

■ 2번 트램
국회의사당→세체니 다리→다뉴브 산책로→중앙 시장
■ 19번 트램
머르기트 다리→버차니 광장→세체니 다리→겔레르트 온천
■ 16번 버스
데아크 페렌츠 광장→세체니 다리→부더성→어부의 요새

16번 버스

리버버스

다뉴브강 유람선은 부다페스트 여행의 필수 코스나 마찬가지. 여러 유람선 업체가 경쟁하고 있는데, BKK 역시 유람선을 운행한다. D11·D12 두 개의 노선을 정해진 스케줄대로 매일 운행하니 말하자면 리버버스인 셈이다. 배에서 기분 낼 것이 아니라 강의 풍경만 바라본다면 유람선보다 가격이 저렴한 BKK 리버버스가 훨씬 경제적이다.

Data 요금 1회권 700포린트
티켓 구입 및 검표 BKK 티켓판매기에서 발권. 배에 오를 때 직원에게 티켓을 보여 준다.
비고 평일에 24시간권 또는 부다페스트 카드로 탑승 가능. 주말 및 휴일은 불가
운항 스케줄 확인 BKK 홈페이지 접속 〉 영어로 변경 〉 우측 Timetables 클릭

> **Tip** 겨울 시즌에는 노선이 단축되고 운행 횟수도 줄어든다. 크리스마스 시즌에 한하여 국회의사당 등 시내 중심에서만 운행하는 별도 노선을 운행하기도 한다.

리버버스 주요 선착장

시즌과 노선마다 차이는 있으나 아래 선착장에서 주로 타고 내린다.

- ▽ Rómaifürdő
- ▽ Óbudai-sziget(오부더섬)
- ▽ Margitsziget(머르기트섬)
- ▽ Kossuth lajos ter(국회의사당)
- ▽ Batthyány tér(버차니 광장)
- ▽ Petőfi tér(페리 터미널)
- ▽ Szent Gellért tér(겔레르트 온천)
- ▽ Müpa - Nemzeti Színház(뮈퍼)
- ▽ Kopaszi-gát

| Talk |
지하철 M3호선 공사 안내

공항, 버스 터미널 등 주요 교통의 요지를 연결하는 지하철 M3호선은 현재 대규모 공사 중이다. 노선 중 상행 종점인 Újpest-Központ과 Lehel Tér 사이 구간은 당분간 완전히 폐쇄된다(일정은 조정될 수 있다). Lehel Tér과 하행 종점 Kőbánya-Kispest 사이 구간은 평일 20:30까지만 지하철이 운행한다. 평일 20:30 이후, 그리고 주말과 공휴일에는 M3호선 대신 지하철역 앞에 정차하는 임시 버스를 이용하자. 노선을 따라 운행하며 버스 앞에 Metro Replacement Bus라고 영어로 적혀있다. 지하철을 타거나 임시 버스를 탈 때 모두 같은 승차권을 사용한다(티켓 규정은 055p 참조). 이 공사는 2020년까지 계속될 예정이며, 시기에 따라 폐쇄 구간이나 시간은 변동될 수 있으니 부다페스트 교통국 홈페이지(www.bkk.hu/m3felujitas)에서 관련 내용을 확인하자. 특히 공항이나 버스 터미널에 평일 늦은 시각이나 주말 및 휴일에 도착할 경우에는 반드시 확인할 필요가 있다.

PLANNING 05

계절별 여행 설계

유람선도 타고 야경도 봐야 하는 부다페스트.
야외 활동이 많기 때문에 기후에 따른 여행 설계가 필요하다.

부다페스트 연중 기후

기본적으로 여름에 덥고 겨울에 추우며 그 기온차가 크다. 여름 평균 온도 26도, 겨울 평균 온도 영하 2도, 그러나 체감 온도는 여름 30도 이상, 겨울에는 영하 10도 가까이 된다. 사계절 내내 비가 고루 내리는데, 여름에는 소나기가 간헐적으로 내리고 겨울에는 부슬비가 지속적으로 내린다. 특히 겨울철에는 하루 중 해를 볼 수 있는 시간이 평균 2시간도 되지 않는다. 봄과 가을은 평균 기온 15도 안팎으로 따뜻하고 선선하다.

1, 2 여름의 맑은 날과 겨울의 흐린 날. 똑같은 장소도 날씨에 따라 느낌이 다르다.

계절에 따른 여행 전략

봄, 가을은 여름의 장점만 취한다. 따라서 기후 조건만 놓고 보면 봄, 가을이 가장 좋다.

여름	VS	겨울
해가 길어 관광할 시간이 많다. 더운 대낮에 박물관을 관람하거나 카페에서 쉬면서 천천히 여행하자.	관광	해가 떠 있는 동안에는 무조건 부지런히 움직여야 한다. 내부 관람은 일몰 후에 해도 늦지 않다.
기후가 쾌적하지만 일몰이 늦기 때문에 야경을 보려면 밤 10시경까지 기다려야 한다.	야경	해가 일찍 넘어가 야경도 일찍 볼 수 있다. 굉장히 추우니 두꺼운 옷을 챙기자.
세체니 온천 등 야외 온천풀은 오전이나 저녁에 가면 좋고, 나머지 실내 온천은 자유롭게 이용한다.	온천	낮에는 관광에 집중하고 저녁에 따뜻한 온천으로 피로를 풀며 여행을 마치자.
아무 때나 OK. 특히 일몰 즈음에 실외 갑판에서 시원한 바람을 맞으며 배를 타면 분위기가 그만이다.	유람선	유람선 운행 횟수 자체가 크게 줄어 선택의 폭이 좁다. 배를 타도 실내에 있어야 하므로 야경이 덜 예쁘다.
냉방이 안 되는 숙소가 적지 않다.	숙소	난방이 안 되는 숙소는 없다.

> **Tip** 야경을 보려면 일몰 시간 확인도 중요한데, 타임 앤드 데이트(www.timeanddate.com) 등의 웹사이트가 도움이 된다. 참고로 공식 일몰 시간 이후에 실제 컴컴해지기까지 1시간 반 이상 더 기다려야 한다.

PLANNING 06

부다페스트 카드

도시마다 시티 투어카드를 만들어 판매하는 경우는 흔하다. 그러나 부다페스트 카드는 그중에서도 발군이다. 많은 혜택은 기본이고, 그 혜택이 부다페스트라는 도시의 문화와 역사를 이해하고 여행의 편의를 돕는 방향으로 완벽하게 짜여 있기 때문이다.

부다페스트 카드 안내

국립 박물관 등 핵심적인 주요 박물관의 무료입장, 그 외에도 많은 박물관 입장료 최대 50% 할인, 대중교통 완전 무료, 레스토랑과 시티투어 할인, 온천 무료 또는 할인, 리버버스 무료 및 유람선 할인 등 부다페스트 여행을 속속들이 책임지는 상품이다. 대중교통 이용할 일이 많고 온천과 유람선을 빼놓을 수 없는 부다페스트에서 아주 유용하게 활용할 수 있다. 총 5가지 종류가 있다.

부다페스트 카드 72시간권

종류와 요금

24시간권 22유로(6,490포인트), 48시간권 33유로(9,990포인트), 72시간권 43유로(12,990포인트), 96시간권 53유로(15,990포인트), 120시간권 63유로(18,990포인트)

구입 방법

관광 안내소에서 구입할 수 있으며, 시내 곳곳에서 부다페스트 카드 판매 데스크를 설치하고 직원이 판매하는 것을 볼 수 있다. 인터넷 홈페이지(www.budapestinfo.hu/webshop)를 통한 구입도 가능하지만 실물 카드를 배송받아야 하므로 현지에서 구입하는 것이 더 편리하다.

> **Tip** 이 책에 소개된 장소 중 부다페스트 카드로 할인되거나 무료 입장 가능한 곳은 모두 해당 장소의 설명에 아래와 같이 표기해 두었다.
> **부다페스트카드 100%**
> → 무료입장
> **부다페스트카드 00%**
> → 00% 할인

사용 방법

카드 뒷면에 이름과 사용 시작 시간을 직접 기입한다. 이름은 여권의 영문 성명과 동일하게 기재하고, 사용 시작 시간은 월/일/시 순으로 숫자를 적는다. 여기 적은 시간부터 유효하다. 가령, 24시간권을 구입하여 사용 시작 시간을 1월 1일 09시로 적었다면 1월 2일 09시까지 사용할 수 있다는 의미가 된다. 따라서 미리 적으면 손해이고, 대중교통 탑승이나 관광지 입장 등 부다페스트 카드를 사용할 순간의 시간을 적어야 한다.

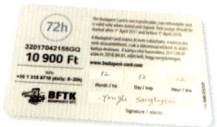

- **관광지 입장** 매표소에 부다페스트 카드를 제시하면 입장권을 무료로 발권해 주거나 할인해 준다.
- **대중교통 이용** 지하철 탑승 시에는 개찰구 앞에 있는 직원에게 부다페스트 카드를 보여 준다. 뒷면에 적힌 사용 시작 시간을 확인하기 때문에 뒷면을 제시하는 것이 더 편리하다. 트램과 버스 탑승 시에는 일단 탑승한 뒤 검표원이 오면 부다페스트 카드를 보여 준다.
- **리버버스 이용** 탑승 전 직원에게 부다페스트 카드를 제시하고 승선한다. 평일에만 부다페스트 카드로 리버버스를 탈 수 있음을 주의하자.
- **레스토랑 할인** 주문 전 부다페스트 카드를 보여 주고, 나중에 계산서에서 할인되었는지 다시 한 번 확인한다.
- **온천 입장** 무료입장의 경우 매표소에 부다페스트 카드를 제시한다. 세체니 온천 등 할인 입장의 경우에는 해당 온천의 매표소에서 구입할 때에 할인이 적용된다.

STEP 02
PLANNING

|Theme|
부다페스트 카드 주요 혜택

주요 관광지 무료입장

국립 박물관(218p)

국립 미술관(252p)

부다페스트 역사박물관(252p)

부더 타워(256p)

응용 미술 박물관 휴관 중(221p)

루트비히 미술관(224p)

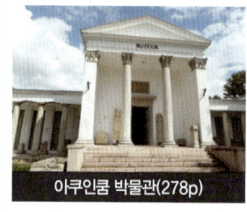
아쿠인쿰 박물관(278p)

바사렐리 미술관(280p)

호프 페렌츠 미술관(193p)

뮈처르노크(195p)

메멘토 공원(264p)

루카치 온천(284p)

독특한 개성만점 박물관 할인

암굴 병원(257p) 30% 할인

성 이슈트반 대성당 보물관(166p) 25% 할인

세체니 온천(199) 20% 할인

겔레르트 온천(259p) 20% 할인

괴될뢰 왕궁(227p) 15% 할인

즈바크 우니쿰 박물관(226p) 15% 할인

교통수단 무료/할인

부다페스트 시내 대중교통 무료

리버버스 평일 무료

기타 무료 서비스

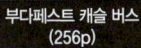
부다페스트 캐슬 버스 (256p)

BK Koffer 짐 보관 서비스

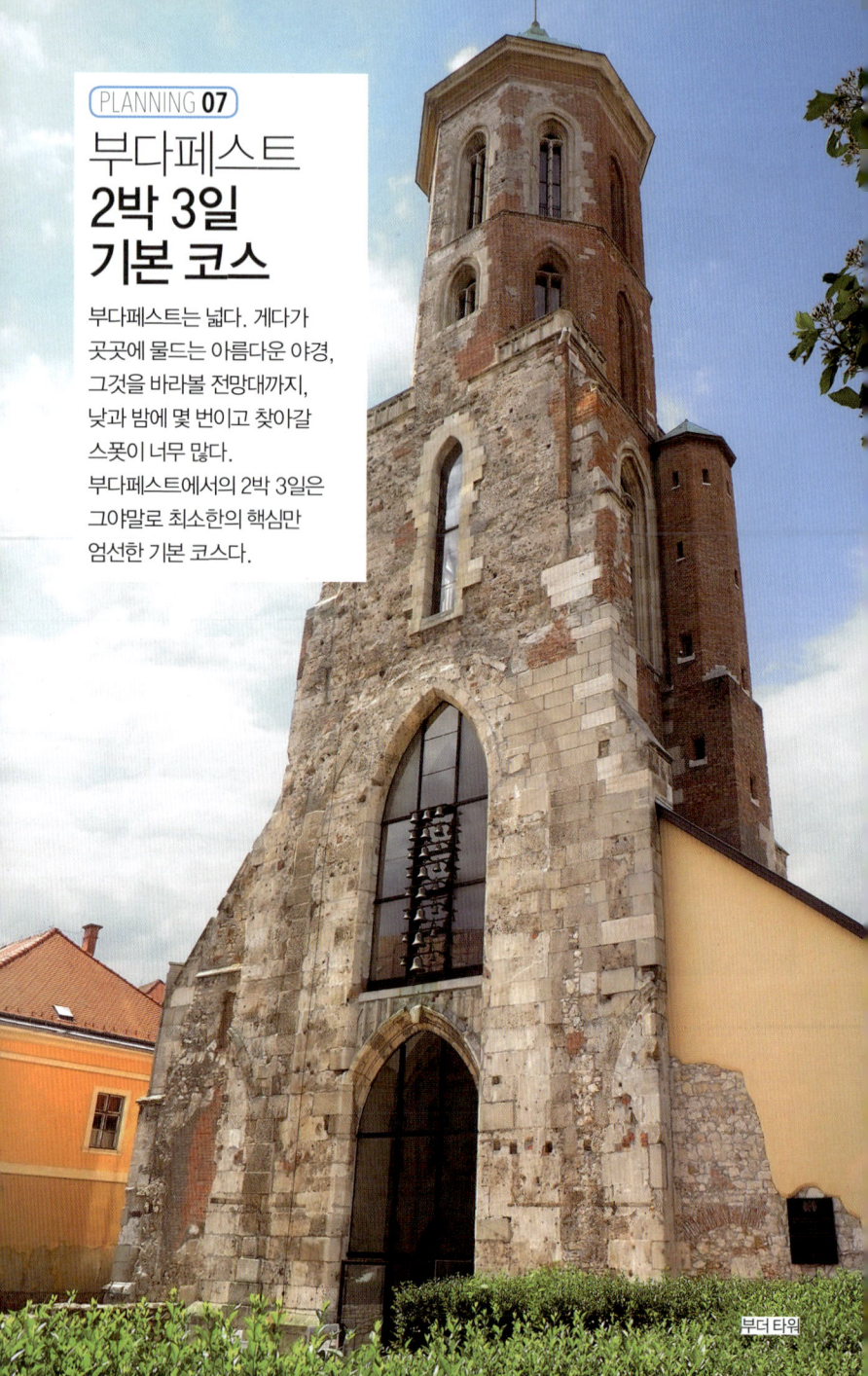

PLANNING 07
부다페스트 2박 3일 기본 코스

부다페스트는 넓다. 게다가 곳곳에 물드는 아름다운 야경, 그것을 바라볼 전망대까지, 낮과 밤에 몇 번이고 찾아갈 스폿이 너무 많다. 부다페스트에서의 2박 3일은 그야말로 최소한의 핵심만 엄선한 기본 코스다.

부더 타워

Day 1

국회의사당, 어부의 요새 등 부다페스트의 이름난 명소를 둘러보며 이 아름다운 도시와 사랑에 빠지는 코스. 강의 양쪽을 오가므로 여러 차례 대중교통 이용이 필요하다.

10:00 여행의 출발점은 데아크 페렌츠 광장. 환전이나 유심 개통이 필요하면 먼저 처리하고 여행을 시작한다.
≫ 도보 5분
10:10 성 이슈트반 대성당의 웅장한 안과 밖을 관람하고, 날씨가 좋으면 엘리베이터를 타고 전망대에 오른다.
≫ 도보 2분
11:10 동구권 분위기가 느껴지는 서버드샤그 광장에서 여유롭게 산책을 즐긴다. ≫ 도보 2분
11:30 국회의사당과 그 주변의 기념비를 꼼꼼히 구경하고, 지하의 1956 혁명 기념관도 잠시 둘러보자. 주변 레스토랑에서 점심을 해결한다. ≫ 도보 5~10분
13:30 다뉴브 강변의 신발 등 다뉴브강의 풍경을 구경하며 세체니 이슈트반 광장으로 이동한다. ≫ 버스 10분
14:00 16번 버스를 타고 어부의 요새로 이동. 테라스에서 아름다운 전망을 바라보고, 마차시 성당의 내부 관람도 잊지 말자. ≫ 도보 5분
15:00 부더 타워와 그 주변의 소박한 골목을 걷거나 어부의 요새 주변 분위기 좋은 카페나 레스토랑에서 잠시 쉬어도 좋다. ≫ 도보 15분
15:30 부더성에서 보이는 다뉴브강 전망을 바라볼 차례. 내부의 국립 미술관 관람도 추천한다. ≫ 도보 30분
17:30 부더성의 정원을 거쳐 천천히 언덕을 내려와 에르제베트 다리로 이동. 바위 절벽 위 성 겔레르트 기념비도 바라보자. ≫ 버스 10분 이내
18:00 버스를 한 번 갈아타고 겔레르트 언덕에 올라 자유의 여신상을 구경하고, 다뉴브강의 전망도 놓치지 않는다. ≫ 버스+트램 20분
19:00 겔레르트 온천에서 하루의 피로를 푼다. ≫ 트램 8분
20:30 데아크 페렌츠 광장으로 이동, 주변에서 저녁 식사 후 야경을 관람한다.

데아크 페렌츠 광장

성 이슈트반 대성당

국회의사당

다뉴브강 강변

STEP 02
PLANNING

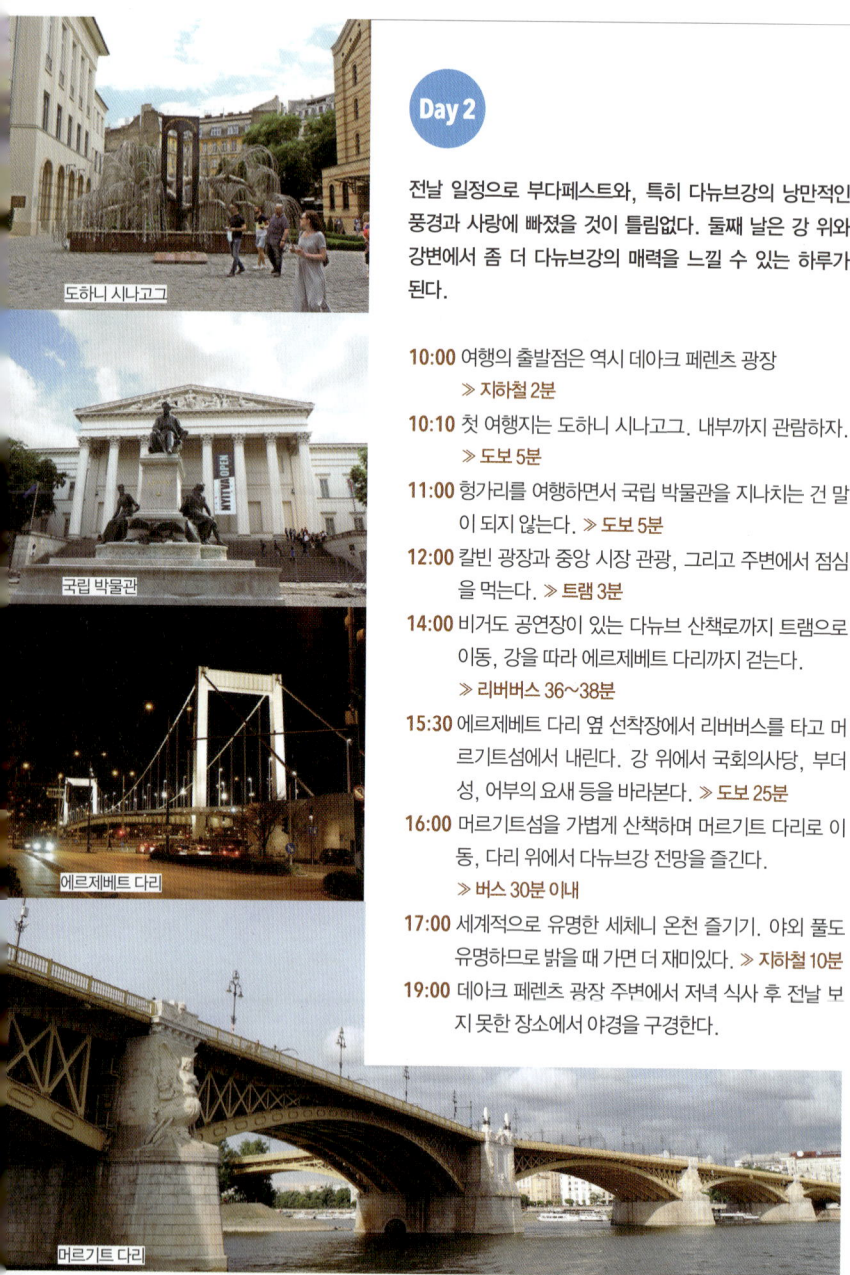

도하니 시나고그

국립 박물관

에르제베트 다리

머르기트 다리

Day 2

전날 일정으로 부다페스트와, 특히 다뉴브강의 낭만적인 풍경과 사랑에 빠졌을 것이 틀림없다. 둘째 날은 강 위와 강변에서 좀 더 다뉴브강의 매력을 느낄 수 있는 하루가 된다.

10:00 여행의 출발점은 역시 데아크 페렌츠 광장
  » **지하철 2분**
10:10 첫 여행지는 도하니 시나고그. 내부까지 관람하자.
  » **도보 5분**
11:00 헝가리를 여행하면서 국립 박물관을 지나치는 건 말이 되지 않는다. » **도보 5분**
12:00 칼빈 광장과 중앙 시장 관광, 그리고 주변에서 점심을 먹는다. » **트램 3분**
14:00 비거도 공연장이 있는 다뉴브 산책로까지 트램으로 이동, 강을 따라 에르제베트 다리까지 걷는다.
  » **리버버스 36~38분**
15:30 에르제베트 다리 옆 선착장에서 리버버스를 타고 머르기트섬에서 내린다. 강 위에서 국회의사당, 부더 성, 어부의 요새 등을 바라본다. » **도보 25분**
16:00 머르기트섬을 가볍게 산책하며 머르기트 다리로 이동, 다리 위에서 다뉴브강 전망을 즐긴다.
  » **버스 30분 이내**
17:00 세계적으로 유명한 세체니 온천 즐기기. 야외 풀도 유명하므로 밝을 때 가면 더 재미있다. » **지하철 10분**
19:00 데아크 페렌츠 광장 주변에서 저녁 식사 후 전날 보지 못한 장소에서 야경을 구경한다.

Day 3

마지막 날이다. 다른 곳으로 이동할 것을 고려해 시내에서 멀리 가지 않는다. 이틀 동안 부다페스트를 여행하며 미처 보지 못해 아쉽거나 또 한 번 가보고 싶은 곳을 찾아가도 좋다.

10:00 데아크 페렌츠 광장에서 여행 시작 » **지하철 4분**
10:10 국회의사당과 다뉴브강이 보이는 버차니 광장으로 이동한다. » **도보 10분**
10:40 세체니 다리까지 강변을 따라 걸으며 마지막으로 다뉴브강을 눈에 담는다. 다리 앞 클라크 아담 광장에서 도로원표를 발견해 보자. » **버스 7분**
11:20 언드라시 거리를 걸으며 가볍게 쇼핑하고, 점심을 먹는다. 거리의 끝까지 걷지는 못하더라도 오크토곤까지는 걸어 보자. 리스트 페렌츠 박물관 등 거리 주변의 박물관도 하나 정도 구경하면 좋다. » **지하철 4분**
13:30 언드라시 거리 끝의 회쇠크 광장이 마지막 코스 » **버스 10분**
14:30 켈레티 기차역에서 마무리한다.

> **Tip** 이 일정은 3일 동안 대중교통을 꾸준히 이용하고 박물관 몇 곳의 관람이 포함되어 있다. 부다페스트 카드(060p) 48시간권 또는 72시간권을 구입하면 대중교통 무료, 주요 박물관 무료 또는 할인, 리버버스 무료 등 알차게 활용할 수 있다. 부다페스트 카드를 구입하지 않을 경우 대중교통은 각각 1회권을 구입하거나 24시간권을 이용한다.

버차니 광장

도로원표

언드라시 거리

회쇠크 광장

PLANNING 08

부다페스트 근교 포함 2박 3일 코스

시내에만 머물기는 아깝다고 생각하는 모험적인 여행자를 위해 근교에서 바람을 쐴 수 있는 2박 3일 코스를 따로 준비하였다.

푀 광장(센텐드레)

Day 1

2박 3일 기본 코스의 1일차 일정(065p)과 동일

Day 2

10:00 데아크 페렌츠 광장에서 여행을 시작한다.
  ≫ 지하철 4분
10:10 국회의사당과 다뉴브강이 보이는 버차니 광장으로 이동한다. ≫ 광역 철도 40분
11:20 H5호선을 타고 센텐드레 도착. 센텐드레 코스는 290p 참조. ≫ 광역 철도 30분
15:00 부다페스트로 되돌아오는 길에 아쿠인쿰 박물관을 관람한다. ≫ 광역 철도 12분
16:20 머르기트 다리에 올라 국회의사당과 다뉴브강을 바라본다. ≫ 버스 30분 이내
17:00 세계적으로 유명한 세체니 온천을 즐긴다.
  ≫ 도보 10분
18:40 회쇠크 광장과 주변 관광 ≫ 지하철 4분
19:00 지하철로 오크토곤까지 이동, 주변에서 저녁을 먹고 언드라시 거리를 걷는다. ≫ 도보 5분
20:30 언드라시 거리 부근 데아크 페렌츠 광장에서 여행을 마무리하고, 이후 야경을 구경한다.

아쿠인쿰 박물관

세체니 온천

젤레르트 온천

Day 3

10:00 데아크 페렌츠 광장에서 여행 시작 ≫ **지하철 4분**
10:10 버차니 광장으로 이동, 리버버스를 탄다.
  ≫ **리버버스 22분**
10:40 배 위에서 국회의사당, 어부의 요새, 부더성 등 아름다운 풍경을 감상하며, 젤레르트 온천 앞에서 하선한다. ≫ **도보 10분** 또는 **지하철 1분**
11:00 서버드샤그 다리를 건너 중앙 시장과 칼빈 광장을 관광하고 주변에서 점심 식사를 한다. ≫ **도보 5분**
13:00 아무리 바빠도 국립 박물관은 짧게라도 관람하자.
  ≫ **도보 5분+지하철 6분**
14:00 켈레티 기차역에서 마무리한다.

> **Tip** 이 일정 역시 부다페스트 카드 48시간권 또는 72시간권을 구입하면 알뜰하게 활용할 수 있으며, 센텐드레까지 다녀올 때 익스텐션 티켓만 추가로 구입하면 된다.

리버버스

칼빈 광장

켈레티 기차역

국립 박물관

PLANNING 09
부다페스트 **3박 4일 코스**

두 가지 2박 3일 코스를 정리하였는데, 여기에 하루 정도 더 시간을 내서
근교를 여행하면 부다페스트와 헝가리가 보다 즐거운 추억으로 남을 것이다.
이 책에는 다뉴브 벤드와 벌러톤 호수 두 가지 근교 여행지를 소개하고 있다.

Choice 1. 다뉴브 벤드

뉴거티 기차역 → 에스테르곰 → 바츠 → 뉴거티 기차역

다뉴브 벤드의 자세한 여행 코스와 이동 방법은 303p에 소개되어 있다.

에스테르곰

바츠

Choice 2. 벌러톤 호수

델리 기차역 → 벌러톤퓌레드 → 티허니 → 벌러톤퓌레드 → 델리 기차역

벌러톤 호수에서 숙박하지 않을 경우 사실상 티허니 관광이 주목적이며, 벌러톤퓌레드는 교통편 이용을 위해 잠시 거치게 된다. 벌러톤 호수의 자세한 여행 코스와 이동방법은 325p에 소개되어 있다.

티허니

벌러톤퓌레드

PLANNING 10
부다페스트 당일치기 속성 코스

부다페스트의 가장 큰 볼거리인 야경을 보려면 최소 1박은 필요하지만 한국인 여행자의 바쁜 여행 패턴을 무시할 수는 없기에 부다페스트의 핵심만 요약하는 당일치기 코스를 정리한다. 기왕이면 아래 코스에 야경까지 구경하고 1박한 뒤 다음날 오전에 떠나는 것을 강력히 권장하고 싶다.

Day 1

다른 도시 간 이동 시 주로 이용하게 될 켈레티 기차역, 뉴거티 기차역, 버스 터미널에서 모두 지하철로 한 번에 연결되는 데아크 페렌츠 광장에서 시작하고 끝내는 코스다. 가까운 거리도 대중교통을 적극 이용하여 시간을 절약하도록 하였으며, 대중교통 24시간권이 필요하다.

10:00 데아크 페렌츠 광장에서 여행 시작
≫ 지하철 2분
10:10 첫 방문지는 국회의사당. 웅장한 외관과 광장의 기념비를 꼼꼼하게 살펴본다.
≫ 도보 10분
11:00 다뉴브 강변의 신발 등 다뉴브강의 풍경을 구경하며 세체니 이슈트반 광장으로 이동
≫ 버스 10분
11:30 16번 버스를 타고 어부의 요새로 이동. 마차시 성당의 외관을 구경하고, 테라스에서 전망을 즐긴 뒤 주변에서 점심 식사를 해결한다. ≫ 도보 15분
14:00 부더성으로 이동. 성 앞에서 다뉴브강을 바라본다. ≫ 푸니쿨라 1분

14:30 시간을 절약하기 위해 푸니쿨라를 타고 성 아래로 내려와 세체니 다리를 구경한다. 푸니쿨라 하차 지점 부근의 도로원표도 찾아보자. ≫ 버스+도보 10분
15:00 성 이슈트반 대성당으로 이동. 내부도 살짝 관람한다. ≫ 도보 10분
16:00 뵈뢰슈머르티 광장을 지나 다뉴브 강변까지 이동하며 페슈트 지구의 중심부를 구경하고, 다뉴브 산책로에서 그림 같은 풍경과 함께 강변을 산책한다. ≫ 트램 2분
17:00 에르제베트 다리까지 산책한 뒤 트램을 타고 중앙 시장으로 이동. 헝가리 특산품을 구경해 보자. ≫ 트램 8분
18:00 데아크 페렌츠 광장에서 여행 마무리

다뉴브 강변의 신발

부더성

중앙 시장

PLANNING 11
부다페스트와 근교 1주일 코스

부다페스트를 완전 정복하고 싶다면
통 크게 1주일 정도 시간을 할애하기 바란다.
부다페스트의 매력을 완전히 섭렵하는 것은 기본,
다뉴브 벤드와 벌러톤 호수까지 제대로
만끽할 수 있다. 해가 길고 여행하기 좋은
여름 시즌에 최적화된 코스이며,
강과 호수 여행이 어려워지는
겨울 시즌에는 다음 기회를 기약하자.

Day 1
페슈트 중심부 위주로 여행하고 겔레르트 언덕에서 마무리한 뒤 겔레르트 온천에서 피로를 푼다.

데아크 페렌츠 광장 → 성 이슈트반 대성당 → 국회의사당 → 다뉴브 강변의 신발 → 세체니 다리 → 다뉴브 산책로 → 에르제베트 다리 → 중앙 시장 → 겔레르트 언덕 → 겔레르트 온천

겔레르트 언덕

Day 2
부다페스트 카드 사용을 시작하는 날. 부다페스트 카드로 무료입장할 수 있는 관광지와 온천 위주로 구성하였다. 전부 다 내부 관람을 할 경우 하루의 시간이 부족할 수 있으니 미처 보지 못한 곳은 4일차 일정에 마저 소화하도록 한다. 이 날 포함된 박물관은 월요일에 쉬는 곳이 많다는 것도 기억하자.

데아크 페렌츠 광장 → 부다성 → 어부의 요새 → 부더 타워 → 버차니 광장 → 센텐드레 → 아쿠인쿰 박물관 → 오부더 → 머르기트섬 → 루카치 온천

루카치 온천

> **Tip** 꼭 이 순서대로 여행해야만 하는 것은 아니고 날짜를 섞어 여행해도 상관없으나 아래 일정 중 3일(Day 2~4)은 부다페스트 카드 72시간권을 사용할 수 있도록 구성하였으므로 일정을 붙여 계획을 세우는 것을 권한다.

Day 3
마찬가지로 부다페스트 카드로 무료입장 할 수 있는 곳을 위주로 구성하였으며, 리버버스를 탈 수 있는 구간도 포함되니 다뉴브강 유람선 체험도 가능하다.
데아크 페렌츠 광장 → 도하니 시나고그 → 국립 박물관과 펄로터 지구 → 칼빈 광장 → 홀로코스트 메모리얼 센터 → 즈바크 우니쿰 박물관 → 루트비히 미술관 → (리버버스) → 버차니 광장

즈바크 우니쿰 박물관

Day 4
부다페스트 카드 사용 마지막 날. 기본 일정은 오후쯤 끝난다. 앞선 일정 중 시간이 부족해 미처 보지 못했거나 다시 보고 싶은 곳을 남은 시간에 관광하거나 메멘토 공원 또는 괴될뢰 궁전으로 이동한다.
데아크 페렌츠 광장 → 언드라시 거리 → 회쇠크 광장 → 시민 공원 → 세체니 온천

메멘토 공원

Day 5
앞서 여행했던 센텐드레 외에 나머지 다뉴브 벤드 지역을 여행하는 날이다.
뉴거티 기차역 → 에스테르곰 → 비셰그라드 → 바츠 → 뉴거티 기차역

뉴거티 기차역

Day 6
부다페스트에서 체크아웃하고 벌러톤 호수를 1박 2일로 여행한다. 첫날은 벌러톤퓨레드에 숙박하며 티허니를 관광한다.
델리 기차역 → 벌러톤퓨레드 → 티허니 → 벌러톤퓨레드

티허니 전망대

Day 7
벌러톤퓨레드에서 유람선을 타고 시오포크로 이동하여 시오포크에서 여행을 마친다. 다른 도시로 이동하기 위해 부다페스트로 되돌아가야 할 경우에도 기차로 편하게 갈 수 있다.
벌러톤퓨레드 → 시오포크 (→ 델리 기차역)

시오포크 항구

PLANNING 12
부다페스트에서 헝가리를 만나다

한 국가의 수도를 여행하면서 그 나라를 가까이 알게 되는 것은 자연스럽고도 당연한 결과. 부다페스트를 여행하면서 자연스럽게 헝가리라는 나라와 친숙해질 것이다. 그 중에서도 특별히 헝가리를 깊이 이해할 수 있도록 도와주는 장소를 따로 모았다.

헝가리쿰

헝가리쿰 Hungarikum은 헝가리의 문화나 역사에 중요한 의의를 가지는 특산품임을 보증하는 국가 인증 제도의 이름이다. 헝가리쿰 인증은 먹는 것, 입는 것, 자연환경 등 분야를 가리지 않는다. 부다페스트에서 먹게 되는 것, 기념품으로 구입할 만한 것, 축제나 행사에서 볼 수 있는 전통 복장 등 헝가리쿰은 여행의 재미를 풍성하게 채워 주면서 헝가리의 문화와 가깝게 해준다. 여행 도중 수많은 헝가리쿰을 마주하게 될 것이고, 헝가리쿰을 한데 모아 구경하고 싶다면 중앙 시장(222p)을 찾아가자.

💬 |Talk|
전 세계를 중독시킨 헝가리의 발명품

3X3X3 정육면체 퍼즐을 돌려 같은 색상을 맞추는 루빅스 큐브 Rubik's Cube, 흔히 '큐브'라고 줄여 부르는 장난감은 1974년 헝가리에서 발명되었다. 1980년 시판 직후부터 전 유럽에 소문이 퍼져 지금은 전 세계인을 중독 시키는 장난감이 되었다. 루빅스 큐브 역시 대표적인 헝가리쿰. 이렇듯 헝가리쿰을 하나하나 만나다 보면 헝가리가 남긴 발자국이 생각보다 크다는 것을 알게 된다.

두 번의 혁명

헝가리에서 1848년과 1956년, 두 번의 혁명이 일어났다. 첫 번째 혁명은 오스트리아의 지배에서 벗어나기 위해, 두 번째 혁명은 자유와 민주를 위해. 당연히 부다페스트가 두 번의 혁명의 중심이었으며, 그 흔적을 보존하고 있다. 오스트리아의 지배 이후 오스트리아-헝가리 이중제국으로 이어지는 역사에서 국회의사당, 성 이슈트반 대성당, 회쇠크 광장 등이 탄생했으니 헝가리 혁명은 단순한 역사적 사건을 넘어 부다페스트를 이해하기 위한 키워드다.

대표 박물관

헝가리의 역사를 만날 수 있는 대표적인 박물관이 국립 박물관(218p)과 부다페스트 역사박물관(252p)이다. 모두 헝가리의 역사를 이해하는 데에 큰 도움이 된다. 부더성에 있는 국립 미술관(252p)은 헝가리 예술의 역사를 발견하도록 돕는다.

리스트 페렌츠

세계적인 피아니스트이자 작곡가인 리스트 페렌츠Liszt Ferenc는 헝가리의 자부심과도 같다. 리스트는 〈헝가리 광시곡〉 등 헝가리 민속 음악에 뿌리를 둔 작품도 여럿 남겼다. 리스트 박물관(192p)은 기본, 국립 박물관에도 한 전시실이 통째로 리스트를 다루는 것만 보더라도 헝가리 역사에서 그가 차지하는 존재감을 알 수 있다.

에스테르곰

헝가리 최초의 수도. 건국 이후 300년 이상 수도였던 유서 깊은 천년고도 에스테르곰(315p) 역시 헝가리의 역사를 이해하기 위해 그냥 지나칠 수 없는 곳이다. 부다페스트에서 멀지 않아 당일치기로 가볍게 여행할 수 있으며, 다뉴브강변의 웅장한 대성당과 고성을 볼 수 있다.

1956 혁명 기념관

리스트의 동상

국립 박물관

에스테르곰 대성당

Step 03
ENJOYING

부다페스트를 즐기다

01 유럽 3대 야경 속으로
02 부다페스트 온천 여행
03 부다페스트 밀레니엄 프로젝트
04 아름답고 푸른 다뉴브강
05 유네스코 세계 문화유산 탐험
06 부다페스트가 한눈에 보이는 전망대
07 한국인 입맛에 딱! 부다페스트 식도락 여행
08 귀족처럼 즐기는 카페 문화
09 성실히 기억하는 격동의 현대사
10 클래식부터 클럽까지 신나는 공연
11 부다페스트 축제 캘린더

© BFTK / István Práczky

ENJOYING 01

유럽 3대 야경 속으로

프랑스 파리, 체코 프라하, 그리고 헝가리 부다페스트.
이른바 유럽 3대 야경으로 꼽히며 어두운 하늘을 낭만으로 물들인다.
낮도 아름답지만 밤은 더 아름다운 부다페스트의 야경 속으로 들어가자.

국회의사당

성 이슈트반 대성당

어부의 요새

마차시 성당

|Talk|
야경이 물들어 갈 때

서서히 하늘이 어두워지고 건물이 조금씩 불을 밝히는 순간은 야경과는 또 다른 낭만을 선사한다. 여유를 가지고 천천히 기다리며 서서히 변하는 풍경을 두 눈에 담아 두는 경험은 부다페스트에서 느낄 수 있는 새로운 즐거움이다. 기다림의 시간 동안 슈퍼마켓에서 준비해 둔 와인 한 병을 사랑하는 가족, 연인, 친구와 함께 나누면 평생 남을 추억이 완성될 것이다.

부더성

세체니 다리

회쇠크 광장

버이더후녀드성

STEP 03
ENJOYING

ENJOYING 02
부다페스트 온천 여행

고대 로마인이 목욕 문화의 씨를 뿌리고, 터키인이 거름을 주었다.
목욕을 향한 각별한 애정을 가진 두 문화가 부다페스트에서 열매를 맺었다.
동유럽을 넘어 유럽 전체에서 가장 유명한 온천을 가진 부다페스트라면
기꺼이 뜨뜻한 물에 몸을 담그고 하루의 피로를 날려 버릴 당위가 충분하다.

© BFTK / István Práczky

온천 이용 방법

부다페스트 온천 스타일

온천은 크게 세 가지로 구분된다. 문자 그대로 뜨거운 물에 몸을 담그는 온천탕, 찬물에서 수영할 수 있는 수영장, 그리고 사우나. 대형 온천은 탕의 개수가 많고 실내와 실외로 구분되어 선택의 폭이 넓다는 차이가 있을 뿐 이 세 가지 구성은 거의 같다. 마치 한국 대중탕의 열탕, 냉탕, 사우나와 같은 구성이므로 낯설지 않게 이용할 수 있다.

온천 복장 및 준비물

기본적으로 온천탕과 사우나 모두 수영복을 입고 이용하며, 수영장 이용 시에는 수영모까지 착용한다. 수영복, 수영모, 타월 등은 현장에서 대여가 가능하지만 가격이 저렴하지는 않으므로 미리 준비하면 좋다. 슬리퍼를 지참하면 온천 내 이동이 훨씬 편해진다. 샤워 시설은 있으나 샴푸 등이 비치되어 있지 않다. 따라서 세면용품은 직접 준비해야 한다.

남녀 구분

특별한 경우가 아닌 이상 사우나를 포함하여 남녀혼탕이다. 사우나도 수영복을 입고 들어가므로 혼탕으로 인한 불편은 없다. 탈의실은 남녀 구분된다. 루더시 온천 등 일부 소규모 온천은 평일에 요일을 지정해 남성 전용 또는 여성 전용으로 운영하는 경우도 있으니 소규모 온천을 이용하려면 미리 규정을 확인해 두어야 한다.

캐빈과 라커

탈의실은 캐빈과 라커 두 가지로 나뉜다. 캐빈은 독립된 탈의실을 사용하는 것, 라커는 흔히 볼 수 있는 공동 탈의실의 사물함을 사용하는 것이다. 티켓을 구입할 때 캐빈과 라커 중 선택할 수 있다. 캐빈의 가격이 더 비싸지만 독립된 공간을 사용하므로 개인 소지품을 자유롭게 보관할 수 있는 장점이 있다.

입장 방법

티켓을 구입하면 일반적으로 시계 모양의 팔찌를 준다. 이것을 입구에 대고 입장하며, 퇴장할 때 반납한다. 온천마다 규정이 다르기는 하지만-세체니 온천 등 유명한 곳 위주로 설명하자면-캐빈이나 라커는 랜덤으로 지정된다. 탈의실에 들어가 기계에 팔찌를 대면 내가 사용할 캐빈 또는 라커 번호가 지정되고, 그것을 이용하면 된다.

사진 촬영

세체니 온천 등 유명한 곳은 내부에서 사진 촬영도 가능하다. 물론 수영복을 입고 있는 타인의 사생활을 침해하지 않아야 함은 기본 에티켓이다.

STEP 03
ENJOYING

부다페스트 대표 온천

부더와 페슈트를 가리지 않고 부다페스트 곳곳에 온천이 아주 많다. 일부는 지하철로 갈 수 있는 시내 중심부에 있어 외국인 여행자에게도 유명한데, 이 많은 온천 중 특별히 유명한 곳을 골랐다.

> **Tip** 본문에 소개된 온천은 찾아가는 법과 요금 등 자세한 내용을 해당 페이지에서 확인할 수 있으며, 나머지 온천은 홈페이지에서 관련 내용을 확인할 수 있다.

가장 유명한 곳
세체니 온천 199p

유럽 최대 규모의 세체니 온천은 부다페스트에서 단연 가장 유명한 곳이며, 외국인 관광객도 많이 찾아 외국인이 이용하기에 가장 편리하다.

초대형 워터파크
아쿠아월드

아쿠아월드Aquaworld(홈페이지 www.aquaworldresort.hu)는 워터슬라이드와 유수풀 등을 갖춘 대형 실내 워터파크. 유아용 풀장과 수영스쿨 등 온가족이 이용할 수 있는 모든 설비를 갖추고 있다. 조용한 분위기에서 온천과 사우나를 이용하는 오리엔탈 스파Oriental Spa가 포함된다.

호텔과 스파의 컬래버레이션
겔레르트 온천 259p

세체니 온천과 함께 부다페스트에서 관광객에게 가장 유명한 곳은 겔레르트 온천이다. 겔레르트 호텔 내에 있어 문자 그대로 스파 호텔이 무엇인지 보여 준다. 물론 호텔 투숙객이 아니어도 온천 이용은 가능하다.

이것이 진짜 터키탕
키라이 온천, 루더시 온천 258p

한국에서는 일본의 영향을 받아 '터키탕'이라고 하면 불순한(?) 생각을 떠올리는데, 터키식 온천탕은 터키인 고유의 목욕 문화를 반영하는 유서 깊은 전통의 산물이다. 루더시 온천과 키라이 온천 Király Gyógyfürdő(홈페이지 en.kiralyfurdo.hu)은 터키인이 직접 만든 터키탕이다.

부다페스트 카드로 공짜
루카치 온천 284p

부다페스트 카드로 무료입장이 가능한 온천. 부다페스트 카드 소지자라면 비용 부담 없이 루카치 온천에서 부다페스트의 온천 문화를 가볍게 체험해 보자.

> **ENJOYING 03**
>
> # 부다페스트 밀레니엄 프로젝트
>
> 헝가리 건국 1천 년인 1896년을 전후하여 부다페스트는 완전히 새로운 도시로 바뀌었다. 국가와 민족의 명예를 자랑하고 힘을 과시하고자 웅장한 건축물이 도시 곳곳에 모습을 드러낸 것이다. 지금 우리가 부다페스트에서 만나는 가장 유명한 관광 명소는 대부분 이 시기에 만들어졌다. 1천 년을 자축하는 이른바 '밀레니엄 프로젝트'의 완성이다.

밀레니엄 프로젝트의 역사적 배경

1867년 헝가리는 오스트리아의 지배에서 벗어나 오스트리아-헝가리 이중제국이라는 등등한 지위를 획득하였다. 그리고 이중제국의 공동 수도로 1873년 부더와 페슈트를 통합해 거대 도시 부다페스트를 만들었다.

헝가리는 한 걸음 더 나아가 헝가리 건국(896년) 1천 년을 기념하고자 1896년을 전후로 도시의 풍경을 완전히 바꾸었다. 민족의 역사와 성취를 기념하고 자랑하기 위함이었다. 덕분에 이중제국의 공동 수도인 오스트리아 빈 못지않은 호화롭고 거대한 도시가 탄생했으며, 오늘날 우리가 그 모습을 부다페스트에서 만날 수 있다.

회쇠크 광장

밀레니엄 프로젝트의 아이콘인 밀레니엄 기념비가 있는 광장. 헝가리 역사상 위대한 지도자들의 동상부터 헝가리를 위해 싸운 무명용사의 비까지, 그야말로 헝가리의 모든 역사의 '영웅'을 모신 광장이다.

언드라시 거리와 밀레니엄 지하철

부다페스트는 건국 1천 년을 기념하며 유럽 대륙 최초로 지하철을 만들어 1896년 개통하였고, 지하철이 다니는 지상에도 언드라시 거리를 만들었다. 도시의 통합으로 출범한 대도시 부다페스트의 자랑거리가 되었다.

성 이슈트반 대성당

건국 연도인 896년을 기념해 중앙 돔의 높이가 96m. 헝가리 왕국 초대 국왕인 성 이슈트반 1세의 미이라도 보물관에 안장되어 있다. 1905년 완공.

어부의 요새

머저르 일곱 부족이 합쳐 헝가리를 건국했음을 기념하며 일곱 부족을 상징하는 일곱 개의 첨탑을 가진 테라스를 만들고, 성 이슈트반 1세의 기마상도 세웠다. 1902년 완공.

국회의사당

대성당과 마찬가지로 중앙 돔의 높이가 96m. 국력을 과시하는 거대하고 아름다운 국회의사당은 부다페스트 최고의 볼거리가 된다. 내부에 성 이슈트반 1세 이후 헝가리 국왕이 대관했던 왕관도 전시되어 있다.

ENJOYING **04**

아름답고 푸른 **다뉴브강**

오스트리아의 작곡가 요한 슈트라우스 2세Johann Strauß II는 1867년 왈츠곡 〈아름답고 푸른 도나우강〉을 작곡했다. 같은 해 오스트리아-헝가리 이중제국이 출범했고, 마침 아름답고 푸른 다뉴브(도나우)강이 흐르는 헝가리에서도 국가國歌에 준하는 큰 사랑을 받았다. 헝가리와 부다페스트는 다뉴브강과 떼려야 뗄 수 없는 관계다.

| Talk |
다뉴브강

독일 동남부에서 발원해 흑해로 흘러 들어가는 징징 2,850km 길이의 나뉴브강은, 독일·오스트리아·슬로바키아·헝가리·크로아티아·세르비아·불가리아·루마니아·몰도바·우크라이나 총 10개국에 물줄기를 뻗치는 '유럽의 젖줄'이다. 영어식 이름인 다뉴브강 또는 독일어식 이름인 도나우강Donau이라는 표기가 친숙하고, 헝가리어식 이름은 두너강이다. 다뉴브강이 흐르는 10개국 중 부다페스트 외에 오스트리아 빈Wien, 슬로바키아 브라티슬라바Bratislava, 세르비아 베오그라드Beograd, 총 4개국의 수도가 이 강을 따라 형성되어 있다.

다뉴브강 상류(독일)

다뉴브강을 건너다

세체니 다리(164p), 에르제베트 다리(258p), 서버드샤그 다리(223p). 이 세 개의 다리는 부더와 페슈트를 연결해 부다페스트라는 도시의 탄생에 기여한 특별한 의미를 가진다. 이 중 세체니 다리와 서버드샤그 다리는 그 모습도 아름답다. 머르기트 다리(283p) 역시 강의 전망이 일품이다.

다뉴브 강변을 걷다

국회의사당, 부더성, 어부의 요새 등 웅장한 관광지가 보이는 강변을 한가로이 걸어 보자. 하늘엔 조각구름 떠 있고 강물엔 유람선이 떠 있는, 이 아름다운 풍경을 벗하며 기분이 좋아진다. 특히 비가도 공연장 주변의 다뉴브 산책로(169p)와 버차니 광장(262p) 주변은 반드시 걸어 보아야 한다.

세체니 다리

다뉴브강을 바라보며 쉬다

부다페스트에서 일정에 여유가 있다면 볕 좋은 날 평화롭게 흐르는 강을 바라보며 한참 멍 때리기를 추천한다. 시간이 0.5배속으로 느려지는 나른한 기분과 함께 '힐링'을 체험하게 될 것이다. 자유의 여신상(260p)이 있는 겔레르트 언덕이 가장 좋은 장소. 관광객이 거의 없는 코퍼시 가트(263p)는 훨씬 조용하다.

다뉴브강에서 배를 타다

다뉴브강 유람선은 부다페스트의 필수 여행 코스. 서울을 포함해 강이 흐르는 대도시는 대부분 유람선이 다니지만, 부다페스트의 다뉴브강 유람선은 무려 유네스코 세계 문화유산을 바라보는 유람선이어서 세계적으로도 특별한 가치를 갖는다. 리버버스(057p)를 타면 요금도 저렴하다.

겔레르트 언덕

ENJOYING 05
유네스코 세계 문화유산 탐험

부다페스트는 도시 전체가 유네스코 세계 문화유산이다.
정확한 등록명은 '다뉴브 강변과 부더성 지구,
언드라시 거리를 포함한 부다페스트'.
일반적으로 다뉴브 강변의 역사적인 건축물, 언드라시 거리,
그리고 밀레니엄 지하철을 유네스코 세계 문화유산으로 분류한다.

© BFTK / István Práczky

다뉴브 강변

유네스코는 다뉴브 강변이라는 광범위한 지명에 영예를 부여하였다. 강변에 자리 잡은 국회의사당, 어부의 요새 등 헝가리와 부다페스트의 상징적인 의미를 가진 유서 깊은 건축물, 겔레르트 언덕과 시타델 등 역사의 중요한 전설이나 사건이 벌어진 장소들, 세체니 다리 등 부더와 페슈트를 연결한 다리가 직접적으로 언급된다.

어부의 요새

부더성 지구

이 책에서는 부더성(250p)과 어부의 요새(254p) 등 명소 위주로 구분하였지만, 그 지역 전체가 부더성 지구Budai Várnegyed에 해당된다. 마차시 성당(255p)과 부더성은 같은 지구에 있지만 터키 침공 전후의 양상을 각각 반영하여 전혀 다른 건축양식이 드러난다. 특히 부더성은 제2차 세계대전으로 인해 파괴된 후 공산주의 정권 하에서도 원형에 가깝게 복원된 점에 높은 평가를 받았다.

부더성

언드라시 거리

치밀한 도시 계획에 따라 조성된 언드라시 거리와 그 지하로 달리는 밀레니엄 지하철은, 19세기 후반 당시 유럽의 진보적인 철학을 반영하여 시민 위주의 도시를 만든 정신의 산물로 받아들여진다. 함께 건축된 건물들의 미학적 가치, 여전히 옛 모습을 훼손하지 않은 채로 유지되고 있는 지하철 등이 함께 언급된다.

언드라시 거리

ENJOYING 06
부다페스트가 한눈에 보이는 전망대

야경과 다뉴브강을 소개하면서 언급했듯
부다페스트에서 '전망'이 차지하는 비중은 엄청나다.
부다페스트가 한눈에 들어오는 주요 전망대를
따로 묶어 보았다.

겔레르트 언덕

주그리게트

파노라마 타워

세 개의 언덕

지대가 높은 부더 지구에서 페슈트 방향을 바라보는 전망은 부다페스트 여행의 백미로 꼽힌다. 부더 지구의 어부의 요새(254p), 부더성(250p), 그리고 자유의 여신상(260p)이 있는 겔레르트 언덕을 기억하자. 어부의 요새는 국회의사당과 세체니 다리를 볼 수 있는 최고의 장소, 부더성은 세체니 다리와 페슈트 중심부의 스카이라인을 볼 수 있는 곳, 그리고 겔레르트 언덕은 한 발짝 뒤로 물러나 부다페스트 전체를 한눈에 담아 둘 수 있는 곳이다. 특히 겔레르트 언덕에서는 부더성의 웅장한 자태도 보인다.

부다페스트 뒷산

이 책에 소개하지는 않았지만 부더 지역의 뒷산에 해당되는 주그리게트Zugliget도 멀리 부다페스트가 보이는 현지인이 많이 찾는 쉼터다. 산에 오를 때 리프트Zugligeti Libegő를 타고 편하게 오를 수 있는데, 부다페스트 카드가 있으면 리프트가 무료다.

Data **가는 법** 291번 버스 Zugliget, Libegő 정류장 하차 **요금** 편도 1,200포린트, 왕복 1,600포린트

도심 속 전망대

도심에서 도시의 스카이라인을 가깝게 볼 수 있는 일반적인 전망대로는 성 이슈트반 대성당의 첨탑인 파노라마 타워(167p)와 부다페스트 아이(169p)를 꼽을 수 있다.

ENJOYING 07
한국인 입맛에 딱!
부다페스트 식도락 여행

유럽의 짜고 기름진 음식만 먹다가 헝가리에 도착하면 신세계가 열린다.
물론 기름기가 있기는 하지만 얼큰한 국물 요리가 속을 풀어 주기 때문이다.
헝가리 음식은 한국인 입맛에 딱 맞는다.
게다가 물가도 저렴하니 이보다 좋을 수 없다!

퍼프리커는 고추처럼 생겼다

시장에 걸린 퍼프리커와 마늘

퍼프리커 가공품

고추와 마늘

헝가리 음식이 한국인 입맛에 딱 맞는 이유는 간단하다. 고추와 마늘이 팍팍 들어가기 때문. 헝가리에서는 고추를 파프리카(헝가리어로 퍼프리커 Paprika)라고 부른다. 파프리카 하면 피망 모양의 아삭한 채소를 생각하지만, 헝가리의 퍼프리커는 생김새부터 매운맛까지 영락없는 고추다. 게다가 말린 퍼프리커를 가루로 만들어 조미료로 사용(고춧가루와 같다)하고, 퍼프리커를 오일과 섞어 진득한 소스로 만들어 첨가(발효되지 않은 고추장과 비슷하다)하는 등 활용법까지도 고추와 똑같다.

퍼프리커 소스

국물 요리의 천국

서양 요리 중 수프의 대명사인 굴라시Gulyás. 그런데 서양식 굴라시는 우리 관점에서는 국물보다는 조림에 가깝다. 하지만 원조 굴라시는 다르다. 풍성한 재료를 한 솥 가득 끓여 국물과 함께 먹는다는 점에서 한국의 국 또는 탕과 비슷하다. 굴라시가 탄생한 나라가 바로 헝가리다. 굴라시(헝가리어로 구야시)뿐 아니라 수많은 국물 요리가 수프라는 이름으로 만들어진다. 대개 퍼프리커와 마늘이 팍팍 들어가 맛도 얼큰하다.

* 헝가리 전통 음식의 종류와 설명은 104p에 정리되어 있다.

ENJOYING 08
귀족처럼 즐기는 **카페 문화**

헝가리는 오스트리아와 밀접한 관계가 있었다. 오스트리아의 카페 문화가 일찌감치 전해져 헝가리에 뿌리를 내렸고, 특히 오스트리아-헝가리 이중제국의 공동 수도였던 부다페스트는 오스트리아 빈이 부럽지 않은 카페의 천국이 되었다. 100년을 상회하는 카페 문화를 여전히 부다페스트에서 발견할 수 있다.

헝가리 대표 베이커리

서모시|Szamos는 1935년 창업한 베이커리 기업이다. 베이커리 기술자 서모시 마차시|Szamos Mátyás가 우수한 마지팬(아몬드와 설탕, 달걀 흰자로 만든 과자)을 만들어 선풍적인 인기를 얻었고, 오늘날 케이크나 초콜릿 등 다양한 디저트를 만드는 헝가리의 대표 기업으로 서모시 가문이 대를 이어 운영하고 있다. 슈퍼마켓에서 가벼운 간식거리로 구입해도 좋고, 부다페스트 시내에 있는 서모시 카페에서 케이크나 마지팬을 먹어 보아도 좋다. 서모시가 운영하는 초콜릿 박물관(172p)도 있다.

부다페스트 카페 선택 포인트

우아함의 끝

오스트리아의 귀족과 상류층, 지식인이 즐기는 카페 문화가 헝가리에 전해졌다. 그 귀족풍의 우아한 분위기를 느낄 수 있는 곳은 뉴욕 카페(233p)다. 화려하고 아름다운 인테리어로 명성이 자자하며, 그만큼 인기가 높아 관광객도 많이 찾는다. 직접 연주하는 음악을 들으며 수준 높은 커피와 케이크를 먹을 수 있는데, 관광지로 유명하다보니 가격은 비싼 편이다.

뉴욕 카페

시그니처 케이크

오스트리아의 자허 토르테 등 소문난 케이크는 전부 다 부다페스트에서도 맛볼 수 있다. 그런데 단순히 오스트리아의 문화를 받아들인 것을 넘어 자체적으로 개발한 시그니처 케이크로 유명한 유서 깊은 카페도 있다. 제르보 셀레트로 유명한 카페 제르보(174p), 루스부름 크림 케이크로 유명한 루스부름(266p)이 대표적이다.

제르보 셀레트

존재 자체가 역사

1887년 문을 연 첸트랄 카페(234p), 1914년 문을 연 아스토리아 카페(234p)는 그 존재 자체가 부다페스트 카페의 역사와 마찬가지다. 첸트랄 카페가 현대적인 감각을 덧입혔다면, 아스토리아 카페는 여전히 100년 전 분위기를 고수하는 고풍스러운 느낌이 가득하다.

* 헝가리 베이커리의 종류와 설명은 110p에 정리되어 있다.

아스토리아 카페

ENJOYING 09
성실히 기억하는 **격동의 현대사**

헝가리는 동구권 국가였다. 수십 년 동안 장악했던 공산주의 정권을 극복한 지 불과 30년도 되지 않았다. 그 전에는 제2차 세계대전의 전장이기도 했다. 세계대전과 공산주의, 이 두 가지 사건은 헝가리 역사에 많은 상처를 남겼고, 헝가리는 지금 그 상처를 성실히 기억하는 중이다.

1956년 헝가리 혁명

1956년 헝가리 혁명은 공산주의 정권과 소련에 반대하며 헝가리 국민이 일으킨 무력 항쟁이다. 탱크까지 동원한 소련군에 막혀 혁명은 실패했지만 일찍부터 자유와 민주를 원하며 굴복하지 않음을 보여 준 상징적인 사건이다. 국회의사당 앞 지하에 있는 1956년 헝가리 혁명 기념관(161p) 또는 국립 박물관(218p)에서 상세한 자료를 접할 수 있다. 시민 공원에 있는 기념비(198p)는 공사로 인해 잠시 볼 수 없게 되었다. 혁명의 지도자 너지 임레는 민족의 영웅으로 오늘날까지도 많은 존경을 받으며, 너지 임레 동상(172p) 등 그를 기리는 조형물도 곳곳에 보인다.

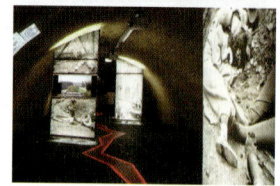

제2차 세계대전

전쟁 당시 헝가리는 추축국으로 독일과 한편이었기에 연합군과 소련군의 공격으로 큰 피해를 입었다. 또한 헝가리 내에서도 홀로코스트 대학살이 벌어져 무고한 시민이 많이 죽기도 했다. 이러한 역사의 비극은 홀로코스트 메모리얼 센터(221p)에서 자세히 만날 수 있고, 희생자를 기리는 다뉴브 강변의 신발(163p)과 같은 기념비도 발견할 수 있다.

공포의 집

과거의 역사를 마주할 수 있는 곳으로 박물관만한 곳이 없다. 헝가리의 현대사를 진지하게 마주하려면 공포의 집(192p)으로 가자. 제2차 세계대전부터 공산주의 시대까지 무고한 시민들이 학살당했던 장소에 개관했다. 아픈 역사를 잊지 않기 위해 만들어진 공포의 집은 부다페스트의 여러 현대사 박물관 중 단연 가장 큰 의미를 갖는다.

동구권 기념비

공산주의 시대 소련이 만든 기념비가 아직 부다페스트에 몇 개 남아 있다. 그 의미를 바꾸어 새로운 자유의 의미를 부여하거나, 동구권 시대의 흔적을 일부러 남겨 당시를 기억하려는 목적이다. 서버드샤그 광장(171p)의 소비에트 기념비, 겔레르트 언덕 위 자유의 여신상(260p)이 대표적이다.

메멘토 공원

비록 자유의 여신상 등 일부는 보존되었지만 훨씬 많은 기념비나 동상은 민주화 직후 철거되었다. 그 중 다수의 조각을 한데 모아 메멘토 공원(264p)에서 공개하고 있다. 이념이 제거되니 그 모양이 얼마나 우스꽝스러워지는지, 무엇 때문에 이념에 목숨을 걸어야 했는지, 그 허망함을 느껴 보기 바란다.

ENJOYING 10
클래식부터 클럽까지 **신나는 공연**

수준 높은 클래식, 젊음의 파티, 다채로운 야외 공연 등 각종 공연이 연중 계속된다.
외국인의 눈높이에 맞춘 클래식 공연도 있고 언어가 필요 없는 클럽 파티도 있으니
취향에 맞게 신나게 즐겨 보자.

클래식 공연

부다페스트 클래식 공연의 중심지는 언드라시 거리에 있는 국립 오페라 극장이다. 오페라뿐 아니라 발레, 뮤지컬 등 대중적인 공연이 열리며, 일부 공연은 영어 자막을 제공한다. 홈페이지에서 티켓을 예매할 수 있다. 단, 극장이 현재 보수 공사 중으로 한동안 대체 극장에서 공연이 열린다. 관련된 내용은 모두 191p에서 확인할 수 있다.

국립 오페라 극장 외에도 뮈퍼(224p), 비거도 콘서트홀(홈페이지 www.vigado.hu), 리스트 페렌츠 아카데미홀(홈페이지 www.zeneakademia.hu) 등에서 양질의 공연을 관람할 수 있다.

국립 오페라

뮈퍼

리스트 페렌츠 아카데미홀

루인 펍

폐허Ruin와 술집Pub의 합성어가 예사롭지 않다. 부다페스트에서 탄생한 루인 펍Ruin Pub은 그 이름 그대로 폐허 같은 건물 속에서 조명을 밝히고 볼륨을 높이며 밤을 불태우는 신종 클럽 문화. 루인 펍의 원조로 꼽히는 심플러 케르트(232p)의 대성공 이후 부다페스트에 루인 펍이 속속 생겼고, 지금도 생기고 있다. 폐건물이 클럽으로 변신하는 사례는 몇 년 앞서 독일 베를린에서 유행하여 유럽 전역에 인기를 끌고 있는데, 거기서 부다페스트만의 로컬 문화를 덧입혀 루인 펍이라는 새로운 카테고리가 탄생한 셈이다.

이제 루인 펍은 부다페스트가 세계에 내세우는 하나의 유흥 문화로 자리 잡았다. 그래서인지, 새롭게 문을 여는 루인 펍은 전혀 '루인'이 아님에도 불구하고 '루인'을 흉내 낸 인테리어로 멋을 부리기도 한다. 진짜 '루인' 속에서 한바탕 땀을 빼고 싶다면 심플러 케르트로 가자.

온천 파티

루인 펍을 창조할 정도로 뜨겁게 밤을 불태우는 부다페스트의 '파티 피플'은 이제 온천 파티라는 또 하나의 문화를 만들고 있다. 세계적인 세체니 온천은 주말 밤마다 클럽 파티장으로 변신한다. 수영복을 입고 온천탕에 몸을 담그고 화려한 조명과 음악에 맞춰 신나는 시간을 보낼 수 있다. 자세한 내용은 199p에 부연하였다.

ENJOYING 11
부다페스트 축제 캘린더

화려하지는 않지만 즐거운 축제가 계절마다 열린다. 오랜 전통을 가진 클래식 축제와 음악 축제, 아직 역사가 오래되지는 않았지만 점차 자리를 잡아가며 시민의 인기를 모으고 있는 축제 등 부다페스트의 축제를 소개한다.

봄

스프링 페스티벌 Budapesti Tavaszi Fesztivál

클래식 음악, 재즈, 오페라, 댄스 공연, 서커스, 비주얼 아트까지 온갖 공연이 부다페스트 곳곳에서 열린다. 일정 확인과 티켓 구입은 홈페이지에서 가능하다.

Data 홈페이지 www.btf.hu

© BTF / Posztós János

이스터 마켓 Budapesti Tavaszi Vásár

영어로는 스프링 페어Spring Fair. 즉, 봄에 열리는 마켓인데 부활절에 맞춰 열리기 때문에 이스터 마켓이라 부르는 게 타당하다. 뵈뢰슈머르티 광장에서 온갖 음식과 장신구, 기념품 등을 판매한다.
(2020년 일정은 4월 1일부터 24일까지.)

© www.budapest...

여름

서머 페스티벌 Budapesti Nyári Fesztivál

스프링 페스티벌이 끝난 뒤 여름에 머르기트섬에서 바통을 이어 받아 여름 축제를 진행한다. 마찬가지로 오페라, 뮤지컬, 재즈 등 장르를 오가는 양질의 공연을 머르기트섬 야외 무대에서 볼 수 있다. 일정 확인과 티켓 구입은 홈페이지에서 가능하다.

Data 홈페이지 www.szabadter.hu

© BFTK / István Práczky

시게트 페스티벌 Sziget Fesztivál

부다페스트의 축제 중 가장 국제적으로 유명한 행사로 전 세계의 음악인이 참여하는 뮤직 페스티벌이다. 특정 장르에 국한되지 않지만 세계적인 밴드의 공연을 볼 수 있어 록페스티벌로 알려져 있기도 하다. 시게트Sziget는 헝가리어로 '섬'을 뜻하며, 오부더섬(283p)에서 매년 8월, 약 1주일 동안 열린다.

Data 홈페이지 www.sziget.hu

불꽃놀이 Ünnepi Tűzijáték

건국기념일(성 이슈트반 데이)인 8월 20일은 헝가리의 공휴일이다. 하루 종일 성대한 축하 행사가 열리고, 그 피날레로 밤 9시부터 약 30분간 엄청난 규모의 불꽃놀이가 다뉴브강 상공을 수놓는다. 불꽃이 터지는 장소는 국회의사당 부근.

Data 홈페이지 augusztus20.kormany.hu

가을

카페 부다페스트 페스티벌 CAFe Budapest

스프링 페스티벌, 서머 페스티벌에 이은 가을 문화 축제. 다양한 장르의 공연이 개최되는데, 현대 음악과 미술에 특화되어 있다. '카페CAFe'라는 이름이 현대 예술 축제Contemporary Art Festival를 의미한다. 일정 확인과 티켓 구입은 홈페이지에서 가능하다.

Data 홈페이지 www.cafebudapestfest.hu

겨울

크리스마스마켓 Budapesti Adventi-és Karácsonyi Vásár

11월부터 1월 초까지 뵈뢰슈머르티 광장, 중앙 시장 맞은편, 성 이슈트반 대성당 앞 등 곳곳에서 크리스마스마켓이 열린다. 부다페스트의 크리스마스마켓은 유럽 전체에서도 손꼽힐 만큼 화려하고 성대하다. 날씨는 춥지만 크리스마스 분위기를 제대로 느낄 수 있다.

Data 홈페이지 www.budapestkaracsony.hu

|Theme|
겨울의 축제, 크리스마스마켓 즐기기

해가 빨리 지지만 그만큼 일찍부터 눈부신 조명이 크리스마스 트리를 밝힌다. 날씨는 춥지만 뜨거운 음식의 열기와 따뜻한 음료가 몸을 녹인다. 크리스마스마켓은 겨울 여행의 특별한 재미이자 겨울의 단점을 없애 주는 고마운 선물이다.

뵈뢰슈머르티 광장 / 성 이슈트반 대성당 / 푀밤 광장 / 패션 스트리트

축제 장소

메인 마켓은 뵈뢰슈머르티 광장(165p)과 성 이슈트반 대성당(166p) 앞 광장에서 열리며 전체적인 분위기는 비슷하다. 대형 크리스마스 트리로 중앙을 장식하고, 먹을 것을 파는 매점에서 온갖 전통 음식과 간식거리, 그리고 술을 포함한 마실 것들을 판매한다. 앙증맞은 크리스마스 장신구를 판매하는 매점도 물론 있다. 광장의 큰 건물에 레이저를 쏘아 조명 예술로 분위기를 돋우고, 뵈뢰슈머르티 광장의 작은 무대에서 흥겨운 공연이 펼쳐진다. 성 이슈트반 대성당 앞에는 아이스링크가 설치된다.

이 외에도 중앙 시장(222p) 맞은편의 푀밤 광장에 작은 마켓이 열리고, 뵈뢰슈머르티 광장과 데아크 페렌츠 광장 사이의 패션 스트리트(127p)가 아름다운 조명으로 물든다.

축제 일정과 시간

11월 중순부터 12월 말까지가 기본적인 일정이지만 그 앞뒤로 조금 더 넉넉하게 11월 초부터 1월 초까지 마켓이 열린다. 요일별로 차이가 있으나 일반적으로 오전 11시경에 마켓의 영업을 시작하여 밤 10시경 끝난다.

란고시

콜바스

푀르쾰트

축제를 위한 먹거리

가볍게 즐기는 길거리 간식은 축제 현장에서 가장 인기가 높다. 대표적인 것이 굴뚝빵 Kürtőskalács과 란고시Lángos. 특히 란고시는 일반 식당에서 보기 힘들 정도로 다양한 토핑을 즉석에서 조리해 얹어 주어 식사 대용으로도 손색이 없다. 굴뚝빵 역시 그 자리에서 반죽을 감아 구워 완성하니 시중에서 판매하는 것 이상의 만족을 선사한다. 뿐만 아니라 헝가리식 소시지 콜바스, 헝가리식 스튜 푀르쾰트, 닭고기나 오리고기 등 푸짐한 육류 요리도 준비되어 있어 한 끼 든든히 배를 채우기에도 손색이 없고, 가격도 저렴하다(콜바스, 푀르쾰트 등 헝가리 음식에 대한 자세한 설명은 104p 참고).

축제를 위한 알코올

유럽 어디를 가든 크리스마스마켓에서 절대 빠질 수 없는 멀드 와인Mulled Wine은 헝가리에서도 빠질 수 없다. 헝가리어로 멀드 와인을 포럴트 보르Forralt Bor라고 하며, 영어식 이름인 멀드 와인 또는 독일어식 이름인 글뤼바인Glühwein이 함께 적혀 있다. 레드와인 또는 화이트와인에 과일이나 허브를 넣어 뜨겁게 끓인 것으로, 추운 날씨에 몸을 녹여 주고 축제의 흥을 돋우는 데에 이만한 조력자가 없다. 물론 헝가리의 전통 술인 팔린커 Pálinka나 우니쿰Unicum도 곳곳에 있고, 특히 우니쿰은 크리스마스마켓의 주요 스폰서이기도 해서 우니쿰 병 모양의 장식도 많이 보인다(팔린커, 우니쿰 등 헝가리 술에 대한 자세한 설명이 109p에 안내되어 있다).

포럴트 보르→

팔린커와 우니쿰

우니쿰 장식

Step 04
EATING

부다페스트를 맛보다

01 굴라시의 본고장, 헝가리 전통 음식
02 개성만점 알코올 파티
03 수준 높은 베이커리
04 가볍게 즐기는 길거리 간식
05 최고급 미쉐린 레스토랑
06 모든 취향을 저격하는 글로벌 요리
07 한식이 그리울 때, 한국 식당
08 부다페스트 레스토랑의 예절과 이용 방법

EATING 01
굴라시의 본고장, **헝가리 전통 음식**

구야시(굴라시)의 본고장 헝가리. 그러나 구야시 외에도 맛있는 전통 음식이 한가득이다. 빨간 국물부터 푸짐한 고기까지, 한국인의 입맛을 사로잡는 헝가리 전통 음식 열전!

구야시 Gulyás

사발 가득 담긴 약간 기름진 매콤한 국물. 한 숟가락 깊이 떠보면 고기와 채소가 잔뜩 가라앉아 있다. 고사리가 없을 뿐이지 마치 육개장을 먹는 기분이다. 굴라시 하면 고기 스튜를 떠올릴 사람도 적지 않을 텐데, 헝가리의 구야시가 국물에 익숙하지 않은 서양으로 건너가면서 수프에서 스튜로 변형되어 그렇다. 하지만 국물로 속을 풀어 줘야 시원한 한국인에게는 헝가리식 구야시가 '딱'이다. 헝가리 전통 음식의 가장 기본 중의 기본이기에 어느 레스토랑을 가든, 심지어 이탈리안 레스토랑 등 다른 나라 음식을 파는 곳에 가도 메뉴판 가장 앞쪽에서 구야시를 찾을 수 있다.

헐라슬레 Halászlé

구야시 같은 매콤한 수프인데, '어부'를 뜻하는 헐라스Halász에서 유래한 이름에서 알 수 있듯 그 재료가 생선이다. 잉어 등 민물고기를 넣어 끓인 수프. 생선 맛이 우러난 매콤한 국물에 생선살도 씹히는 게 영락없는 매운탕이다. 영어 메뉴판에는 피셔맨스 수프Fisherman's Soup라고 적혀있다.

콜바스 Kolbász

헝가리식 소시지를 콜바스라고 한다. 소시지가 한 가지 종류가 아니듯 콜바스 역시 맛과 크기 등은 저마다 다르지만 짭짤한 맛이 맥주와 기막히게 어울린다는 점은 차이가 없다. 그릴에 구워 먹거나 삶아 먹기도 하고, 핫도그처럼 빵 사이에 끼워 먹기도 한다. 퍼프리커 오일로 조리해 매콤한 맛을 더할 때도 있다.

요커이 콩 수프 Jókai-bableves

구야시나 헐라슬레처럼 매콤한 수프가 있는가 하면, 서양식의 걸쭉한 식감의 수프도 있다. 대표적인 것이 요커이 콩 수프. 헝가리의 작가 요커이 모르Jókai Mór가 매일 식당에서 콩 수프를 주문하여 그의 이름이 음식과 한 몸이 되었다. 콩이 씹히며 구수한 맛이 나는데, 굳이 비유하자면 된장찌개와 청국장의 중간 정도의 식감이다. 퍼프리커 양념과 마늘이 들어가 더 그렇게 느껴지는지도 모르겠다.

푀르쾰트 Pörkölt

푀르쾰트는 고기 스튜 요리로 뼈가 없는 고기를 큼직하게 썰어 소스와 함께 조리한다. 만약 헝가리식 구야시가 아니라 서양식 굴라시를 먹고 싶다면 푀르쾰트를 주문하면 된다. 고기는 소, 닭, 돼지, 양 등 종류를 가리지 않지만 쇠고기로 만든 머르허푀르쾰트Marhapörkölt가 가장 대중적이다. 레스토랑에서 주문하면 파스타의 일종인 걸루슈커Galuska와 함께 한 그릇에 담겨 나온다.

치르케퍼프리커시 Csirkepaprikás

닭Csirke과 퍼프리커의 합성어. 그래서 치킨 파프리커시Chicken Paprikash라는 영어식 표현이 더 친숙하다. 대중음식점에서는 구야시와 치르케퍼프리커시, 그리고 디저트를 묶어 '투어리스트 메뉴Tourist Menu'라며 판매할 정도로 구야시와 함께 헝가리의 대표적인 전통 음식으로 꼽힌다. 닭고기에 퍼프리커 소스를 풍성히 붓고, 걸루슈커나 샐러드를 곁들인다.

퇼퇴트 카포스터 Töltött Káposzta

줄여서 퇼퇴트라고 부른다. 쉽게 이야기하면 양배추말이. 돼지고기를 양배추로 감싸 조리한다. 영어 메뉴판에는 캐비지 롤Cabbage Roll 또는 스터프드 캐비지Stuffed Cabbage라고 적혀 있다. 보통 저민 고기를 넣지만 돼지 부산물을 넣기도 하고, 퍼프리커로 양념하여 찐다. 그래서 마치 사우어 크림을 얹은 김치찜을 먹는 독특한 느낌이다.

푸아그라 Libamáj

헝가리는 유럽의 대표적인 거위 사육 국가다. 거위 간 요리인 푸아그라의 발달은 당연한 결과. 헝가리산 거위 간은 프랑스에 수출되기도 한다. 물론 푸아그라의 비윤리적인 생산 방법 때문에 많은 비판을 받고 있지만, 아무튼 헝가리는 '세계 3대 진미'라 불리는 푸아그라를 프랑스보다 훨씬 저렴한 가격에 먹을 수 있는 기회를 제공한다. 파인 다이닝 레스토랑이 아니라 일반 레스토랑에서도 푸아그라를 애피타이저 또는 메인 요리 형태로 판매한다. 헝가리어로 푸아그라를 리버마이라고 부른다.

생선 요리

벌러톤 호수 부근에서는 생선 요리를 먹어 보아야 한다. 구이, 스튜, 수프 등 다양한 형태로 생선을 먹을 수 있다. 잉어, 메기, 농어, 연어 등 민물고기와 바닷물고기가 고루 있다. 뼈를 발라내 필렛으로 조리하는 음식이 대부분이다.

EATING 02
개성만점
알코올 파티

세계적으로 유명한 와인,
오랜 역사를 가진 전통주,
시원한 맥주까지.
부다페스트는 피곤한 여행을
기분 좋게 마무리해 줄
다양한 옵션을 가지고 있다.

맥주 Sör

부다페스트의 대표적인 맥주 회사는 드레허Dreher다. 오스트리아의 지배하에 있던 1862년에 부다페스트에서 오스트리아 스타일의 라거 맥주를 만들며 회사가 시작되었다. 지금도 드레허 맥주가 가장 많이 보인다. 그 외에도 헝가리 다른 지역에서 생산하는 쇼프로니Soproni, 보르쇼디Borsodi까지 세 곳이 맥주 시장의 큰 비중을 차지한다. 라거 맥주 위주라서 다양성은 부족하다 할 수 있지만 최근에는 자체 양조하는 마이크로 브루어리도 늘고 있는 추세이며, 독일 등 유럽의 유명 맥주도 널리 보급되어 있다.

드레허 맥주

보르쇼디 맥주

독일 파울라너 맥주

🏷️ 와인 Bor

맥주가 큰 개성은 없지만 무난한 품질로 기대만큼의 만족을 준다면, 와인은 유럽에서도 알아주는 품질과 개성으로 높은 명성을 얻는다. 헝가리 중부와 동부는 대표적인 포도 산지이며, 그중에서도 토커이Tokaj와 에게르Eger가 가장 유명하다. 드라이 와인이 주를 이루지만 떫은맛이 없고 달콤해 드라이 와인이라 느껴지지 않는다.

토커이 와인 Tokaji Aszú

처음에는 디저트 화이트 와인이 주를 이루었으나 최근에는 품종을 다양화하면서 레드 와인도 생산한다. 토커이는 헝가리 왕국이 처음 생겼던 1천 년 전부터 포도를 재배한 것으로 기록되어 있다. 16세기경 헝가리를 점령한 터키인이 토커이 지역에서 포도를 뒤늦게 수확해 와인을 만들었는데, 마침 포도는 귀부병에 걸려 당도가 높아진 상태였고 이것이 달콤함으로 사랑받는 '귀부 와인Aszú'의 원조, 토커이 와인의 출발이다. 토커이 와인 산지는 유네스코 세계 문화유산으로 등록되어 있다.

> **Tip** 토커이 와인에 대한 잘못된 상식 하나. 한 방송 프로그램에서 와인 라벨의 숫자가 높을수록 당도가 높다고 소개하였는데, 그 말 자체는 사실이지만 모든 토커이 와인에 숫자가 표시되어 있는 건 아니다. 특히 슈퍼마켓에서 살 수 있는 대중적인 토커이 와인은 대개 숫자가 보이지 않는다.

여러 종류의 토커이 와인

에게르 와인

에게르 와인 Egri Bor

에게르 와인 역시 터키가 남긴 유산이다. 터키인이 에게르 지역에 새로운 도입한 포도 품종으로 만든 레드 와인이 에게르 와인의 기원이다. 에게르 와인 중 '황소의 피'라는 뜻의 비커베르Bikavér가 가장 유명하다.

로제 와인 Rosé Cuvée

헝가리에서 가장 사랑받는 와인은 화이트도 레드도 아닌 핑크빛의 로제다. 일반적으로 적포도와 백포도를 섞어 양조하는 것을 로제 와인이라 하지만, 헝가리에서는 레드 와인을 만들 때 색소를 추출해 로제 와인을 만든다. 스파클링 와인의 일종으로, 맛이 순하고 달콤해 어느 음식하고도 잘 어울리며 그냥 마시기에도 좋다. 토커이와 에게르에서도 로제 와인을 만든다. 가령, 에그리 로제Egri Rosé는 에게르의 로제 와인이다.

로제 와인

팔린커 Pálinka

알코올 도수 45도 안팎의 과일 증류주. 오스트리아의 슈납스Schnapps의 헝가리 버전이다. 자두, 사과, 살구 등 과일을 이용하여 만든다. 도수가 세고 맛도 강하지만 과일향이 느껴져 뒷맛이 좋다. 매콤한 국물 요리가 많은 헝가리 음식과의 궁합도 잘 맞는다. 헝가리 음식을 판다면 십중팔구 여러 종류의 팔린커도 판매하기 마련이니 점원에게 추천을 부탁하면 음식과 어울리는 것으로 골라 줄 것이다.

우니쿰 Unicum

비터Bitter라 불리는 허브술의 일종이다. 독일의 예거마이스터Jägermeister와 유사한데, 우니쿰이 100년 더 먼저 탄생한 오리지널이다. 오스트리아의 지배를 받던 1790년, 부다페스트의 양조 기술자가 허브와 향신료를 배합해 술을 만들었

는데, 오스트리아 황제가 이를 마셔 보고는 "다스 이스트 아인 우니쿰Das ist ein Unicum(특이한 맛이군)"이라고 이야기해서 우니쿰이 되었다. 알코올 도수 40도, 맛은 쓴 편이지만 허브와 향신료 덕분에 뒷맛이 싸하다. 최근에는 과일을 첨가하고 알코올 도수를 30도 정도까지 낮춘 새로운 우니쿰도 출시되었다. 우니쿰에 들어 있는 허브 등 갖가지 '좋은' 재료는 소화를 돕는 효과도 있다.

💬 |Talk|
헝가리 음주 팁

헝가리의 법정 음주 가능 연령은 18세. 만 18세 이상의 여행자만 술을 구입하거나 마실 수 있다. 길거리에서의 음주는 자유롭게 허용되니 야경을 바라보며 와인 한잔 마시는 낭만적인 여유를 즐길 수 있다. 맥주나 와인은 슈퍼마켓이나 마트에서도 쉽게 구입할 수 있다. 단, 24시간 영업하는 곳이 드물기 때문에 늦은 시간대 또는 휴일에는 전문 주류 판매점에서만 구입이 가능하다. 이러한 판매점은 24시간 영업하는 곳도 있으며, 간판에 '0-24'라고 적혀 있다.

24시 주류 판매점

EATING 03
수준 높은 베이커리

헝가리는 동유럽과 발칸, 그리고 오스트리아 문화로부터 영향을 받았다. 동유럽 스타일의 빵과 오스트리아 스타일의 케이크가 일상 깊숙이 자리 잡은 것은 당연한 결과다.

굴뚝빵 Kürtőskalács

헝가리어로 퀴르퇴슈컬라치. 발음이 어려우니 우리는 친근하게 굴뚝빵이라고 부르자. 마치 체코의 굴뚝빵처럼 헝가리 역시 고유의 전통 베이커리로 굴뚝빵이 전해진다. 나무틀에 쫀득한 반죽을 둘둘 감아 구우면 굴뚝 모양의 퀴르퇴슈컬라치가 완성된다. 완성된 빵에 설탕 시럽이나 초콜릿 또는 바닐라를 바르기도 하고, 빵 사이 빈 공간에 아이스크림을 넣어 먹는 등 활용도는 무궁무진하다.

굽기 전 준비 단계

다양한 활용법

토르터 Torta

오스트리아 스타일의 레이어 케이크인 토르테는 헝가리에서도 대중적인 디저트로 인기가 높다. 헝가리어로는 토르터라고 한다. 단순히 오스트리아의 유명 케이크를 받아들인 정도에 그치지 않고 독자적으로 개발한 유서 깊은 토르터가 오늘날까지 여럿 이어진다.

오스트리아의 토르터

토르터의 고유명사나 마찬가지인 자허토르터Sachertorta는 어느 베이커리에 가던 만날 수 있다. 진한 초콜릿 사이에 잼이 흥건한 오리지널 자허토르터의 그 맛이다.

헝가리의 토르터

19세기 말 부다페스트에서 탄생한 에스테르하지토르터Esterházy-torta, 도보슈토르터Dobostorta는 오스트리아–헝가리 이중제국에서 선풍적인 인기를 끌었다.

둘 다 버터크림과 초콜릿을 주재료로 하면서 호두, 아몬드, 헤이즐넛 등 여러 재료를 층층이 첨가하는 레이어 케이크의 일종이다. 도보슈토르터는 캐러멜 토핑으로 달콤함을 극대화한다.

자허토르터

에스테르하지토르터

도보슈토르터

부다페스트 토르터 맛집 No. 1 카페 제르보

부다페스트 중심가에 있는 카페 제르보(174p)는 독자적으로 개발한 시그니처 토르터로 명성을 높였다. 카페를 정상의 위치에 올려놓았다 해도 과언이 아닌 제빵사 에밀 제르보Émile Gerbeaud의 이름을 각각 딴 제르보셀레트Gerbeaud-szelet, 에밀레토르터Émiletorta, 그리고 제르보 크림케이크 등 유서 깊은 시그니처 디저트가 있다.

제르보셀레트

에밀레토르터

제르보 크림케이크

슈트루델 Strudel

오스트리아식 파이인 슈트루델 또한 헝가리에서 많이 먹는 디저트 메뉴다. 재료를 풍성히 넣은 대형 파이를 먹기 좋은 크기로 잘라서 판매한다. 내용물은 대부분 단맛이 강한 과일 위주이며, 사과를 넣은 아펠슈트루델Apfelstrudel이 대표 메뉴다.

가볍게 즐기는 **길거리 간식**

허기질 때 가볍게 즐길 수 있는 주전부리 또한 여행의 큰 재미임은 당연지사.
양이 적은 사람은 끼니를 해결할 수 있을 만큼 푸짐한 간식을 저렴한 물가로 즐길 수 있다.
대표적인 부다페스트표 길거리 간식 세 가지.

란고시 Lángos

란고시는 헝가리의 전통 음식으로 밀가루 반죽을 넓적하게 뭉쳐 튀겨 만든다. 같은 방식으로 만드는 꽈배기와 맛이 비슷하지만 그냥 먹기보다는 치즈나 양파, 채소, 베이컨 등 갖가지 토핑을 올려 먹는다. 갓 튀긴 란고시는 참기 힘든 '분식'의 마력을 발휘한다.

햄버거 Hamburger

이름난 패스트푸드 프랜차이즈는 잊어도 좋다. 부다페스트에 괜찮은 수제버거 가게가 많다. 식당에서 먹어도 되고 포장 주문도 가능해 길거리에서 후딱 먹어도 된다. 사이즈가 크지는 않은 편이지만 육즙 풍부한 패티를 그 자리에서 조리하여 판매하므로 부담 없이 즐길 수 있다.

수프 Leves

구야시, 헐라슬레 등 수프가 일상인 헝가리에서 수프가 간식으로도 최고일 수밖에 없다. 특히 추운 겨울에 몸을 녹여 주며 허기도 채워 주기에 수프만한 것이 없다. 물론 이러한 간식용 수프는 인스턴트에 가깝지만 가격은 확실히 저렴하다.

EATING 05
최고급 **미쉐린 레스토랑**

부다페스트는 자타공인 미식의 도시. 한 도시에 미쉐린 '별'을 받은 레스토랑이 네 곳이나 있다. 모두 파인 다이닝 레스토랑으로 최고급 퓨전 요리를 근사한 분위기에서 먹을 수 있다. 와인을 곁들일 때 1인당 적게는 15,000포린트, 많게는 50,000포린트 정도 든다. 한국 화폐로 6~7만 원에 미쉐린 레스토랑에서 근사한 식사가 가능한 셈. 유럽에서 이 정도 가격에 이 정도 고퀄리티 미식을 즐길 수 있는 나라가 헝가리 말고 또 있을까?

오닉스 Onyx ★★ 174p

황금빛의 찬란하고 화려한 인테리어, 고도로 숙련된 모던 헝가리풍 음식이 조화를 이룬다.

코스테스 Costes ★

섬세하고 혁신적인 조리법으로 탄생한 깔끔한 풍미의 요리를 4~7코스로 즐길 수 있다.

보르코니허 와인키친
Borkonyha Winekitchen ★ 175p

유럽 주변국 식재료를 바탕으로 현대식 헝가리풍 요리와 수백 종의 와인을 접할 수 있다.

코스테스 다운타운
Costes Downtown ★ 175p

코스테스의 2호점. 분위기는 훨씬 시크하고 친근하며, 합리적인 비즈니스 런치를 제공한다.

- 미쉐린 별점은 2018년 기준, 설명은 미쉐린 가이드 코멘트를 요약하였다.
- 레스토랑에 대한 자세한 설명은 본문의 관련 페이지에서 확인할 수 있다. 이 책에 코스테스는 소개하지 않았지만 코스테스 다운타운(175p)의 1호점으로 분위기와 메뉴가 유사하다.

EATING 06

모든 취향을 저격하는 글로벌 요리

현대적인 감각이 넘치는 부다페스트에서 헝가리 전통 음식만 존재할 리 없을 터. 고급스러운 파인 다이닝부터 길거리 음식까지 모든 글로벌 요리가 존재한다. 모든 취향을 만족시킨다.

파인 다이닝

전 세계적으로 파인 다이닝이 하락세라고 하지만 부다페스트는 예외다. 앞서 소개한 미쉐린 스타 레스토랑을 포함해 수많은 파인 다이닝 레스토랑이 부다페스트에서 성업하고 있다. 기본적으로 미식 수준이 높은 데다가 상대적으로 저렴한 물가, 많은 관광객 등 파인 다이닝의 경쟁력을 골고루 갖추고 있다. 군델(200p)은 부다페스트 파인 다이닝의 효시라 해도 되는, 나아가 헝가리의 미식 수준을 서구 사회에 알린 선구자적인 레스토랑이다. 미쉐린 스타 레스토랑 외에도 부다페스트 중심부에 고급 레스토랑이 많다. 대부분 저녁은 4~6코스 메뉴, 점심은 2~3코스 메뉴로 구성하여 판매한다. 이런 레스토랑은 예약을 강력히 권장하며, 정장까지는 아니더라도 점잖은 옷을 입고 가는 것이 에티켓이다.

군델 200p

제이미스 이탈리안 265p

파울라너 268p

이탈리아 요리

유럽 어디를 가든 가장 대중적인 무난한 선택은 이탈리아 요리다. 부다페스트에도 이탈리아 본토에 뒤지지 않는 깊은 풍미를 자랑하는 유명 이탈리안 레스토랑이 많다. 이 책에 소개된 컴 셰 스와(177p)처럼 피자부터 파스타까지 선택의 폭이 넓은 맛집은 늘 붐빈다. 유명 방송인 제이미 올리버의 이탈리안 레스토랑 제이미스 이탈리안(265p)도 인기가 높다.

오스트리아와 독일 요리

헝가리와 역사를 공유한 오스트리아는 여러 부문에서 많은 영향을 끼쳤다. 토르터 등 베이커리 문화도 그렇고, 슈니첼 등 일반적인 오스트리아 음식도 헝가리에서 즐겨 먹는다. 오스트리아와 같은 독일어 문화권인 독일 요리는 헝가리에서 고급으로 대접받는다. 닭고기나 오리고기 등 일반적인 식재료를 독일 요리 스타일로 조리하는 모습도 볼 수 있다.

지로스

케밥의 기원은 분명치 않다. 우리는 터키를 통해 케밥을 소개받아 터키식으로 케밥이라 부르지만, 그리스로부터 비슷한 방식의 요리를 소개받은 나라에서는 그리스식으로 지로스Gyros라고 부른다. 발칸 반도와 교류가 많았던 헝가리는 케밥을 지로스라고 한다. 주로 이민자들이 작은 점포를 차려 패스트푸드 형식으로 판매하는 것은 똑같다. 고기를 굽어 채소와 소스를 더해 빵과 함께 먹는 방식도 똑같다.

아시아 요리

중국 또는 동남아 스타일의 아시안 레스토랑도 쉽게 발견된다. 기본적으로 헝가리 음식이 한국인 입맛에 맞아서 아시안 레스토랑을 찾을 일이 많지는 않지만, '쌀밥'이 몹시 그리울 때 저렴한 가격으로 밥을 먹을 수 있는 아시안 레스토랑이 솔깃할 수 있다.

STEP 04
EATING

(EATING 07)
한식이 그리울 때, 한국 식당

아무리 헝가리 음식이 한국인 입맛에 잘 맞아도 한식을 완벽하게 대체할 수는 없는 노릇. 타지에서 기름진 음식과 빵을 계속 먹다 보면 한국 음식이 그리운 순간이 찾아오기 마련이다. 이럴 때를 대비하여 부다페스트의 한국 식당을 소개한다.

서울의 집

비빔밥 팔라

부다페스트의 한국 식당

이 책에서는 부다페스트에서 가장 오래된 한국 식당인 서울의 집(267p)과 넓고 깨끗한 홀에 다양한 서비스가 장점인 비빔밥 팔라(267p)를 소개하였다. 마침 두 식당은 걸어서 1~2분 거리에 있고, 장단점이 서로 대비되는 곳이다. 이 외에도 책에 따로 소개하지 않은 부다페스트의 한국 식당은 아래와 같다.

한국관
Hankukkwan étterem

Data **가는 법** 5·7·110·112번 버스 Stefánia út/Thököly út 정류장 하차 후 도보 2분
주소 Budapest, Ilka u. 22
전화 30-371-4621
운영 시간 월~토 11:30~21:30, 일 휴무
홈페이지 www.facebook.com/Hankukkwanbudapest

케이포인트
K-point Korean Restaurant

Data **가는 법** 켈레티 기차역에서 도보 5분
주소 Budapest, Bethlen Gábor u. 31
전화 30-937-7397
운영 시간 월~토 11:30~23:00 (15:00~17:00 브레이크타임), 일 12:30~21:00
홈페이지 www.facebook.com/kpoint31restaurant

장금이
Czanggummi

Data **가는 법** 72번 티롤리버스 Erdinánd híd 정류장 하차
주소 Budapest, Izabella u. 83
전화 30-607-8839
운영 시간 월~금 10:00~20:00, 토·일 휴무

EATING 08
부다페스트 레스토랑의 예절과 이용 방법

낯선 땅에서 밥 먹는 것 하나도 처음에는 은근히 신경 쓰이기 마련. 부다페스트 레스토랑 이용에 필요한 정보를 정리한다. 하지만 사람 사는 곳은 결국 다 거기서 거기. 우리의 '상식'이 시키는 대로 행동하면 된다는 것만 기억하자.

레스토랑 이용 방법

01 정식 레스토랑은 대부분 입구 밖에 메뉴판이 붙어 있어 메뉴의 종류나 가격을 미리 확인할 수 있다.

02 레스토랑에 입장하면 예약석을 제외한 빈 좌석에 자유롭게 착석해도 괜찮다. 하지만 점원에게 자리를 안내해 달라고 하는 편을 권장한다. 예약했다면 예약 정보를 알려 주고 안내받는다.

03 외국인에게는 따로 주문하지 않아도 영어 메뉴판을 줄 것이다. 이 책에 소개된 레스토랑은 대부분 영어 메뉴판을 비치해 두고 있었다.

04 음료를 먼저 주문하고, 음료가 나오는 사이에 음식을 골라 주문하는 것이 일반적인 순서이나 충분히 고민하고 음료와 음식을 함께 주문한다고 뭐라고 할 사람은 없다.

05 주문 후 가져다주는 식전 빵은 음식에 포함된 것이므로 비용이 추가되지 않는다.

06 점원을 부르고 싶다면 눈을 마주친다. 손을 들어 부르는 것은 결례다.

07 계산은 자리에서 한다. 계산서를 달라고 한 뒤 원하는 지불 방법(현금 또는 카드)을 이야기하면 계산서를 가지고 온다. 팁은 119p의 내용을 참조.

> **Tip** 음료를 먼저 주문하고 음식을 나중에 주문하면 좋은 이유. 부다페스트 레스토랑에는 한국에서 흔한 호출 벨이 없다. 주문하려면 점원을 불러야 하는데 은근히 시간이 오래 걸린다. 일단 자리에 앉으면 점원이 와서 메뉴판을 주고, 이 때 음료를 주문하면 나중에 음료를 가져다주러 점원이 오고, 이때 음식을 주문하면 결과적으로 점원을 호출할 필요가 없어 시간을 절약할 수 있다.

기본 예절

음식을 바닥에 집어던질 사람은 없을 것이다. 음식에 침이 튀도록 재채기를 할 사람도 없을 것이다. 점원에게 욕을 할 사람도 없을 것이다. 즉, 보편적인 상식선에서 무례한 행동만 하지 않으면 된다. 식사 중 코를 풀어도 결례가 아니다. 다만, 파인 다이닝 레스토랑을 찾을 때에는 정장이나 점잖은 캐주얼로 드레스코드를 맞출 필요가 있다.

부다페스트 레스토랑의 점원은 기본적으로 영어를 구사하며 친절하다. 음식이나 와인을 고를 때 추천을 부탁하면 기꺼이 웃는 얼굴로 당신을 도울 것이다. 유쾌하게 농담을 건네기도 하는데, "빨리 안 고르면 나가야 한다."는 식의 농담이 간혹 불쾌하게 느껴질 수도 있다. 유머코드가 다른 것이니 웃어넘기자.

알아 두면 좋은 헝가리어

뜻	단어	발음	뜻	단어	발음
메뉴(음식)	étlap	에틀러프	물	víz	비즈
메뉴(음료)	italok	이털로크	맥주	sör	쉐르
전채	előétel	엘뢰에텔	와인	bor	보르
후식	desszert	데쎄르트	커피	kávé	카베
수프	leves	레베시	우유	tej	테이
샐러드	saláta	셜라터	레모네이드	limonádé	리모나데
고기	hús	후시	탄산음료	üdítőital	위디퇴이털
돼지	disznóhús	디스노후시	아이스크림	fagylalt	퍼지럴트
쇠고기	marha	머르허	후추	bors	보르시
닭고기	csirke	치르케	소금	só	쇼
오리고기	kacsa	커처	설탕	cukor	추코르
치즈	sajt	셔이트	사과	alma	얼머
달걀	tojás	토야시	빵	kenyér	케네르
국수	nudli	누들리	버터	vaj	버이
쌀	rizs	리지	영수증	számlát	삼라트

* 헝가리어는 위치에 따라 단어가 변하기도 하므로 메뉴판에 위와 다른 형태로 적혀 있을 수 있다.

식당 예약 방법

유명 레스토랑, 특히 미쉐린 스타 레스토랑을 포함한 파인 다이닝 레스토랑은 예약이 필수나 마찬가지다. 예약이 강력히 권장되는 레스토랑은 모두 홈페이지를 통해 예약할 수 있다. 이 책에서는 레스토랑마다 홈페이지 주소를 함께 기재해 두었다.

예약을 미처 하지 못했을 때에는 현장에서 기다려도 무방하다. 포 세일 펍(230p)처럼 인기가 높은데 예약을 받지 않아 1시간씩 줄을 서는 특이한 사례도 있다.

팁 에티켓

패스트푸드처럼 카운터에서 직접 주문하고 음식을 수령하면 팁은 지불하지 않는다. 점원이 주문을 받고 음식을 가져다줄 때 점원의 서비스에 대한 보답으로 팁을 지불한다. 헝가리의 팁 문화는 두 가지만 기억하면 된다. 계산서에 포함되어 청구되는 경우와 그렇지 않은 경우.

■ 계산서에 포함된 경우

대다수의 레스토랑은 계산서에 팁이 추가되어 청구된다. 보통 12.5~15% 사이, 많게는 17.5%까지 청구되기도 한다. 별도의 항목으로 금액이 표시되므로 쉽게 구분할 수 있다. 고급 레스토랑이나 카페일수록 팁은 더 많이 청구되는 편이다. 메뉴판에 미리 팁을 안내하는 곳도 있지만, 그렇지 않은 곳도 있다. 어쨌든 계산서에 포함되어 청구되었다는 것은 사실상 음식 요금의 일부나 마찬가지이므로 결제해야 한다. 만약 점원이 몹시 불친절했더라도 유감스럽지만 팁까지 지불해야 한다. 아마 그렇기 때문에 부다페스트 레스토랑의 점원들이 친절하려고 노력하는 것일지도 모른다.

■ 계산서에 포함되지 않은 경우

메뉴판에 명시된 금액만큼만 청구되는 경우도 있다. 팁이 포함되지 않은 것이다. 이 경우 계산서에 '팁 불포함Service charge is not included'이라는 식의 문구가 함께 기재되기도 한다. 팁이 불포함된 경우 팁을 줄 것인지는 전적으로 손님이 택할 문제다. 팁을 주지 않는다고 뭐라고 할 사람은 없지만, 점원이 친절했고 서비스에 불만이 없었다면 10~15% 사이에서 잔돈을 주는 것으로 팁을 대신하면 서로 편리하다.

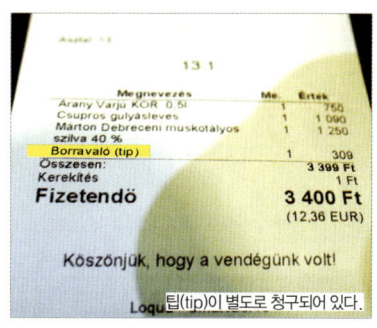

팁(tip)이 별도로 청구되어 있다.

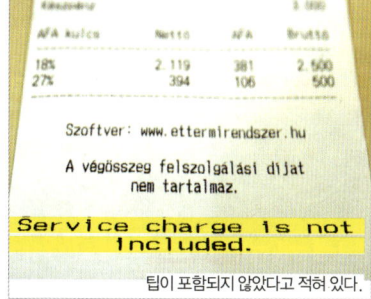

팁이 포함되지 않았다고 적혀 있다.

Step 05
SHOPPING
부다페스트를 남기다

01 헝가리쿰! 헝가리쿰! 헝가리쿰!
02 부다페스트의 쇼핑몰과 쇼핑가
03 구경만 해도 즐거운 전통 시장
04 꼭 알아야 하는 편의점 쇼핑
05 택스 리펀드 제도

SHOPPING 01
헝가리쿰!
헝가리쿰!
헝가리쿰!

헝가리의 역사와 문화 속에서 특별한 존재감이 있노라고 국가의 인증을 받으면 그것은 헝가리쿰Hungarikum이 된다. 부다페스트에서 자석이나 엽서 등 평범한 기념품이 아니라 이 도시와 이 나라가 담긴 '진짜' 기념품을 간직하고 싶다면 헝가리쿰을 구입하자. 수많은 헝가리쿰 중 기념품으로 살만한 것을 따로 모았다.

자수

헝가리 남부의 컬로처Kalocsa는 화사한 문양의 자수로 유명하다. 패턴이 섬세하고, 원색을 아낌없이 사용한 색상도 화사하다. 식탁보, 앞치마 등 실용적인 제품도 있고, 간단한 기념품으로 벽을 장식하기에도 좋다. '오리지널'을 소장하려면 컬로처에서 만든 것인지 확인해야 한다.

라벤더

티허니(333p)는 라벤더로 유명하다. 티허니산 라벤더는 방향제, 오일, 목욕 용품 등 수많은 제품에 들어간다. 기념품이 아니라 직접 사용할 목적으로 구매해도 아깝지 않은 제품들이다.

도자기

1700년대 초반 독일에서 유럽 최초로 경질 도자기를 만들었다. 이후 유럽의 왕족과 귀족은 도자기를 열렬히 수집했고, 각국에서 직접 도자기를 만들기에 이른다. 오스트리아의 지배를 받고 있었지만 귀족 문화가 널리 뿌리 내린 헝가리 또한 예외가 아니었다. 1826년 헤렌드 Herend, 1853년 졸너이Zsolnay 도자기가 세상의 빛을 보았다. 지금도 두 업체는 150년 이상의 역사를 자랑하며 헝가리 도자기 산업을 리드하고 있으며, 세계적으로 인기를 얻고 있다.

> **Tip** 헤렌드의 우아한 패턴을 선호하는 마니아가 국내에도 적지 않은데, 헤렌드 본사에 있는 박물관에서 헤렌드의 오랜 역사를 시대별로 보여 주는 다양한 도자기를 관람할 수 있다. 부다페스트에서 기차로 베스프렘Veszprém까지 간 뒤 버스로 갈아타면 박물관 앞에서 내린다. 교통이 편하지 않아 왕복 5~6시간 정도 소요된다. 입장료와 개장 시간 등 자세한 내용은 홈페이지(www.herend.com)에서 확인할 수 있다.

아카시아 꿀

겨울의 혹독한 추위를 견뎌야 하는 동유럽은 어디를 가든 꿀이 귀한 대접을 받는다. 헝가리 역시 오랜 양봉의 역사를 가지고 있으며, 특히 아카시아 꿀이 유명하다.

술

토케이 와인(108p), 우니쿰(109p), 팔린카(109p) 등 헝가리의 전통 술도 헝가리쿰이다. 토케이 와인의 달콤한 맛은 대중적인 만족도가 높아 누구에게 선물해도 만족도가 높을 것이다.

베레스 드롭스

헝가리의 베레스 요제프 Béres József 박사가 개발한 면역개선제 베레스 드롭스 Béres Drops는 국내에는 덜 알려진 편이지만 유럽에서는 나름 유명한 비처방 의약품이다. 수술 후 빠른 회복을 위해 또는 피로 회복을 위해 복용한다. 체중 10kg 이상의 유아도 섭취할 수 있는 안전한 의약품이라고 한다.

푸아그라

헝가리인이 즐겨 먹는 푸아그라는 통조림 형태의 가공 식품으로 판매된다. 한국에서는 흔하게 살 수 있는 식재료가 아닌 만큼 기념품으로 주기에 나쁘지 않다. 물론 비윤리적인 생산 방법에 대한 양해가 필요하겠지만 말이다. 보기에도 우람한 헝가리 소시지 콜바스도 탐이 나겠지만 소시지는 검역 없이 국내로 반입할 수 없으니 아쉽지만 내 배에 담아 두도록 하자.

SHOPPING 02
부다페스트의 쇼핑몰과 쇼핑가

부다페스트 시내에는 백화점이 없다. 부다페스트에서 쇼핑하려면 어디로 가야 할까? 무엇을 사기 위해, 또는 쇼 윈도우를 구경하며 아이쇼핑을 하기 위해, 당신이 가야 할 쇼핑몰과 쇼핑가를 정리하였다.

STEP 05
SHOPPING

부다페스트 대표 쇼핑몰

부다페스트에 백화점은 없지만 대형 쇼핑몰은 페슈트와 부더 양쪽에 존재한다. SPA의류 매장과 편의점(드러그스토어), 스포츠 아웃도어 매장 등 세계적으로 이름난 주요 브랜드 매장은 거의 다 있다. 입점 브랜드 및 매장별 운영 시간은 홈페이지를 통해 확인할 수 있다.

웨스트엔드 West End

Data 지도 188p-A
가는 법 뉴거티 기차역 옆
주소 Budapest, Váci út 3
전화 1-238-7777
운영 시간 월~토 10:00~21:00, 일 10:00~18:00
홈페이지 www.westend.hu

코르빈 플라자 Corvin Plaza

Data 지도 216p-F
가는 법 M3호선 Corvin-negyed역 하차
주소 Budapest, Futó u. 37
전화 1-977-7779
운영 시간 월~토 10:00~21:00, 일 10:00~19:00
홈페이지 www.corvinplaza.hu

멈무트 몰 Mammut Mall

Data 지도 246p-A
가는 법 M2호선 Széll Kálmán tér역 하차
주소 Budapest, Lövőház u. 2
전화 1-345-8020
운영 시간 월~토 10:00~21:00, 일 10:00~18:00
홈페이지 www.mammut.hu

아레나 몰 Arena Mall

Data 지도 217p-C
가는 법 80·80A번 티롤리버스 Arena Plaza 정류장 하차
주소 Budapest, Kerepesi út 9
전화 1-880-7010
운영 시간 월~목 10:00~21:00, 금·토 10:00~22:00, 일 10:00~19:00
홈페이지 www.arenamall.hu

MOM 파크 MOM Park

Data 지도 246p-E
가는 법 17·61번 트램 Csörsz utca 정류장 하차
주소 Budapest, Alkotás u. 53
전화 1-487-5500
운영 시간 월~수 10:00~20:00, 목~토 10:00~21:00, 일 10:00~18:00
홈페이지 www.mompark.com

부다페스트 대표 쇼핑가

페슈트 지구 중심부에 있는 쇼핑가는 의류 매장, 기념품 숍, 편집 숍 등 여러 형태의 상점과 레스토랑 등이 서로 마주보고 줄지어 있어 마냥 걸으며 구경하기에도 재미있다. 다리가 아프면 레스토랑이나 카페 야외 테이블에 앉아 커피나 맥주를 마시며 다른 여행자를 구경하는 재미도 놓치기 아깝다.

패션 스트리트 Fashion Street

데아크 페렌츠 광장과 뵈뢰슈머르티 광장 사이의 길. 데아크 페렌츠 거리 Deák Ferenc u.라는 정식 명칭이 있지만 보통 패션 스트리트라는 애칭으로 부른다. 이름난 의류 매장이 줄지어 있기 때문. 고급 호텔 앞이기도 해서 분위기가 고급스럽다.

바치 거리 Váci u.

가장 유명한 쇼핑가는 바치 거리다. 뵈뢰슈머르티 광장부터 중앙 시장까지 이어지는 약 1km의 골목 양편에 다양한 상점, 레스토랑, 슈퍼마켓, 기념품 숍 등이 줄지어 있다. 보행자 전용 도로라서 산책하듯 쾌적한 아이쇼핑이 가능하다.

언드라시 거리 Andrássy út

유서 깊은 언드라시 거리(190p)는 관광을 위해서도 가야 하지만 쇼핑을 위해서 들러도 괜찮다. 명품 등 고급 브랜드 매장과 재기발랄한 편집 숍 등이 경계 구분 없이 자연스럽게 어우러진다. 쇼윈도만 구경해도 다채로운 즐거움이 있다.

SHOPPING 03
구경만 해도 즐거운 **전통 시장**

평범한 사람들이 평범하게 살아가는 모습을 보는 데에 전통 시장만한 곳이 없다. 부다페스트의 전통 시장도 그렇다. 관광객을 위해 가공된 모습도 있지만 그 또한 전통 시장의 일부로 자연스럽게 받아들여진다.

전통 시장 그 이상, 중앙 시장

부다페스트의 가장 큰, 그리고 가장 유명한 전통 시장은 단연 중앙 시장(222p)이다. 거대한 마켓 홀 건물에 질서정연하게 판매대가 자리를 잡고 있다. 채소와 과일, 정육, 치즈 등 전통 시장에 잘 어울리는 식재료가 곳곳에 보이고, 헝가리를 대표하는 퍼프리커도 그 속에 포함된다. 정찰제라 따로 흥정이 필요 없다. 부담 없이 과일 하나를 사 옷깃에 쓱 닦아 베어 무는 원초적인 재미를 느껴 보면 어떨까.

워낙 유명하다보니 관광객도 많이 찾고, 관광객을 상대로 하는 틀에 박힌 모습이 곳곳에 보이는 것도 사실이다. 퍼프리커 가루나 소스, 푸아그라 통조림, 아카시아 꿀, 팔린커나 우니쿰 등. 하지만 역설적으로 이야기하면, 그렇기 때문에 발품 팔지 않고 '헝가리쿰'을 기념으로 남기는 데에 중앙 시장만큼 좋은 곳이 없다.

현지인을 위한 장터

마켓 홀을 만들고 판매대를 질서 있게 설치해 저마다 식재료를 파는 점에서 중앙 시장과 똑같지만, 규모가 작아 관광객은 거의 찾지 않는 전통 시장도 있다. 이런 곳은 현지인을 위한 장터인 만큼 보다 '로컬' 분위기를 느낄 수 있다.

다운타운 마켓 Belvárosi Piac

정식 명칭은 홀드 거리 다운타운 마켓Hold utcai Vásárcsarnok és Belvárosi Piac. 드문드문 빈 판매대가 보이는 것으로 미루어 현대적인 슈퍼마켓의 공세에 고전하는 듯 느껴지지만, 전통 시장의 활기와 재미는 그대로다.

Data 지도 156p-B
가는 법 서버드샤그 광장에서 도보 2분
주소 Budapest, Hold u. 13 **전화** 1-353-1110
운영 시간 월~토 06:30~18:00
(월 ~17:00, 토 ~16:00), 일 휴무
홈페이지 www.belvarospiac.hu

레헬 마켓 Lehel Csarnok

기괴한 외관에 당황할 수 있지만 내부로 들어가면 영락없는 전통 시장 그 자체. 중앙 시장보다 무질서하지만 그래서 더 전통 시장 분위기가 물씬 느껴지는지도 모른다.

Data 지도 188p-B
가는 법 M3호선 Lehel tér역 하차
주소 Budapest, Váci út 9-15
전화 1-288-6895
운영 시간 06:00~18:00
(월 ~17:00, 토 ~14:00, 일 ~13:00)

벼룩시장

에체리 마켓Ecseri-Piac은 부다페스트 최대 규모의 벼룩시장이다. 손때 묻은 갖가지 물품들이 빼곡한데, 그중에는 동구권 시절의 골동품도 있어 분위기가 색다르다. 에체리 마켓은 매일 열지만 진짜 제대로 된 벼룩시장은 토요일에 열린다. 이날만큼은 시내에서 약간 떨어진 에체리 마켓까지 찾아가는 재미가 충분하다. 흥정은 재량껏!

Data 가는 법 54·55번 버스 Használtcikk piac 정류장 하차
주소 Budapest, Nagykőrösi út 156
운영 시간 토 06:00~15:00 **홈페이지** ecseripiac-budapest.hu

STEP 05
SHOPPING

SHOPPING 04
꼭 알아야 하는 **편의점 쇼핑**

싸고 질 좋은 생활용품의 천국! 유럽의 편의점(드러그스토어) 쇼핑은
그냥 지나치기 서운하다. 어느새 바구니 한가득 물건을 담아
계산대에 서 있는 자신을 발견하게 될지도 모른다.

편의점 히트 아이템

편의점에서 판매하는 뷰티, 미용, 세면, 건강용품은 사람마다 필요한 것이 다르므로 무엇을 사야 한다고 공식처럼 정하기 어렵다. 그러나 헝가리에 왔다면 구매를 고려할 만한 히트 아이템이 하나 있으니, 바로 '악마의 발톱' 크림이다.

'악마의 발톱'은 아프리카에 서식하는 식물의 뿌리. 관절 통증에 탁월한 효과가 있다. 헝가리에서 만든 악마의 발톱 크림은 관절이 아플 때 바르는 크림이다. 즉, 파스와 비슷하다. 정식 명칭은 이노 레우마 크림Inno Rheuma Krém. 녹색 박스는 기본형이고, 빨간색 박스는 좀 더 효과가 강하다. 워낙 인기가 높아 편의점에 재고가 없는 경우도 많다.

참고로, 이노 레우마 크림에 진짜 '악마의 발톱' 성분은 없다고 한다. 그래도 효과는 좋다고 하니 선물용으로 구매해도 괜찮다. 약국에서도 판매한다.

부다페스트 대표 편의점

유명한 편의점 프랜차이즈가 두 곳, 여기에 덜 유명한 편의점 프랜차이즈 하나 더 추가하여 총 세 곳의 편의점 프랜차이즈가 성업 중이다. 데엠dm과 로스만Rossman이 양대 산맥, 뮐러Müller가 세 번째 프랜차이즈에 해당된다. 세 곳 모두 독일 회사이며, 이미 국내에도 유명한 편의점이다.

혹시 헝가리 물가가 저렴하니 편의점 물가도 독일보다 저렴하지 않을까? 대표적인 품목을 비교해본 결과 그렇지는 않았다. 프랜차이즈별로 가격 차이는 거의 없으나 매장마다 재고가 없는 품목이 다를 수 있다.

일부러 찾아갈 필요 없이 부다페스트 관광 중 자연스럽게 지나가게 될 위치에 있는 대표적인 매장 주소는 아래와 같다.

데엠
관광 안내소 옆
주소 Sütő u. 2
언드라시 거리
주소 Andrássy út 35
뉴거티 기차역 앞
주소 Bajcsy-Zsilinszky út 59
버차니 광장
주소 Batthyány tér 5-6

로스만
켈레티 기차역 앞
주소 Baross tér 14
언드라시 거리
주소 Teréz krt. 19
웨스트엔드 쇼핑몰 내
주소 Váci út 4
머르기트 다리 옆
주소 Margit krt. 3

뮐러
바치 거리
주소 Váci u. 19-21

SHOPPING 05
택스 리펀드 제도

외국인 여행자의 알뜰 쇼핑을 돕는 택스 리펀드 제도. 조금 번거롭지만
잘 활용하면 그 이상의 이익을 얻을 수 있다. 헝가리의 택스 리펀드 시스템도
다른 유럽연합 국가와 다르지 않다.

택스 리펀드의 개념

택스 리펀드Tax Refund; VAT Refund는 문자 그대로 '세금 환급'이다. 외국인이 물건을 구매한 뒤 그 물건을 가지고 출국하면 제품 가격에 포함된 부가가치세 등의 세금을 환급해 주는 제도로서 헝가리를 포함한 모든 유럽연합 국가에서 시행 중이다. 헝가리의 부가가치세는 최대 27%. 그 중 일부가 환급 대상이 된다(국내에서는 '택스리펀'이라는 표기가 많이 사용되지만 잘못된 표기다).

택스 리펀드 절차

택스 리펀드 가맹점에서 쇼핑한 뒤 점원에게 택스 리펀드 서류Tax Free Form를 요청한다. 서류를 작성한 뒤 출국할 때 공항 세관의 도장을 받고, 세관 도장 받은 서류를 택스 리펀드 업체로 접수하면 된다. 택스 리펀드 업체는 글로벌 블루Global Blue와 프리미어 택스프리Premier Tax Free가 대표적이다.

1 택스 리펀드 서류 수령 > **2** 택스 리펀드 서류 작성 > **3** 공항 세관 도장 받기 > **4** 택스 리펀드 업체에 서류접수

택스 리펀드 서류 작성

쇼핑 후 택스 리펀드 서류를 받아 자신의 정보를 영문으로 기입한다. 서류는 업체마다 양식이 조금씩 차이가 있으나 작성하는 내용은 거의 같다. 이 중 이름과 여권번호는 반드시 자신의 여권과 일치해야 한다. 작성된 정보가 잘못 되었거나 세관 도장이 누락되면 서류를 제출해도 환급은 불가능하다.

1 이름 **2** 주소 **3** 전화번호 **4** 이메일
5 여권번호 **6** 여권 발행 국가
7 카드번호 (카드 환급 시에만 기재)
8 서명 **9** 세관 도장 받는 곳

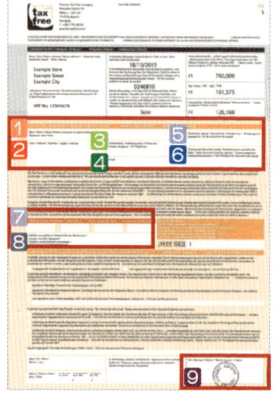

부다페스트 공항의 세관

택스 리펀드 신청 장소

부다페스트 공항은 작기 때문에 어렵지 않게 찾을 수 있다. 우선 항공사 체크인을 먼저 하되 수하물을 부치지 말고 되돌려 받는다. 'VAT Refunds' 표지판을 따라가면 세관 도장을 받는 장소가 나온다. 만약 환급받을 상품을 보여 달라고 하면 세관에 보여 주어야 하므로 짐을 부쳐버리면 환급을 못 받게 된다. 세관 도장을 받은 뒤 수하물을 다시 부치고, 보안 검색을 받고 출국장으로 들어가 면세점 구석에 있는 인터체인지Inter Change라는 붉은색 환전소 부스에서 환급액을 유로 또는 달러로 받는다. 단, 해당 환전소의 환율과 수수료를 적용하므로 약간의 손해를 보게 된다. 환전소 옆의 우체통에 서류를 넣어야 한다.

택스 리펀드 규정

- 최소 55,000포린트 이상 구매 시 택스 리펀드가 가능하다. 이 금액은 영수증 1장에 찍힌 결제 금액 기준이다. 총 결제 금액이 55,000포린트 이상이어도 영수증 1장당 구매 금액이 55,000포린트 이하이면 환급은 불가능하다.
- 외국인 여행자가 가지고 출국하는 물품을 대상으로 한다. 식비, 숙박비, 교통비 등 헝가리 내에서 소비되는 지출은 환급 대상이 아니다.
- 90일 내에 서류가 접수되지 않은 경우 또는 서류에 세관 도장이 누락된 경우에는 환급이 불가능하다.
- 헝가리가 아닌 다른 나라에서 출국하는 경우 최종 유럽연합EU 출국지 공항에서 세관 도장을 받고 서류를 접수한다.
- 헝가리가 최종 출국지인 경우 다른 유럽연합 국가에서 구매한 것까지 모두 헝가리에서 택스 리펀드받는다.

주의 사항

세관도 규모가 작고, 환급받는 환전소도 규모가 작다. 만약 단체 승객이 택스 리펀드를 받으려 줄을 서 있다면 시간이 부족해 환급을 포기해야 하는 일이 생길 수도 있다. 택스 리펀드를 받아야 한다면 최소 2시간 반 전에는 공항에 도착하기를 권장한다.

# Step 06
SLEEPING

부다페스트에서 자다

01 부다페스트 숙박업소 속성 정리
02 부다페스트 지역별 숙박 가이드
03 강변의 고급 호텔 BEST 3
04 피로가 풀리는 스파 호텔 BEST 3
05 오랜 전통을 잇는 역사적인 호텔 BEST 3
06 실속 여행자를 위한 중저가 호텔 BEST 3
07 호텔을 대신하는 호스텔 BEST 3
08 배낭여행의 동반자 호스텔 BEST 3
09 친구처럼 안심되는 한인 민박

SLEEPING 01

부다페스트 숙박업소 속성 정리

헉 소리 나는 최고급 호텔, 세련된 감성이 느껴지는 디자인 호텔, 온천 도시에 어울리는 스파 호텔, 알뜰한 호스텔과 한인 민박까지. 부다페스트는 여행자가 원하는 모든 숙박 옵션을 가지고 있다.

호텔

헝가리는 호텔을 1~5성급으로 분류하지만 크게 의미를 둘 필요는 없다. 최고급 5성급 호텔도 가격 차이가 3~4배 날 정도로 '럭셔리'의 차이가 크고, 고급 4성급 호텔도 건물이 낡거나 객실이 좁아 3성급 호텔보다 못하게 느껴지기도 한다. 일반적으로 여행자가 무난하게 선택할 수 있는 것은 3성급 호텔. 그런데 어떤 경우에 3성급 호텔이 4성급 호텔보다 비쌀 때도 있다. **따라서 굳이 '별이 몇 개'인지에 많은 의미를 부여하기보다는 호텔의 위치와 가격을 고려하여 결정하는 것을 권장한다.**
그리고 위치가 좋은 시내 중심부 호텔은 낡은 건물을 개조한 경우가 많은데, 건물이 낡아 화장실 수압이 약하거나 문이 삐거덕 거리는 등의 불편이 따를 수 있다. 호텔에 대한 눈높이를 한국이나 아시아의 호텔보다는 많이 낮출 필요가 있다.

낡았지만 편안했던 4성급 호텔

> **Tip** 온라인으로 숙소 예약 시, 결제 수단은 유로화가 일반적이다. 일부만 선결제하고 잔금을 호텔에 지불할 때에도 유로화로 결제할 수 있다(물론 포린트화도 가능하다). 따라서 이 책에서 소개하는 숙박업소의 요금은 모두 유로화 기준으로 표기되었음을 알린다.

호스텔

기숙사를 연상케 하는 공동 객실과 공용 욕실을 사용하는 저렴한 숙소를 호스텔이라 한다. 도미토리Dormitory라 불리는 공동 객실은 이층 침대(또는 일반 침대) 여러 개를 방 하나에 두고 침대 단위로 숙박료를 지불한다. 당연히 모르는 사람과 한방을 사용하게 되고, 여러 사람이 같은 방과 욕실을 공유하는 불편이 따르지만 그만큼 가격이 저렴하므로 예산을 절약하고자 하는 배낭여행자에게는 최적의 선택이다.

부다페스트의 호스텔은 크게 두 부류로 나뉜다. 파티 호스텔과 그렇지 않은 곳. 파티 호스텔은 매일 밤 파티가 열린다 해도 과언이 아닐 정도로 유쾌한 공간이어서 전 세계 여행자와 친구가 될 기회를 제공하지만 새벽까지 시끄럽다. 조용히 잠을 자고 싶은 여행자는 파티 호스텔이 아닌 곳을 택해야 방해받지 않는다.

호스텔은 1인실과 2인실, 가족실을 갖춘 경우도 있다. 공용 욕실의 불편을 감수할 수 있다면 독립된 방에서 보다 편안하게, 호텔보다는 저렴한 비용으로 숙박할 수 있다.

호스텔 도미토리

호스텔 개인실

아파트먼트 / 숙박 공유

정식 숙박업소가 아니라 집(또는 방) 하나를 통째로 빌려주는 민박 개념의 아파트먼트나 숙박 공유도 최근 많이 이용하는 숙박 형태로 꼽힌다. 하지만 속된 표현으로 '집 주인 마음'이기 때문에 편차가 매우 심하다. 때로는 '몰카' 등 범죄에 노출될 수 있고, 집기가 파손될 경우 분쟁이 발생할 수도 있어 많은 위험이 따른다는 점을 유념할 필요가 있다. 예약 전 후기를 꼼꼼히 살펴보아야 한다.

한인 민박

한국인이 운영하는 민박을 뜻한다. 싱글룸·더블룸·가족룸·도미토리 등 저마다 다양한 등급의 객실로 구성되며, 한국어로 예약 및 이용할 수 있어 편리하고 일부 민박은 한국 음식을 제공한다는 장점도 있다. 부다페스트의 한인 민박은 148p에 자세한 내용이 정리되어 있다.

호텔 · 호스텔 공통 주의 사항

체크인/체크아웃

- 모든 숙박업소는 체크인과 체크아웃 시간이 정해져 있다. 일찍 도착해도 미리 체크인할 수 없고, 체크아웃 시간을 넘기면 추가 요금이 발생한다.
- 리셉션을 24시간 운영하지 않는 곳도 있다. 만약 밤늦게 도착했는데 숙소의 리셉션이 문을 닫으면 체크인을 하지 못하는 불상사가 발생하니 리셉션 운영 시간도 함께 확인해야 한다.
- 기차 연착 등으로 예기치 못하게 자정 이후에 체크인할 일이 생기면 업소에 미리 전화하여 언질을 해두는 것이 좋다. 자정까지 손님이 도착하지 않으면 노쇼로 판단해 예약을 취소해 버리는 등의 불상사가 생길 수 있기 때문이다. 따라서 예약한 업소의 전화번호는 따로 메모해 두면 편리하다.
- 대부분의 숙박업소는 짐 보관소를 운영한다. 일찍 도착했을 때 짐만 맡겨놓고 관광하다가 시간에 맞춰 돌아와 체크인하는 식으로 융통성 있게 여행할 수 있다. 짐 보관은 무료다.

💬 |Talk|
당황스러운 엘리베이터

중저가 호텔이나 호스텔 등 낡은 건물의 일부를 사용하는 곳은 엘리베이터가 없는 경우도 적지 않다. 엘리베이터가 있는 곳도 처음 보면 반가움보다 당황함이 앞설 수 있다. 우리가 흔히 생각하는 엘리베이터와 전혀 다르기 때문이다.

이런 엘리베이터는 자동문이 아니다. 엘리베이터가 아니라 창고 출입문처럼 생긴 육중한 바깥쪽 문을 먼저 열고 들어가 원하는 층수를 누른 뒤 안쪽 문을 손으로 닫으면 엘리베이터가 출발한다. 도착 후 안쪽 문을 직접 열고 바깥쪽 문을 밀고 나간다. 주기적으로 안전 점검을 한다고 하니 불안해 할 필요는 없으나 직접 문을 열고 닫는 낡은 엘리베이터를 처음 보면 누구나 당황할 수밖에 없을 것이다.

바깥쪽 문

엘리베이터 내부

출입문

- 고급 호텔은 해당 사항이 없으나 중저가 호텔과 호스텔은 건물의 일부만 사용하기 때문에 건물 출입문이 잠겨 있는 경우를 보게 된다. 초인종을 누르면 직원이 문을 열어 준다. 초인종에 호출 번호가 따로 기재되어 있다.
- 직원이 문을 열어 줄 때 "몇 층으로 올라오라"고 이야기해 준다. 혹시 이야기가 없으면 초인종을 통해 물어봐야 한다. 건물 내에 따로 안내되어 있는 경우가 드물다. 한국은 1층부터 시작하지만 헝가리는 0층부터 시작한다. 따라서 "2층으로 올라오라"고 하면 한국식으로는 3층이다.
- 체크인 후에는 건물 출입 비밀번호를 알려 주거나 열쇠를 준다. 따라서 일단 체크인을 한 이후에는 리셉션 운영 시간에 상관없이 자유롭게 출입할 수 있다.

호텔 팁

팁 문화가 없는 한국에서 생활하다가 외국에 가면 '팁을 줘야 하는지' 은근히 신경 쓰이기 마련. 결론부터 이야기하면, 이미 봉사료가 포함된 가격으로 숙박비를 지불했기 때문에 팁을 따로 줄 필요는 없다. 그래도 객실에 과도한 쓰레기를 버렸다거나 기타 청소인력이 힘들어할 만한 일을 만들었다면 500~1,000포린트를 침대나 테이블에 놔두면 당신은 예의 바른 여행자. 그리고 고급 호텔은 직원이 짐을 객실까지 가져다 줄 텐데, 역시 소액의 팁을 지불하는 것을 권장한다.

시티 택스

생각했던 것보다 많은 숙박료를 요구한다고 당황하지 말자. 부다페스트의 숙박업소는 기본 세율 4%의 시티 택스City Tax라고 부르는 도시세가 부과된다. 숙박업소 등급에 따라 세율은 달라질 수 있다.

객실 이용

- 고급 호텔은 우리가 생각하는 그대로다. 청소를 부탁하거나 또는 방해하지 말라는 사인을 문 앞에 걸어둘 수 있고, 비품이 부족하면 프론트에 요청해 채워 넣을 수 있다.
- 실내에서도 신발을 신고 생활하는 문화권이므로 최고급 호텔이 아니면 객실에 슬리퍼까지 비치된 경우는 드물다. 개인용 슬리퍼는 따로 준비하는 게 편리하다.
- 객실에서 빵이나 음료 등을 먹는 것은 괜찮지만, 컵라면 등 냄새가 심한 음식을 먹는 것은 에티켓에 어긋난다. 호스텔의 공용 주방과 식당에서 먹는 것은 괜찮다.
- 호텔과 호스텔 모두 화장실의 바닥에 배수구가 따로 없으므로 바닥에 물을 흘리면 안 된다. 샤워 후 물기를 다 닦고 샤워부스 밖으로 나와야 하고, 세면대 주위에 물이 튀지 않도록 주의하자. 미끄러워져 본인이 다칠 수도 있으니 자신의 안전을 위한 주의 사항이라 생각하고 협조해주기 바란다.
- 호스텔 도미토리는 밤 10시 이후 정숙하는 것이 기본 예의. 하지만 파티 호스텔에서는 잘 안 지켜지는 편이다.
- 대부분의 호스텔 도미토리 내에 짐을 보관할 라커가 있다. 자물쇠는 직접 지참하거나 유료로 대여하는 것이 일반적이고, 일부 호스텔은 보증금을 내고 무료로 빌릴 수 있다.
- 호스텔 공용 욕실에 샴푸, 비누 등은 없는 경우가 많고, 있더라도 샴푸와 바디워시를 겸용하는 저렴한 제품이므로 목욕 용품은 직접 챙기는 편이 좋다. 수건(1개)은 대부분 무료로 지급한다.
- 호스텔 공용 욕실 사용 시 뒷정리를 깨끗하게 해주어야 한다. 특히 샤워부스에 남은 머리카락 등 불순물은 직접 치워 주어야 한다.

베드버그(빈대)

호스텔 이용 시, 그리고 드물게 호텔 이용 시 여행자를 괴롭히는 녀석이 베드버그Bedbug(빈대의 영문명)다. 일반적으로 호텔이 청결하지 않을 때 베드버그가 출몰하는 것은 사실이지만, 워낙 많은 여행자가 들락거리기 때문에 외부에서 묻어 온 베드버그가 다른 여행자까지 괴롭히는 경우도 적지 않다. 이 책에 소개한 숙박업소는 모두 청결히 관리되는 곳이지만 아무리 시트를 열심히 세탁해도 침대 프레임에 숨어 든 베드버그까지는 어쩔 수 없는 노릇. 이와 같은 이유로 인해 베드버그가 나타나지 말라는 보장은 없다.

그런 일은 없어야겠지만 혹시 베드버그에 물리면 약국에서 연고를 구입해 바르는 것이 좋다. 약사에게 "아이 니드 어 크림 포 베드버그 바이츠 I need a cream for bed bug bites" 정도로 이야기하면 처방전 없이 구입할 수 있는 항히스타민 계열 또는 스테로이드 계열의 연고를 추천할 것이다.

베드버그에 물리면 2~3일 정도의 잠복기를 거쳐 가려움증이 시작되고, 긁으면 긁을수록 환부가 크게 부풀어 오르고 더 가려워져 정상적인 여행이 힘들어진다. 이때 긁지만 않으면 자연스럽게 가라앉으므로 연고를 바르는 것이다. 그리고 혹시 옷이나 가방에 베드버그가 묻어있을 수 있으므로 가능하다면 옷과 가방은 일광 소독을 권한다.

최근에는 인체에 무해한 베드버그용 살충제를 가지고 출국하는 여행자도 많다. 인터넷 검색창에 '베드버그 살충제'라고 검색하면 관련 제품이 여럿 나온다. 인체에 무해한 살충제를 시트와 침대 프레임에 골고루 뿌리면 베드버그 예방에 도움이 된다.

스테로이드 연고

숙소 예약 방법

현지에서 바로 숙박료를 지불하고 투숙하는 것도 가능하지만 혹 빈 방이 없을 수도 있으니 출국 전 예약해 두면 편리하다. 인터넷으로 간편하게 예약할 수 있는 대표적인 웹사이트는 아래와 같다. 모두 한국어를 지원한다.

대표적인 숙박 예약 웹사이트

부킹닷컴(호텔과 호스텔) www.booking.com
호텔스닷컴(호텔) www.hotels.com
아고다(호텔) www.agoda.co.kr
호스텔월드(호스텔) www.hostelworld.com
에어비앤비(숙박 공유) www.airbnb.co.kr

예약 주의 사항

■ 온라인 예약 시 화폐 단위를 설정할 수 있다. 한국에서 접속하면 기본적으로 한국 원화 단위로 요금을 확인하고 결제하는데, 이렇게 할 경우 원화 → 유로화 → 원화의 단계를 거쳐 결제하는 셈이므로 수수료와 환차손이 이중으로 발생한다. 반드시 유로화로 설정을 저장한 뒤 조회 및 결제하기 바란다. 포린트화로 설정할 경우 포린트화 → 유로화 → 원화의 단계를 거치므로 손해다.

■ 취소 가능 기한과 수수료 등 중요한 요금 규정은 모두 사전에 고지된다.

■ 예약 사이트에서 소액의 수수료만 결제하고 나머지 차액은 현장에서 지불하거나 전액 선결제하는 경우 또는 전액 현장 결제하는 경우 등 지불 방법은 모두 다르다.

■ 특별히 언급되지 않은 이상 현장에서 신용카드 결제가 가능하다. 그러나 호스텔이나 저가 호텔에서는 갑자기 카드 단말기가 고장 났다는 등의 이유로 현금을 요구하기도 하니 비상금은 필수다.

SLEEPING 02
부다페스트 지역별 숙박 가이드

여행의 테마와 동선에 따라 최적의 숙박 포인트가 달라지기 마련.
그 가이드라인을 정리한다.

야경 여행에 최적화된 곳

부다페스트의 아름다운 밤풍경을 보려면 늦은 밤까지 돌아다녀야 하므로 시내 중심부에 묵으면 안전하다. 데아크 페렌츠 광장과 성 이슈트반 대성당 부근이 가장 좋다. 특히 성 이슈트반 대성당 부근에는 저렴한 호스텔과 한인 민박도 있어 선택의 폭이 넓다.

밤 문화를 즐기기 좋은 곳

루인 펍으로 대표되는 부다페스트의 밤 문화를 즐기려면 새벽에 다소 흉흉한 거리를 오가야 한다. 따라서 루인 펍이 모여 있는 곳에서 숙박하는 게 가장 좋다. M2호선 Blaha Lujza tér 또는 Astoria역 부근이 해당된다.

온천 여행에 최적화된 곳

온천을 즐기고 난 뒤 젖은 수영복이나 수건 등을 가지고 돌아와야 하니 숙소가 가까울수록 좋다. 세체니 온천에 가려면 언드라시 거리 부근에, 겔레르트 온천에 가려면 중앙 시장 부근에서 찾아보자. 중앙 시장 부근에 저렴한 호스텔과 한인 민박이 있다.

다음 이동이 편리한 곳

켈레티 기차역과 델리 기차역은 지하철 M2호선, 뉴거티 기차역과 버스 터미널 및 공항은 M3호선 라인에 숙소를 두는 것이 좋다. 두 노선의 환승역인 데아크 페렌츠 광장은 심지어 공항버스 정류장까지 있어 최고의 위치라 할 수 있다.

STEP 06
SLEEPING

SLEEPING 03
강변의 고급 호텔 BEST 3

방에서 다뉴브강이 보이는 강변의 고급 호텔.
저자 마음대로 선정한 BEST 3!

그레샴팰리스호텔

1 그레샴 팰리스 호텔 180p
건물 자체가 문화유산인 초고가 럭셔리 호텔. 세체니 다리 바로 정면에 있어서 강과 그 너머 부더성, 어부의 요새의 전망이 탁월하다.

2 노보텔 다뉴브 271p
다뉴브강과 국회의사당의 전망이 그림 같은 곳. 강변의 고급 호텔 중 가격도 합리적인 편이다.

노보텔 다뉴브

3 힐튼 호텔 270p
엄밀히 말해 강변에 있는 호텔은 아니지만, 어부의 요새에 자리 잡고 있어 시야를 가리지 않고 강 건너편까지 탁 트인 전망이 펼쳐진다.

힐튼 호텔

(SLEEPING 04)
피로가 풀리는 **스파 호텔 BEST 3**

온천 도시 부다페스트에 어울리는, 스파를 즐길 수 있는 고급 호텔.
저자 마음대로 선정한 BEST 3!

겔레르트 호텔

코린티아 호텔

코르비누스 호텔

1 겔레르트 호텔 269p

부다페스트의 유명 온천이 호텔 내에 있는 곳. 일부러 관광객이 찾아오는 곳이니 이보다 나은 스파 호텔은 존재할 수 없다.

2 코린티아 호텔 205p

호텔이 처음 존재한 1800년대 말부터 내부에 스파가 있었다. 그야말로, 가장 역사적인 스파 호텔이다.

3 코르비누스 호텔 179p

시내 중심부의 고급 호텔. 스파가 주는 아니지만, 투숙객이 편안하게 이용할 수 있는 고급 스파가 함께 제공된다.

> SLEEPING 05

오랜 전통을 잇는
역사적인 호텔
BEST 3

존재 자체가 부다페스트의
역사가 되는 특별한 의미를
가진 호텔.
저자 마음대로 선정한 BEST 3!

아스토리아 호텔

1 아스토리아 호텔 238p

1914년부터 지금의 모습과 크게 다르지 않은 호텔이었다. 한 세기 전의 호텔 분위기를 느낄 수 있다.

2 페슈트 부더 호텔 270p

1696년부터 역사가 시작되는, 부다페스트에서 가장 오래 된 호텔이다. 지금은 고급스럽고 세련된 인테리어를 갖춘 부티크 호텔이다.

페슈트부더 호텔

3 부다 바 호텔 181p

호텔이 있는 건물은 오스트리아 황족의 소유였다. 1900년대 초반 가장 호화롭고 아름다운 건물에서 묵을 수 있다.

부다 바 호텔

SLEEPING 06
실속 여행자를 위한
중저가 호텔
BEST 3

고급 호텔, 스파 호텔, 다 좋다.
그런데 비싸다. 알뜰한 여행자를 위한
실속 있는 중저가 호텔.
저자 마음대로 선정한 BEST 3!

더 매거진 호텔

SOUS44 호텔

12 레버이 호텔

1 더 매거진 호텔 181p
시크한 느낌의 인테리어가 돋보이는 아담한 호텔. 위치가 매우 좋고 가격도 합리적이어서 인기가 높다.

2 SOUS44 호텔 237p
건물이 매우 낡아서 첫인상이 흉흉하지만 일단 호텔에 들어가면 깔끔하고 깨끗한 인테리어에 만족하게 된다.

3 12 레버이 호텔 207p
시설이 무난하고 위치와 전망이 괜찮은 3성급 호텔. 분위기도 아늑해서 조용하게 묵을 수 있다.

SLEEPING 07

호텔을 대신하는 호스텔 BEST 3

호스텔 중에서도 개인실이 편안해 호텔을 대신할 수 있는 곳.
저자 마음대로 선정한 BEST 3!

그레거슨 아트 포인트 호스텔

풀 문 호스텔

팔스 호스텔

1 그레거슨 아트 포인트 호스텔 241p

신형 엘리베이터가 딸린 현대식 건물에 호텔식 구조를 갖추어 저렴한 호텔에서 자는 기분이 든다.

2 풀 문 호스텔 211p

왁자지껄한 호스텔이지만 개인실 만큼은 디자인 호텔을 보는 것처럼 세련된 감각이 돋보인다.

3 팔스 호스텔 182p

개인실과 아파트먼트도 좋은 평가를 받고 있으며, 위치도 좋다. 호텔보다 불편한 건 어쩔 수 없지만 가격도 그만큼 저렴하다.

> SLEEPING 08

배낭여행의 동반자 **호스텔 BEST 3**

도미토리에서의 숙박도 나쁘지 않은 인기 호스텔.
저자 마음대로 선정한 BEST 3!

움밧 호스텔

애비뉴 호스텔

힙스터 호스텔

1 움밧 호스텔 208p

대형 프랜차이즈가 아님에도 불구하고 자신들의 호스텔 공식을 만들어 인정받은 움밧 호스텔은 단연 최고 호스텔이다.

2 애비뉴 호스텔 209p

파티 호스텔 분야에 있어서 언제나 첫손에 꼽히는 곳. 파티 분위기가 '너무' 좋아서 호불호가 갈릴 정도다.

3 힙스터 호스텔 240p

조용한 분위기와 넓은 공간, 약간 부족하지만 특별히 흠잡을 곳은 없는 미니 호스텔의 정석이다.

SLEEPING 09
친구처럼 안심되는 **한인 민박**

낯선 땅에서 말이 통하는 사람을 만난다는 것, 그리고 도움을 청할 그 지역 전문가가 있다는 것. 한인 민박이 주는 장점이다. 부다페스트의 한인 민박은 자체 투어를 진행하는 등 한국인 여행자를 위한 다양한 서비스를 제공해 인기가 높다.

한인 민박의 장점

"매운 거 먹고 싶은데 어디가 맛있어요?", "오늘 비 오는데 실내에서 놀만한 곳 있나요?", "여기서 프라하로 넘어갈 건데 뭐 타고 가는 게 편해요?", "유심 개통해야 되는데 어디로 가요?", "근처 슈퍼마켓 지금 열어요?" 등 여행지에서 꼭 필요한 질문을 한국어로 물어보면 부다페스트 지리와 정보에 빠삭한 전문가가 친절하게 답해 준다. 다른 한국인 여행자와 안면을 트고 여행 정보를 공유하거나 동행을 구할 수 있다. 이런 장점은 오직 한인 민박에서만 제공한다.

특히 낯선 언어와 화폐 등 부다페스트의 낯선 환경은 막연한 어려움을 느끼게 할 수 있는데, 한인 민박은 마치 친구처럼 편하게 지내며 그 낯선 감정을 잊게 만들어줄 것이다. 한국인 여행자의 취향을 누구보다 잘 알기 때문에 불편을 최소화하려고 꼼꼼하게 신경 쓴 흔적도 느껴진다.

유로 부다페스트

좋은가부다

부다페스트 대표 한인 민박

이 책에서는 유로 부다페스트(183p)와 좋은가부다(239p) 두 곳의 한인 민박을 소개하고 있다. 유로부다페스트는 경험 많은 가이드 출신의 사장님이 인솔하는 자체 투어가, 좋은가부다는 한식조리사자격증을 가진 사장님이 매일 아침 차려 주는 맛있는 한식이 강력한 경쟁력으로 꼽힌다.

유로부다페스트는 성 이슈트반 대성당 부근에 있어 어지간한 관광지는 모두 걸어갈 수 있다는 장점이 있고, 좋은가부다는 중앙 시장 부근에 있어 온천과 쇼핑이 편하고 지하철역 부근이라 시내로 쉽게 이동할 수 있는 장점이 있다. 모두 널찍한 개인 공간을 확보한 객실과 주방 및 휴게 공간, 충분한 샤워 공간을 기본적으로 갖추고 있다. 이 외에도 우측에 정리된 한인 민박이 부다페스트에서 유명하다.

부다민박

Data 가는 법 M1호선 Bajcsy-Zsilinszky út역 하차
주소 Budapest, Andrássy út 6
전화 1-951-9243
홈페이지 www.budapension.com

최고집민박

Data 가는 법 M3호선 Ferenciek tere역 하차
주소 Budapest, Petőfi Sándor u. 10
전화 30-622-4391
홈페이지 www.budabest.co.kr

한인 민박 투어

부다페스트 한인 민박은 자체 투어(유료)를 진행한다. 야경 투어, 워킹 투어 등 종류도 다양하고, 다뉴브 벤드(298p) 등 근교 투어까지 진행하는 곳도 있다. 투어 인원을 소수로 제한하고 전용 차량을 이용하며 수신기를 제공하는 등 전문적인 수준의 가이드 투어로 인기가 높다. 민박에서 즉석 신청 가능하다. 물론 홈페이지를 통한 예약도 가능하고, 투숙객이 아니어도 참여할 수 있다.

BUDAPEST BY AREA

부다페스트 지역별 가이드

01 페슈트 중심부
02 페슈트 북부
03 페슈트 남부
04 부더
05 오부더 & 머르기트

Budapest By Area
01

페슈트 중심부
Pesti Központ

어디를 찍어도 엽서가 되고 예술이 되는
부다페스트의 가장 아름다운 중심부.
도시의 대표 아이콘인 국회의사당을 비롯
성 이슈트반 대성당 등 웅장한 건축과 문화유산,
다뉴브강의 평화로운 풍경을 벗하는 산책로,
사람들로 붐비는 번화한 광장과 쇼핑가 등
골목마다 자리 잡은 여행의 재미에
나도 모르게 푹 빠져든다.

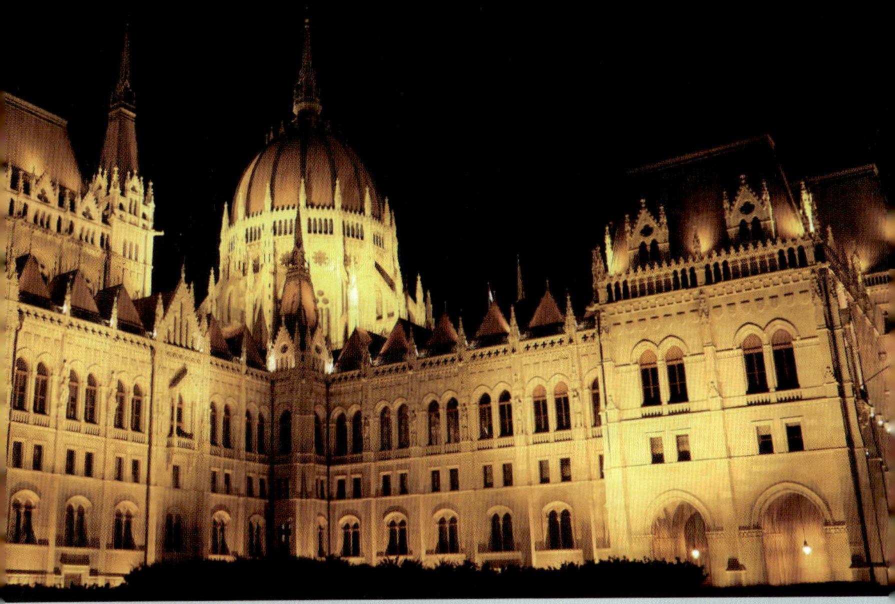

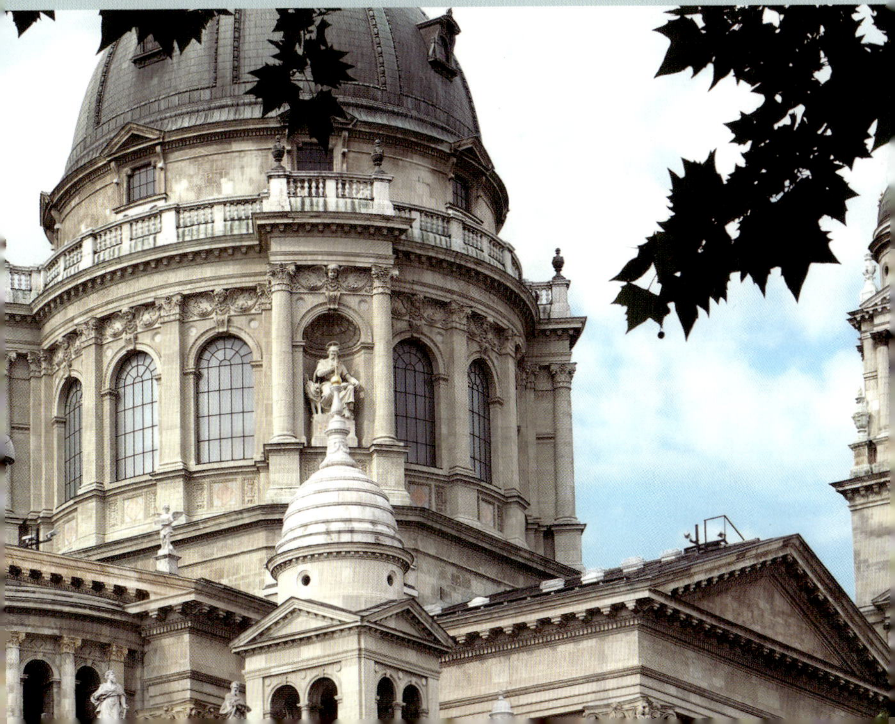

BUDAPEST BY AREA 01
페슈트 중심부

Pesti Központ
PREVIEW

데아크 페렌츠 광장은 부다페스트 여행의 시작과 끝이나 마찬가지. 관광객은 물론 현지인까지 가득한 번화가에 국회의사당 등 아름다운 관광 명소가 즐비하다. 골목 구석구석 맛집과 전통 카페에서 배를 채우고, 산뜻한 쇼핑가와 강변의 산책로를 거닐다 보면 하루가 부족하다.

SEE

국회의사당과 성 이슈트반 대성당이 양대 산맥. 여기에 다뉴브 강변 건너편으로 보이는 부다성의 풍경도 놓칠 수 없다. 역사적인 의미를 갖는 중요한 기념비도 곳곳에 있어 부다페스트를 이해하는 데에 도움이 된다. 모든 볼거리는 크고 작은 광장과 활기찬 거리로 연결된다.

EAT

중심부 전체가 먹자골목이라 해도 과언이 아닐 정도로 레스토랑, 펍, 카페, 패스트푸드 등이 즐비하다. 특히 뵈뢰슈머르티 광장 주변, 성 이슈트반 대성당 주변은 한 블록마다 인기 맛집이 있을 정도.

SLEEP

전망이 매우 빼어난 중심부인 만큼 값비싼 고급 호텔이 주를 이룬다. 그러나 골목 사이사이에 저렴한 호스텔과 한인 민박도 있어 선택의 폭이 넓다.

BUY

현지인도 즐겨 찾는 번화가이므로 유명 의류 숍, 편의점 등 가볍게 쇼핑할 곳이 많다. 기념품 가게도 많이 있어 헝가리 특산품을 구경하기에도 좋다.

 어떻게 갈까?

　　데아크 페렌츠 광장은 지하철 3개 노선이 교차하고 공항버스도 정차하는 교통의 중심이다. 국회의사당과 뵈뢰슈머르티 광장 등 중심부 안쪽까지도 지하철로 편하게 연결되며, 데아크 페렌치 광장에서 기차역이나 다뉴브강 건너편으로 가는 버스도 편하게 이용할 수 있다.

 어떻게 다닐까?

　　여행의 시발점이 되는 데아크 페렌츠 광장부터 중심부의 모든 장소는 도보로 이동이 가능하다. 광장과 거리의 풍경을 즐기며 열심히 걷자. 특히 다뉴브 강변은 수십 분 동안 걷기만 해도 눈이 쉴 틈이 없을 정도로 풍경이 근사하다.

Pesti Központ
ONE FINE DAY

중심부는 넓지 않은 편이지만 볼거리가 많고, 특히 풍경이 너무 아름다워 하염없이 바라보게 만드는 장소가 많아 시간을 많이 요한다.

데아크 피렌츠 광장에서 여행 시작

→ 도보 5분

성 이슈트반 대성당의 내부와 전망대까지 알차게 관광

→ 도보 2분

서버드샤그 광장과 주변에서 동구권 분위기를 느껴 보기

↓ 도보 5분

다뉴브 산책로를 거닐며 3월 15일 광장까지 이동하기

← 도보 10분

다뉴브 강변의 아름다운 풍경을 바라보며 세체니 이슈트반 광장으로 이동

← 도보 10분

말로 표현할 수 없는 국회의사당의 위엄을 감상하기

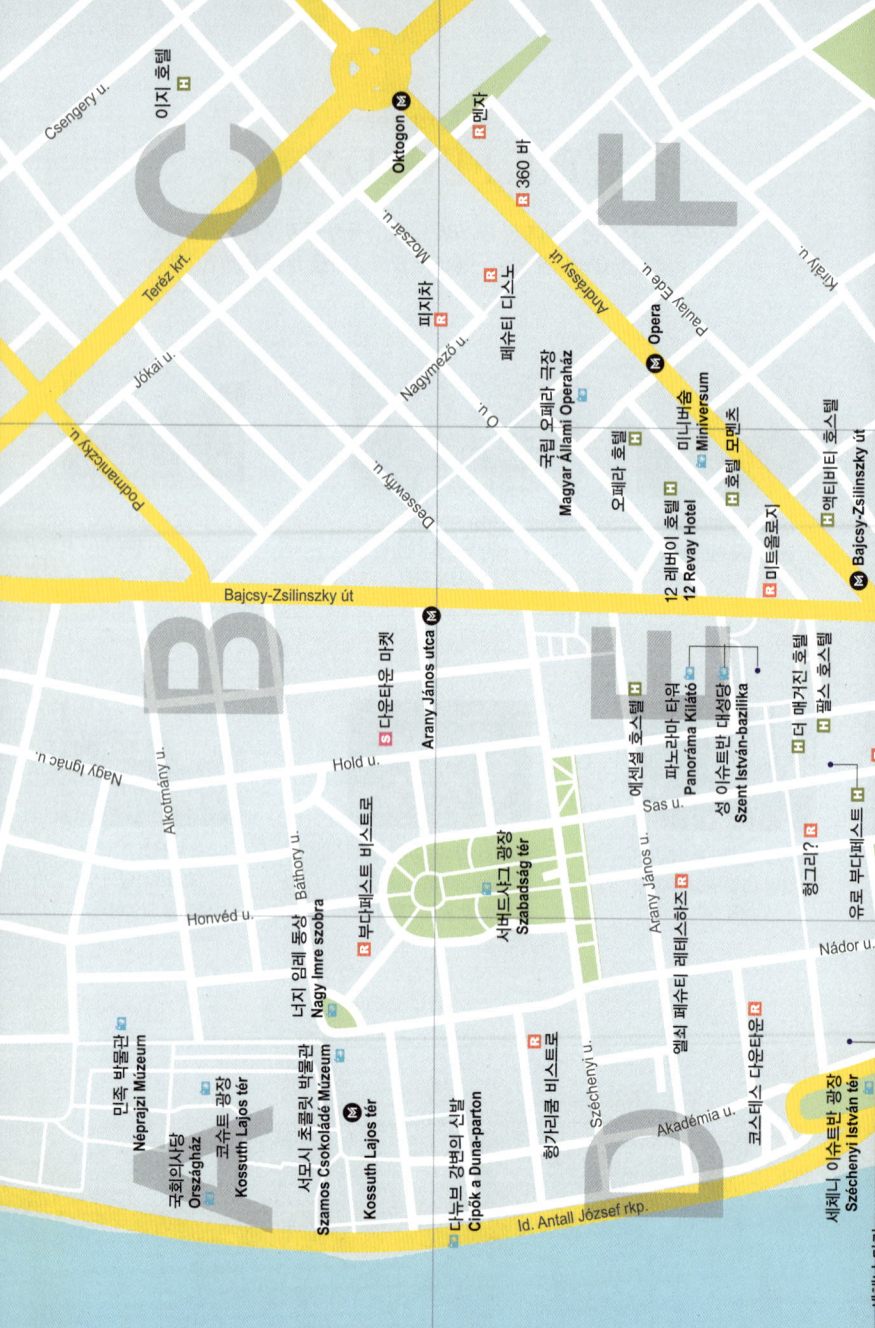

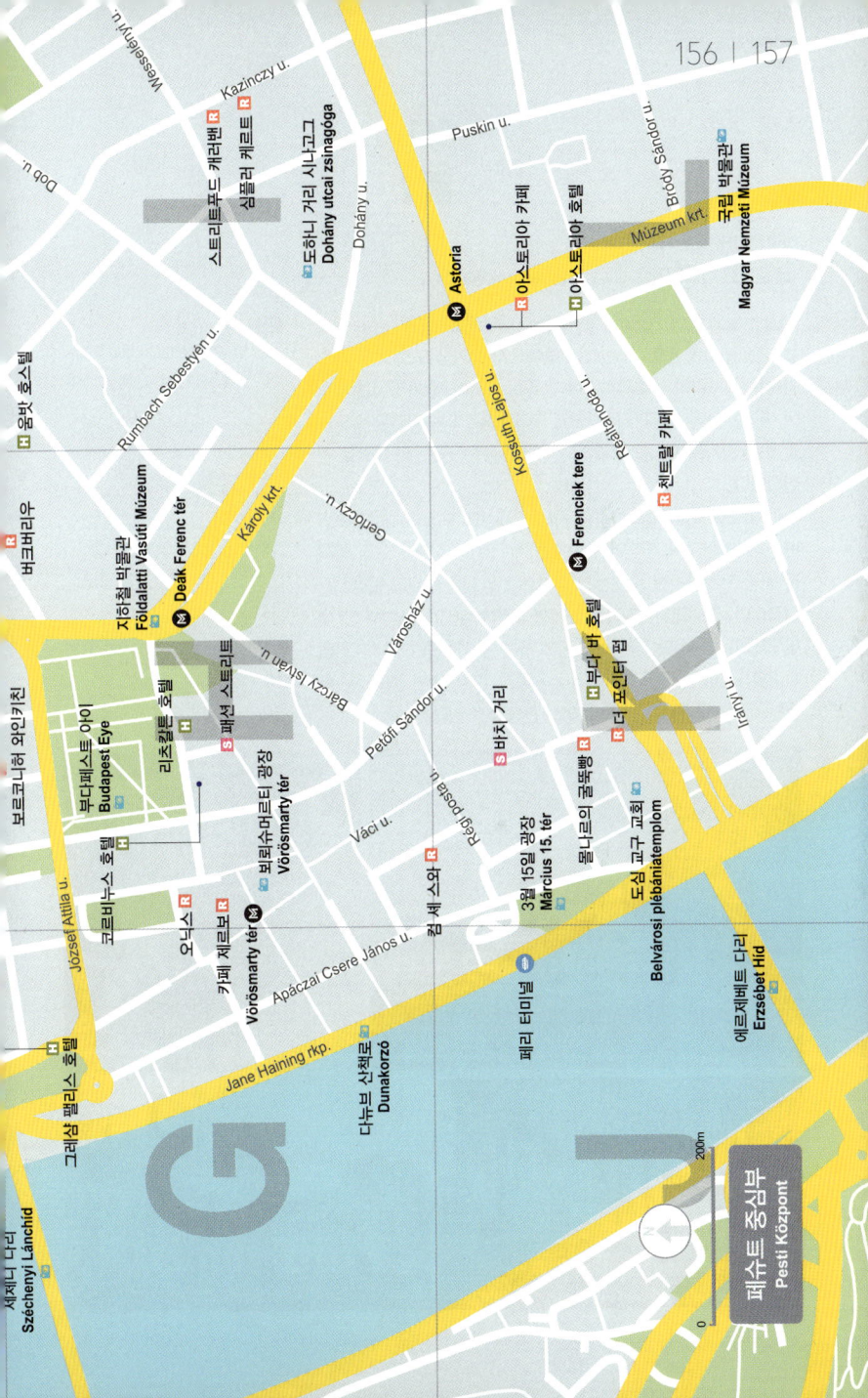

SEE

이렇게 아름다운 국회라니!
국회의사당 Országház | Parliament Building

단일 건물의 길이 268m, 폭 123m, 내부에 691개의 방이 있고 높이는 96m에 달한다. 한눈에 들어오지 않을 정도로 거대한 이 건물은 헝가리의 국회의사당이다. 오스트리아-헝가리 이중제국이 출범한 이후 지위가 격상되고 부다페스트라는 거대한 수도를 갖게 된 헝가리는 이를 자축하며 국가의 상징이 될 랜드마크로 건설하였다.

숨이 멎도록 아름답고 웅장한 자태를 세상에 드러낸 것은 1905년. 헝가리의 건축가 임레 슈타인들Imre Steindl이 네오고딕 양식을 바탕으로 곳곳에 르네상스와 바로크 양식을 버무려 탄생시킨 걸작이다. 국회의사당이라는 상징성 때문에 경비가 삼엄하지만 내부 입장도 가능하며, 궁전을 연상케 하는 황금빛 찬란한 내부 인테리어와 1천여 년 동안 헝가리의 국왕에게 수여되었던 성스러운 왕관Szent Korona 등을 가이드 투어로 관람할 수 있다.

Data 지도 156p-A
가는 법 지하철 M2호선과 2번 트램 Kossuth Lajos Tér 역 하차
주소 Budapest, Kossuth Lajos tér 1-3
전화 1-441-4000
운영 시간 08:00~18:00 (11~3월 ~16:00),
영어 투어 시작 10:00·12:00·12:30·13:30·14:30·15:30
요금 성인 6,700포린트, 학생 3,500포린트
홈페이지 www.parlament.hu

 |Plus|

국회의사당 전망 좋은 곳

국회의사당은 '인생샷'을 건질 수 있는 최고의 배경이다.
여기 국회의사당 전망이 빼어난 네 곳의 장소를 따로 모았다.

1. 버차니 광장 262p

국회의사당의 강 건너 맞은편에 해당되는 곳. 강변 산책로 난간이 있어 국회의사당을 배경으로 사진 찍기 좋고 삼각대가 없어도 야경 사진을 근사하게 찍을 수 있다. 산책로 주변은 자동차 도로이므로 길을 건널 때 꼭 주의하자.

2. 머르기트 다리 283p

한국인은 잘 가지 않지만 국회의사당과 맞은편 부더성까지 한눈에 들어오는 전망이 매우 좋은 곳이다. 다리의 통행로가 좁아 인물 사진 찍기에 불편은 있으나 셀피스틱을 이용해 자신의 사진을 남기기에 무리가 없다.

3. 어부의 요새 254p

다뉴브강 맞은편 언덕 위에 있는 어부의 요새는 국회의사당의 가장 유명한 구도가 보이는 장소다. 어부의 요새 자체로도 유명한 관광지이기에 반드시 찾아가게 되는 곳이며, 요새의 테라스에 걸터앉아 사진을 찍기 좋다.

4. 유람선 057p

가장 웅장한 외관을 가장 가까이에서 볼 수 있는 장소는 다뉴브강 위. 부다페스트의 모든 유람선은 국회의사당 앞을 지나간다. 낮과 밤에 상관없이 건물이 정면으로 보일 때 사진을 찍어 보자. SNS용 인생샷을 남길 수 있다.

기념비 박물관
코슈트 광장 Kossuth Lajos tér | Kossuth Square

국회의사당의 앞마당. 오스트리아 지배에 있던 헝가리를 오스트리아와 대등한 위치로 올려 준 1848년 헝가리 혁명의 지도자 코슈트 러요시의 이름을 땄으며, 코슈트 광장으로 줄여 부른다. 1956년 헝가리 혁명 당시 많은 시민이 사살당한 비극적 현장이기도 하다.

국회의사당을 보기 위해 자연스럽게 코슈트 광장을 밟게 되지만, 사실 이곳은 기념비 박물관이라 불러도 좋을 정도로 헝가리 역사에 위대한 족적을 남긴 영웅들의 기념비가 곳곳에 놓여 있다. 코슈트 러요시는 물론, 오스트리아에 항거하는 반란을 일으킨 귀족 라코츠 페렌츠 2세II. Rákóczi Ferenc, 언드라시 거리를 만든 총리 언드라시 줄라Andrássy Gyula 등 헝가리의 민족주의적 관점에서 늘 가장 먼저 언급되는 상징적 위인들을 볼 수 있다. 군인이 광장 중앙에 게양된 헝가리 국기 주변을 호위하며 돌고 있는 모습도 눈길을 끈다.

Data 지도 156p-A **가는 법** 국회의사당 정면 **운영 시간** 24시간

라코츠 페렌츠 2세 동상

헝가리 국기 게양대

언드라시 줄라 동상

코슈트 기념비

돌의 무덤
라피다리움 Lapidarium | Lapidarium

코슈트 광장 북쪽 지하의 환기용 터널은 라피다리움이라는 이름의 작은 전시관으로 사용된다. 이곳은 국회의사당을 장식했던 지붕이나 기둥의 잔해를 모아 놓은 곳이다. 코슈트 광장을 복원하는 과정에서 광장과 국회의사당 건물의 역사를 알려 주려는 목적으로 간단한 전시관을 만들었다. 한때 화려한 국회의사당을 장식하였을 돌의 잔해가 지하에 무덤처럼 진열되어 역사를 증언한다.

Data 지도 162p
가는 법 코슈트 광장 북쪽에 위치
운영 시간 10:00~18:00
요금 무료

반드시 기억해야 할 역사
1956년 헝가리 혁명 기념관 In Memoriam 1956. október 25.

제2차 세계대전 이후 공산주의 정권이 들어선 헝가리에서 1956년 대대적인 민주화 운동이 벌어졌다. 소련은 15만 명의 군대를 보내 무력으로 이를 진압하였으며, 이 과정에서 수천 명의 시민이 총과 탱크에 목숨을 잃었다. 코슈트 광장에서도 수많은 시민이 희생되었다. 광장 남쪽 지하의 환기 터널은 당시 혁명의 역사를 생생하게 보여준다. 특히 가운데를 도려낸 헝가리 국기는 당시 동구권 국가에서 민주화 운동의 상징처럼 사용되었기에(국기에서 공산주의 상징을 제거한 것) 더욱 뜻깊다.

Data 지도 162p
가는 법 코슈트 광장 남쪽에 위치
운영 시간 10:00~18:00
요금 무료

국회의사당에 뒤지지 않는 웅장함

민족 박물관 Néprajzi Múzeum | Museum of Ethnography

코슈트 광장 맞은편에 위치한 민족 박물관은 국회의사당 못지않게 화려하고 웅장한 건축미를 자랑한다. 1973년 국립 박물관에서 분리되면서 문을 열었으며, 헝가리의 민속 관련 자료들을 전시했다. 아쉽게도 2017년 전시회를 끝으로 문을 닫았지만 신고전주의 양식의 아름다운 건물은 여전히 그 매력을 뽐내고 있다. 민족 박물관은 2023년 시민공원(196p) 부근으로 이전할 계획이다.

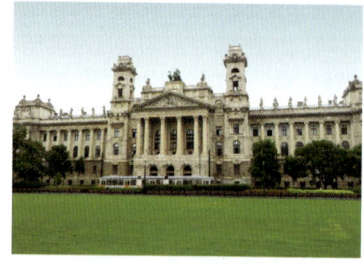

Data **지도** 156p-A **가는 법** 국회의사당 맞은편
주소 Budapest, Kossuth Lajos tér 12 **전화** 1-473-2400 **홈페이지** www.neprajz.hu

|Talk|

국회의사당 주변 이정표

거대한 국회의사당을 둘러싼 코슈트 광장의 각종 기념비와 지하 박물관을 어떻게 찾아야 할까? 여기 한 장의 지도로 이정표를 제시한다.

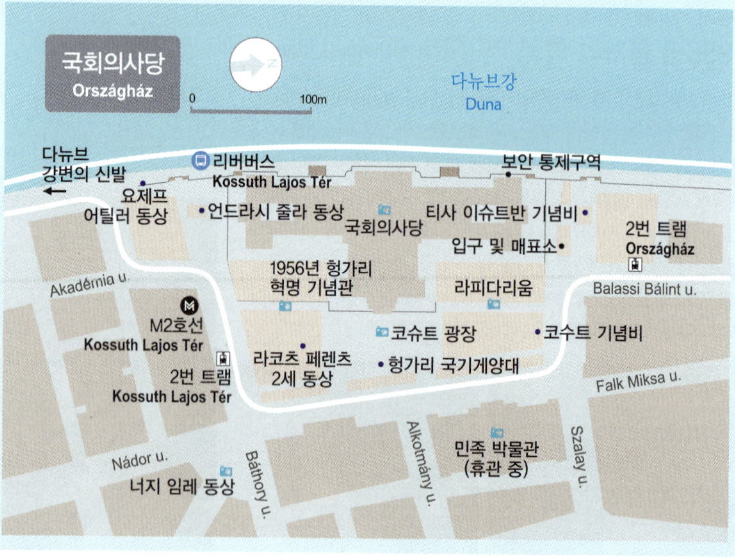
국회의사당
Országház
0
100m
다뉴브강
Duna
다뉴브 강변의 신발
리버버스
Kossuth Lajos Tér
보안 통제구역
요제프 어틸러 동상
언드라시 줄라 동상
국회의사당
티사 이슈트반 기념비
2번 트램
Országház
입구 및 매표소
1956년 헝가리 혁명 기념관
라피다리움
Akadémia u.
Balassi Bálint u.
M2호선
Kossuth Lajos Tér
코슈트 광장
코슈트 기념비
라코츠 페렌츠 2세 동상
헝가리 국기게양대
2번 트램
Kossuth Lajos Tér
Falk Miksa u.
Alkotmány u.
민족 박물관 (휴관 중)
Szalay u.
Nádor u.
Báthory u.
너지 임레 동상

야만적인 시대를 기억하는
다뉴브 강변의 신발
Cipők a Duna-parton | Shoes on the Danube Bank

제2차 세계대전 당시 헝가리는 소위 추축국의 일원으로 나치 독일의 편에 서서 연합군과 싸웠다. 특히 전쟁 말기인 1944년 이후 집권한 화살십자당Nyilaskeresztes Párt은 반유대주의를 주장하며 나치에 적극 협력한 파시즘 정당으로, 나치 못지않게 유대인 학살에 직접적으로 가담했다. 약 2만 명의 유대인이 화살십자당의 민병대에게 단지 인종을 이유로 사살되었다. 민병대는 유대인을 다뉴브 강변에 세운 뒤 신발을 벗게 했고, 총으로 쏘아 강에 빠트렸다. 주인 잃은 신발만 강변에 남아 있었을 그 야만적인 시대를 기억하기 위해 2004년 영화감독 잔 토가이Can Togay가 조각가 파우어 줄라Pauer Gyula와 함께 '주인 잃은 신발'을 형상화한 기념비를 강변에 설치했다. 바로 다뉴브 강변의 신발이다. 아름다운 풍경에 취해 하염없이 걷다가 갑자기 덩그러니 놓인 신발이 보인다면, 이 평화로운 강변에서도 잔혹한 범죄가 벌어졌음을 기억해 주기 바란다. 신발 속에 추모의 의미를 담아 누군가가 채웠던 꽃과 촛불 등이 함께 한다.

Data 지도 156p-D
가는 법 국회의사당에서 도보 2분
주소 Budapest, Id. Antall József rkp.

BUDAPEST BY AREA 01
페슈트 중심부

부더와 페슈트의 연결 고리

세체니 다리 Széchenyi Lánchíd | Chain Bridge

아직 부다페스트라는 도시 대신 다뉴브강 서편의 부더와 동편의 페슈트가 존재하던 시절, 두 지역을 연결하는 최초의 다뉴브 다리로 1849년 세체니 다리가 건설되었다. 다리의 이름은 건설을 주도한 정치인 세체니 이슈트반Széchenyi István에서 유래한다. 1848년 헝가리 혁명 이후 한껏 높아진 민족의 자긍심을 건축물로 승화한 대표적인 사례이기도 하다. 당시 영국 런던 템스강에 해머스미스 브릿지Hammersmith Bridge라는 현수교를 만들었던 설계 기사 윌리엄 클락William Tierney Clark을 초빙하여 똑같은 현수교 방식으로 세체니 다리를 완성하였다. 다리의 건설로 부더와 페슈트는 더 가까워졌고 결과적으로 하나의 도시로 합쳐진 것이니 이 다리는 부더와 페슈트의 연결 고리이자 부다페스트의 산파라고 할 수 있겠다. 자동차와 보행자 모두 건널 수 있고, 다리 위에서 보이는 국회의사당이나 부더성의 전망도 근사하다. 사자 조각 4개가 다리의 양편을 지킨다.

Data 지도 157p-G
가는 법 16·105번 버스 Széchenyi István tér 또는 Clark Ádám tér 정류장 하차

한가로운 녹색 섬
세체니 이슈트반 광장
Széchenyi István tér | István Széchenyi square

페슈트 지구에서 세체니 다리와 맞닿은 광장이다. 세체니 다리 건설의 후원자 세체니 이슈트반의 이름을 땄으며, 군데군데 나무 그늘이 드리워진 한가로운 잔디밭으로 꾸며져 있다. 광장의 양끝에는 세체니 이슈트반과 데아크 페렌츠의 동상이 있다. 특이하게도 보행자 도로가 연결되지 않아 여기에 가려면 부득이하게 무단횡단을 해야 한다. 덕분에 마치 도심에 고립된 녹색 섬처럼 조용하고 아늑하다.

Data 지도 156p-D
가는 법 2번 트램 또는 15·16·104·115번 버스 Széchenyi István tér 정류장 하차

시인과 커피 한잔
뵈뢰슈머르티 광장 Vörösmarty tér | Vörösmarty Square

페슈트 지구에서도 번화가의 '배꼽'에 해당되는 중심지. 19세기 헝가리에서 시인이자 극작가로 왕성하게 활동한 미하이 뵈뢰슈머르티 Mihály Vörösmarty의 거대한 동상이 광장 중앙에 있다. 그의 시 〈소저트Szózat〉에 멜로디를 붙인 노래는 헝가리 제2의 국가로 여겨질 정도로 민족의 존경을 받는 시인이다. 카페 제르보 등 유서 깊은 카페가 광장에 있어 여행 중 커피 한잔하며 쉬어가기 좋다.

Data 지도 157p-H
가는 법 지하철 M1호선 Vörösmarty tér역 하차

페슈트 중심부

부다페스트에서 가장 큰 교회
성 이슈트반 대성당 Szent István-bazilika | St. Stephen's Basilica

부다페스트에서 가장 큰 교회인 성 이슈트반 대성당은 국회의사당과 비슷한 시기에 같은 목적으로 건설되었다. 헝가리의 높아진 위상을 자축하며 그에 걸맞은 대성당을 만들고, 로마가톨릭의 성인으로 추대받은 헝가리 초대 국왕인 성 이슈트반의 이름을 붙였다. 그리스 십자가 모양의 터를 닦고 신고전주의 양식으로 아름다운 건물을 지어 내부를 대리석으로 화려하게 치장하였다. 머저르족이 헝가리 영토에 진출했던 896년을 비유한 96m 높이의 중앙 돔은 민족주의적 상징물이다.

엄숙한 내부는 무료(입구에서 300포린트 또는 1유로 헌금 권장)로 구경할 수 있고, 일반인의 출입이 통제된 구역은 가이드투어로 관람할 수 있는데 성 이슈트반의 손 미라를 보는 진귀한 경험을 선사한다. 또한 대성당에서 소장한 값진 보물은 별도의 보물관에서 유료로 전시한다.

Data 지도 156p-E
가는 법 지하철 M1호선 Bajcsy-Zsilinszky út역 또는 9번 버스 Szent István Bazilika 정류장 하차
주소 Budapest, Szent István tér 1 **전화** 1-311-0839
운영 시간 09:00~18:00, 투어 월~금 09:30~16:00, 보물관 10:00~16:30(7~9월 ~18:30)
요금 무료, 투어 성인 1,000포린트, 학생 800포린트, 보물관 성인 1,000포린트, 학생 800포린트
홈페이지 en.bazilika.biz 부다페스트 카드 25%

페슈트 시내가 한눈에
파노라마 타워 Panoráma Kilátó | Panorama Tower

성 이슈트반 대성당의 돔은 파노라마 타워라는 이름의 전망대로 사용된다. 그 이름 그대로 360도 파노라마로 주변 풍경을 조망할 수 있는데, 성 이슈트반 대성당이 국회의사당과 함께 시내에서 가장 높은 건물이기 때문에 어부의 요새와 부더성 등 다뉴브강 건너편까지 보이는 탁 트인 전망이 매우 시원하다. 전망대에 오르는 길은 크게 두 가지, 엘리베이터와 계단이다. 누구나 엘리베이터로 오를 것 같지만, 수용 인원 4~5명의 작은 엘리베이터를 한 번 갈아타야 해 성수기에 대기 시간이 길어 300개 이상의 계단을 기꺼이 오르는 여행자도 많다. 엘리베이터를 갈아타는 구역에는 소박한 사진 전시회도 열린다. 페슈트 중심지 한복판에 있는 전망대인 만큼 부다페스트의 번화가인 페슈트 지구의 풍경이 한눈에 들어와 어부의 요새 등 유명한 전망대와는 느낌이 사뭇 다르다.

Data 지도 156p-E **가는 법** 성 이슈트반 대성당에 위치
주소 Budapest, Szent István tér 1 **운영 시간** 10:00~18:30(4·5~10월 ~17:30, 11~3월 ~16:30)
요금 성인 1,000포린트, 학생 800포린트 **부다페스트카드 15%**

유럽 대륙 최초의 지하철
지하철 박물관 Földalatti Vasúti Múzeum | Underground Railway Museum

1896년 개통하여 유럽 대륙 최초의 지하철로 꼽히는 부다페스트의 지하철 역사를 전시한 박물관이 데아크 페렌츠 광장 지하에 있다. 옛 모습의 지하철역을 복원한 공간에 개통 당시 운행한 객차와 사진 자료, 지하철역에서 떼어낸 현판 등 100년이 넘는 지하철의 역사가 알차게 전시되어 있다. 특히 개통식에 참석한 당시 오스트리아-헝가리 이중제국의 황제 프란츠 요제프가 직접 시승했던 객차도 포함되어 있어 더욱 주목받는다.

Data 지도 157p-H
가는 법 M1~3호선 및 다수의 트램과 버스 Deák Ferenc tér역 하차
주소 Budapest, Erzsébet tér 14 **전화** 1-461-6500
운영 시간 화~일 10:00~17:00 월 휴무 **요금** 성인 350포린트, 학생 280포린트, 사진 촬영 500포린트 **홈페이지** www.bkv.hu

💬 |Talk|
밀레니엄 지하철

1863년 런던, 1875년 이스탄불에 이어 1896년 개통된 부다페스트의 지하철은 세계에서 세 번째로 개통된 지하철이며, 유럽 대륙으로 보면 가장 최초로 개통된 지하철이다. 당시 런던과 이스탄불의 지하철은 철도가 지하 터널로 다니는 방식이었던 반면, 부다페스트의 지하철은 전기로 운행하는 오늘날의 지하철과 같은 방식이었기 때문에 실질적으로 '세계 최초의 지하철'이라 불러도 큰 무리가 없다.

언드라시 거리(190p)의 조성에 발맞추어 그 지하에 전철을 개통하는 획기적인 발상이었고, 총 11개의 역으로 구성되어 있다. 헝가리 건국 1천년을 기념하여 개통했기에 밀레니엄 지하철이라는 별명이 붙었으며, 그 역사성을 인정받아 유네스코 세계 문화유산에 포함되어 있다.

런던 아이가 부럽지 않은
부다페스트 아이 Budapest Eye

런던 템스 강변에 있는 대관람차 런던 아이London Eye처럼 부다페스트에도 시내를 여유롭게 관람할 수 있는 대관람차 부다페스트 아이가 있다. 데아크 페렌츠 광장 부근에 있어 대관람차가 하늘 높이 올라가면 시내가 한눈에 보이며, 다뉴브강 건너 부더성까지 잘 보인다. 밤에도 운행하므로 연인 또는 가족과 함께 낭만적인 야경을 구경하기에도 좋은 장소다.

Data **지도** 157p-H **가는 법** 데아크 페렌츠 광장에서 도보 2분 **주소** Budapest, Erzsébet tér **전화** 70-636-0629 **운영 시간** 10:00~24:00(월·화 ~23:00, 금·토 ~01:00) **요금** 성인 3,000포린트, 학생 2,700포린트, 대기 시간 없는 패스트 트랙 3,900포린트 **홈페이지** www.oriaskerek.com

어린 왕자, 트램, 부더성
다뉴브 산책로 Dunakorzó | Danube Promenade

세체니 다리와 에르제베트 다리(258p) 사이의 다뉴브 강변에 조성된 보행자 전용 거리. 부다페스트에서 두 번째로 크고 약 200년의 역사를 가진 공연장 비거도Vigadó 주변이 산책로의 중심이다. 여기서 부더성을 바라보는 전망이 매우 시원하고, 어린 왕자 조형물 등 눈을 즐겁게 하는 재기발랄한 장치가 곳곳에 함께 한다. 산책로 바로 옆으로 노란 트램이 다녀 더욱 운치를 더한다.

Data **지도** 157p-G **가는 법** 뵈뢰슈머르티 광장에서 도보 2분

다뉴브 사랑방
3월 15일 광장 Március 15. tér | March 15. Square

기분 좋게 걸을 수 있는 다뉴브 산책로의 끝에 사랑방 같은 깔끔한 공원이 있다. 현지인에게도 만남의 광장처럼 사용되는 이곳은 3월 15일 광장. 1848년 헝가리 혁명이 일어난 3월 15일을 기리는 지명이다. 큰 동상의 주인공인 페퇴피 산도르Petőfi Sándor는 혁명의 불씨를 만든 민족주의 시인이었으며, 혁명이 일어나자 직접 최전선에 뛰어들었다가 26세의 젊은 나이로 요절한 위인이다.

Data 지도 157p-K
가는 법 2번 트램 Március 15. tér 하차 후 도보 2분

페퇴피 산도르 동상

부다페스트에서 가장 오래된 교회
도심 교구 교회 Belvárosi plébániatemplom | Inner City Church

겔레르트 언덕으로 이름이 친숙한 성자 겔레르트(261p)가 사망한 뒤 작은 교회에 안장되었다. 이 자리에 헝가리 국왕의 명으로 1053년 큰 교회가 세워진 것이 도심 교구 교회의 출발이며, 따라서 부다페스트에서 가장 오래된 교회로 꼽힌다. 그러나 이후 수많은 훼손이 반복되어 번번이 복원의 과정을 거쳐야 했고, 그 때마다 교회가 확장되거나 건축 양식이 바뀌는 등 많은 변화가 있었다. 오늘날 바로크 양식에 기반을 둔 외관은 18세기에 새로 지어졌으며, 네오고딕 양식의 내부는 화려하지 않으나 격조 있다.

Data 지도 157p-K
가는 법 3월 15일 광장에 위치
주소 Budapest, Március 15. tér 2
전화 1-318-3108
운영 시간 08:00~19:00
(일요일 오후 예배 시간에는 입장 불가) 요금 성인 1,000 포린트, 학생 700포린트
홈페이지 www.belvarosiplebania.hu 부다페스트카드 20%

소비에트 전쟁 기념비

자유의 광장
서버드샤그 광장 Szabadság tér | Liberty Square

서버드샤그는 '자유'라는 뜻. 이 자리에 있던 병영 감옥을 허물고 1897년 광장을 조성했다. 제2차 세계대전 후 소련이 헝가리를 나치 독일로부터 해방시켜 주었다는 명목으로 1946년 소비에트 전쟁 기념비Szovjet Háborús Emlékmű를 세웠고, 그 모습이 오늘날까지 이어져 부다페스트 시내 한복판에 동구권 분위기가 물씬 풍기는 공간으로 자리매김했다.

오늘날 광장 주변은 증권거래소나 은행 등이 자리 잡은 가장 '럭셔리한' 번화가이며, 미국 대사관도 있어 일부 길거리의 통행이 통제되는 삼엄한 분위기도 느껴진다. 그런가 하면, 날씨가 좋을 때 분수에서 물을 맞으며 노는 아이들의 웃음소리도 들려 상반된 느낌이 공존한다. 광장 주변에 크고 작은 기념비나 동상이 설치되어 있어 한 바퀴 둘러보는 재미도 쏠쏠하다.

Data 지도 156p-E
가는 법 국회의사당 또는 성 이슈트반 대성당에서 도보 5분

|Talk|
환영받지 못한 기념비

소비에트 전쟁 기념비 외에 서버드샤그 광장에 또 하나의 큰 기념비가 있다. 홀로코스트 60주년을 맞아 2014년 설치된 독일 점령 희생자 기념비Német Megszállási Emlékmű는 그 이름 그대로 나치 독일에 의해 희생당한 사람의 넋을 기린다. 대천사장 가브리엘은 무고한 헝가리를, 그 위에서 가브리엘을 공격하는 독수리는 나치 독일을 은유한다.

독일 점령 희생자 기념비

하지만 의식 있는 헝가리인은 이 기념비의 설치를 격렬히 반대하였다고. 유대인 학살 등 헝가리에서 자행된 전쟁 범죄는 나치 독일에 동조한 헝가리 집권 세력이 저질렀는데 이를 독일의 탓으로 떠넘겨 국가의 책임을 회피하려는 속내라고 비판한 것이다. 기념비 주변에는 반대의 이유를 알리려는 흔적이 어지럽게 놓여 있다.

달콤한 박물관
서모시 초콜릿 박물관 Szamos Csokoládé Múzeum | Szamos Chocolate Museum

서모시Szamos는 서모시 마챠시Szamos Mátyás가 우수한 마지팬을 만들어 선풍적인 인기를 얻은 이래 케이크나 초콜릿 등 다양한 디저트를 만드는 헝가리의 대표 기업이다. 오늘날까지 서모시 가문이 대를 이어 운영하고 있다. 국회의사당 옆 서모시 카페에는 초콜릿 박물관도 있어 초콜릿 제조법이나 코코아의 역사부터 초콜릿을 향유하던 옛 방식까지 다양한 전시품을 볼 수 있다. 홈페이지에서 체험 투어를 예약하면 코코아가 초콜릿이 되기까지의 과정을 볼 수 있어 어린이에게 인기가 높다.

Data 지도 156p-A 가는 법 국회의사당 옆
주소 Budapest, Kossuth Lajos tér 10
전화 1-269-0216
운영 시간 10:00~18:00 요금 500포린트
(체험 투어는 프로그램마다 다름)
홈페이지 www.csokolademuzeum.hu

민족 영웅과 기념사진
너지 임레 동상 Nagy Imre szobra | Statue of Imre Nagy

너지 임레는 1953년 헝가리의 총리를 맡아 시장 경제주의에 입각한 개혁을 추진하였다. 하지만 스탈린주의자들의 반발로 실각하게 되고, 이것이 국민을 자극해 1956년 헝가리 혁명의 불씨가 된다. 혁명 이후 너지 임레는 다시 총리를 맡아 개혁을 추진하지만 소련의 부다페스트 침공으로 개혁은 실패하고 만다. 그는 유고슬라비아 대사관으로 도피했다가 소련군에 체포되어 비밀리에 처형당했다.

비록 개혁은 실패했으나 민족 영웅으로 받아들여지는 너지 임레가 다리 위에 서서 국회의사당을 바라보는 형상의 조형물이 있다. 별도의 보호선이 없어 다리 위에 올라가 너지 임레와 함께 기념사진을 찍는 여행자도 많이 보이는데, 바닥이 울퉁불퉁하고 미끄러워 주의가 필요하다.

Data 지도 156p-A 가는 법 국회의사당 옆

부다페스트 최고의 맛집
헝가리쿰 비스트로 Hungarikum Bistro

미쉐린 스타 레스토랑을 포함해 내로라하는 맛집이 잔뜩 있는 부다페스트에서 딱 한 곳만 고르라면, 조금의 고민도 없이 헝가리쿰 비스트로를 꼽는다. 페슈트 중심부에 있으며, 오직 헝가리 전통 음식과 헝가리 와인 및 맥주만 판매하여 그야말로 '헝가리쿰'이 무엇인지 알려 주는 정겨운 레스토랑이다.

직원은 매우 친절하고, 태블릿PC로 음식 사진을 보며 고를 수 있게 준비한 메뉴는 센스 만점. 구야시, 란고시, 푀르퀼트 등 헝가리 대표 전통 음식은 무얼 골라도 후회하지 않을 것이다. 식전 빵으로 신선한 데일리 브레드를, 식후주로 헝가리 전통 팔린커를 서비스로 준다. 그러면서도 가격은 저렴한 편. 워낙 인기가 높은 데다가 점심, 저녁 식사 시간에만 문을 열고 규모도 크지 않아 사실상 예약은 필수다. 홈페이지에서 예약 신청 후 확인 회신까지 받아야 예약이 완료된 것이다. 성수기에는 하루 전에 예약해도 자리가 없을 정도로 인기가 많다.

Data **지도** 156p-D
가는 법 국회의사당에서 도보 5분
주소 Budapest, Steindl Imre u. 13
전화 1-797-7177
운영 시간 11:30~14:30, 18:00~22:00
가격 구야시 1,850포린트, 푀르퀼트 3,400포린트, 기타 메인 요리 3,000~3,500포린트
홈페이지 www.hungarikumbisztro.hu

미쉐린 투 스타의 위엄
오닉스 Onyx

부다페스트의 유일한 미쉐린 투 스타 레스토랑. 세계적인 수준의 코스 요리를 제공하는 파인 다이닝 레스토랑인 만큼 당연히 가격은 높지만 미쉐린 레스토랑을 이 금액에 갈 수 있다는 측면에서 생각해 보면 비싸다는 생각은 들지 않을 것이다. 목요일부터 토요일까지만 제공되는 점심은 3코스, 4코스, 6코스 메뉴 중 고를 수 있고, 저녁은 두 가지 종류의 4코스와 6코스 메뉴 중 택한다. 상대적으로 저렴한 점심 메뉴는 적은 부담으로 미쉐린 투 스타 요리를 먹을 수 있어 인기가 높아 예약을 강력히 권장한다. 코스 메뉴는 매일 구성이 바뀌며 홈페이지에서 확인할 수 있다.

Data **지도** 157p-H **가는 법** 뵈뢰슈머르티 광장에 위치
주소 Budapest, Vörösmarty tér 7 **전화** 30-508-0622
운영 시간 목~토 12:00~16:00(이하 동일)
가격 점심 19,900~27,900포린트(와인 페어링 11,900~17,900포린트), 저녁 30,900~34,900포린트(와인 페어링 17,900~20,900포린트) **홈페이지** www.onyxrestaurant.hu

다시 돌아온 전통 카페
카페 제르보 Gerbeaud Kávéház

헝가리를 넘어 전 유럽에서도 손꼽히는, 150년 역사를 자랑하는 유서 깊은 카페. 1858년 쇼콜라티에 헨리크 쿠글러Henrik Kugler가 문을 열었고 동업자 에밀 제르보Émile Gerbeaud가 카페를 맡게 된 뒤 자신의 이름을 따서 카페 이름을 바꾸었다.

하지만 헝가리 공산화 이후 카페 제르보는 강제로 국유화되고 이름도 바뀐 채 전통이 끊어졌다가, 1995년 독일의 사업가가 인수해 원래의 모습으로 되돌려 비로소 100년 전의 카페 제르보를 만날 수 있게 되었디. 전통의 맛을 되살린 초콜릿 케이크 제르보 셀레트Gerbeaud Szelet를 포함해 다양한 케이크와 초콜릿 제품을 판매한다. 2013년 서울에도 분점을 오픈해 한국인에게도 잘 알려졌다.

Data **지도** 157p-H
가는 법 뵈뢰슈머르티 광장에 위치
주소 Budapest, Vörösmarty tér 7-8
전화 1-429-9000 **운영 시간** 09:00~21:00
가격 제르보 셀레트 2,250포린트(테이크 아웃 1,125포린트), 기타 케이크 2,250~2,650포린트 **홈페이지** www.gerbeaud.hu

미쉐린 원 스타 와인바
보르코니허 와인키친 Borkonyha Winekitchen

오랫동안 미쉐린 원 스타 자리를 놓치지 않는 부다페스트의 유명 레스토랑. 루마니아 중부 트란실바니아 지역의 요리를 베이스로 하면서 스페인, 이탈리아 등 유럽 여러 나라의 향신료와 조리법을 응용한 퓨전 파인 다이닝 레스토랑이다. 점심은 파스타와 스테이크 등의 단품으로, 저녁은 5코스로 구성된 메뉴로 주문할 수 있다. 점심에 크게 부담되지 않는 금액으로 미쉐린 레스토랑을 체험해볼 수 있다는 게 장점이다. 코스 메뉴는 주기적으로 변경되므로 점원에게 안내를 부탁하자.

Data 지도 157p-H
가는 법 성 이슈트반 대성당에서 도보 2분
주소 Budapest, Sas u. 3
전화 1-266-0835
운영 시간 월~토 12:00~24:00, 일 휴무
가격 점심 3,150~7,950포린트 저녁 23,000포린트 (와인 페어링 19,000포린트)
홈페이지 www.borkonyha.hu

본점의 명성 그대로
코스테스 다운타운 Costes Downtown

미쉐린 원 스타 레스토랑인 코스테스Costes의 분점. 2015년 문을 열자마자 2016년 미쉐린 원 스타를 획득한 코스테스 다운타운은, 본점의 명성을 계승한 고급스러운 파인 다이닝으로 이름 높다. 아침, 점심, 저녁 모두 문을 열지만 호텔 1층에 위치하고 있어 아침에는 주로 호텔 투숙객의 비중이 높다. 평일 점심에 합리적인 가격으로 제공되는 3코스 메뉴의 비즈니스 런치가 인기 높다.

Data 지도 156p-D
가는 법 세체니 다리에서 도보 2분
주소 Budapest, Vigyázó Ferenc u. 5 전화 1-920-1015
운영 시간 아침 06:30~10:30, 점심 12:00~15:30, 저녁 18:30~23:00
가격 비즈니스 런치 7,900포린트~
홈페이지 www.costesdowntown.hu

배고픈 이들을 위한 펍
헝그리? Hung(a)ry?

성 이슈트반 대성당 부근에 있는 작은 펍. 와인, 맥주, 팔린커 등 다양한 술이 주력 메뉴이며, 그에 곁들일 수 있는 몇 가지 헝가리 향토 요리를 판매한다. 그래서 저녁에 더 붐비는 편이고 술을 마시지 않아도 합리적인 가격에 평균 이상의 맛을 갖춘 음식을 먹기 위해 한산한 점심에 예약 없이 쉽게 착석할 수 있다는 장점도 있다. 콜바스나 치르케퍼프리커시 등 주로 육류 요리와 구야시 등이 있다.

Data 지도 156p-E
가는 법 성 이슈트반 대성당에서 도보 2분 **주소** Budapest, Október 6. u. 5
전화 20-807-9064
운영 시간 11:00~23:00
가격 구야시 1,590포린트, 치르케퍼프리커시 2,790포린트, 콜바스 2,990포린트

퍼스트 슈트루델 하우스
엘쇠 페슈티 레테스하즈 Első Pesti Réteshá

가게 이름을 직역하면 '페슈트의 첫 번째 슈트루델(오스트리아 스타일의 파이) 집'이라는 뜻이다. 여기서 '첫 번째'라는 수식어 때문에 굉장히 유서 깊은 곳으로 생각할 수 있지만, 이것은 '가장 좋은(1등)'의 포부를 나타낸 것이며 2007년 문을 열어 역사가 오래된 곳은 아니다. 직접 만드는 다양한 종류의 슈트루델은 내용물이 알차고 큼직해 디저트가 아니라 식사가 될 정도다. 여러 향토 요리를 함께 판매하지만 역시 주인공은 슈트루델이고, 특히 커피와 세트로 저렴하게 판매하는 오전에 아침 식사로 먹는 것이 가장 좋다.

Data 지도 156p-E
가는 법 성 이슈트반 대성당에서 도보 5분 이내
주소 Budapest, Október 6. u. 22
전화 1-428-0134
운영 시간 09:00~23:00
가격 슈트루델 430~450포린트, 조식 세트 2,290포린트
홈페이지 www.reteshaz.com

예약이 필요한 맛집
컴 셰 스와 Comme Chez Soi

페슈트 중심부의 번화가인 바치 거리에는 레스토랑이 굉장히 많다. 다만 관광객을 주로 상대해서인지 가격이 불필요하게 비싸거나 음식이 평균 이하여서 대부분 평이 나쁘다. 유일한 예외가 바치 거리에서 한 블록 떨어진 골목에 위치한 컴 셰 스와. 유수의 공신력 있는 평가에서 부다페스트 레스토랑 중 늘 최상위권에 랭크되는 맛집이다. 프랑스어로 '집과 같다'는 뜻인, 이름이 주는 선입견과 달리 이탈리아 음식을 판다. 파스타는 재료에 따라 저렴한 것부터 스테이크만큼 비싼 메뉴까지 종류가 매우 다양하다. 이 집의 추천 메뉴는 재료가 풍성히 들어가는 해산물 파스타. 단, 유명세에 비해 가게가 작기 때문에 이메일을 보내 예약하지 않으면 대기 시간이 긴 편이고, 카드 결제가 불가능하다.

Data 지도 157p-H 가는 법 뵈뢰슈머르티 광장에서 도보 5분 주소 Budapest, Aranykéz u. 2 전화 1-318-3943 운영 시간 화~토 12:00~23:00, 월·일 휴무
가격 파스타 2,500포린트~, 피자 2,200포린트~ 홈페이지 www.commechezsoi.hu

대중 음식점과 고급 레스토랑 사이
부다페스트 비스트로 Budapest Bisztró

헝가리 향토 요리를 판매하는 레스토랑. 서비스와 인테리어, 그리고 가격까지도 대중음식점과 고급 레스토랑 사이에 위치한다. 즉, 약간 비싸지만 그만큼 음식의 맛과 퀄리티도 우수하며 직원은 친절하다. 야외 테이블은 자리에 따라 국회의사당까지도 살짝 보인다. 다양한 향토 요리 중 푸짐한 구야시와 툴퇴트가 유명하다.

Data 지도 156p-A 가는 법 국회의사당 또는 서버드샤그 광장에서 도보 2분 주소 Budapest, Vécsey u. 3 전화 1-783-0788 운영 시간 07:30~24:00(토·일 09:00~) 가격 구야시 2,550포린트, 툴퇴트 3,950포린트 홈페이지 www.budapest-bistro.hu

가장 유명한 굴뚝빵
몰나르의 굴뚝빵 Molnár's Kürtőskalács

헝가리의 특산품인 굴뚝빵을 제대로 맛보기 위해서는 특정 카페를 찾아가야 한다. 심지어 길거리보다 가격도 비싼데 말이다. 몰나르의 굴뚝빵은 부다페스트에서 가장 유명하다. 초콜릿, 바닐라, 시나몬, 아몬드 등 8가지 맛의 굴뚝빵은 쫄깃하고 맛이 깊어 길거리에서 파는 것과는 차원이 다르다. 굴뚝빵은 테이크아웃도 가능하고, 굴뚝빵에 아이스크림을 채워 먹는 카페 메뉴 등도 있어 2층의 테이블에서 쉬어 가기에도 좋다.

Data 지도 157p-K
가는 법 3월 15일 광장에서 도보 2분
주소 Budapest, Váci u. 31
전화 1-407-2314
운영 시간 09:00~22:00
가격 굴뚝빵 900포린트~, 아이스크림 추가 600포린트~
홈페이지 www.kurtoskalacs.com
부다페스트카드 20%

시끌벅적 스포츠 펍
더 포인터 펍 The Pointer Pub

젊은이들이 맥주나 칵테일을 마시며 한바탕 떠들고, TV로 스포츠 경기를 함께 응원하며 목청 터지게 놀다가 돌아가는, 더 포인터 펍은 당신이 생각할 수 있는 전형적인 스포츠 펍이다. 인기가 좋아 부다페스트에 총 8개의 지점이 생겼는데, 그중 1호점에 해당되는 바치 거리 지점이 가장 활기차고 북적거린다. 헝가리 맥주뿐 아니라 체코나 아일랜드 등 여러 나라의 맥주, 1L짜리 초대형 칵테일 등 다양한 취향을 저격하는 주류와, 햄버거나 피시앤칩스 등 적절한 안주가 있다.

바치 거리 지점
Data 지도 157p-K
가는 법 3월 15일 광장에서 도보 2분
주소 Budapest, Váci u. 33
전화 20-524-4862
운영 시간 11:00~02:00
(토·일 10:00~)
가격 맥주 890포린트~, 안주류 2,790포린트~
홈페이지 www.pointerpub.hu

SLEEP

럭셔리 스파 호텔
코르비누스 호텔
Kempinski Hotel Corvinus Budapest

데아크 페렌츠 광장에 있는 대형 5성급 호텔. 켐핀스키 호텔 그룹에 속해 있어 코르비누스라는 이름보다 켐핀스키 호텔로 부르는 경우가 더 흔하다. 가장 저렴한 수페리어룸은 객실이 좁아 비용 대비 만족도가 떨어질 수 있으니 디럭스룸 이상 등급을 택해야 5성급 호텔에 걸맞은 기대를 충족할 수 있을 것이다. 투숙객은 사우나와 수영장이 딸린 고급 스파를 이용할 수 있다.

Data 지도 157p-H **가는 법** 데아크 페렌츠 광장에 위치 **주소** Budapest, Erzsébet tér 7 **전화** 1-429-3777 **요금** 더블룸 200유로~, 스위트룸 415유로~ **홈페이지** www.kempinski.com

중심가 최고급 호텔
리츠칼튼 호텔
The Ritz-Carlton

역시 데아크 페렌츠 광장에 있는 5성급 호텔. 가장 낮은 등급의 객실을 골라도 최고의 만족도를 느낄 수 있는 그야말로 부다페스트 최고급 호텔 중 하나로 꼽힌다. 리츠칼튼 호텔도 사우나와 수영장이 딸린 스파가 내부에 있다. 객실에 따라 멀리 성 이슈트반 대성당과 국회의사당의 야경이 보이기도 한다.

Data 지도 157p-H **가는 법** 데아크 페렌츠 광장에 위치 **주소** Budapest, Erzsébet tér 9-10 **전화** 1-429-5500 **요금** 더블룸 310유로~, 스위트룸 540유로~ **홈페이지** www.ritzcarlton.com

건물 자체가 문화유산
그레샴 팰리스 호텔 Four Seasons Hotel Gresham Palace Budapest

보통 여행자가 큰 맘 먹어도 투숙하기 어려운 초고가 럭셔리 호텔. 1906년 완공된 아르누보 양식의 걸작으로 건물 자체가 다뉴브 강변에 위엄 있게 자리 잡은 문화유산과 다름없다. 건축 당시에는 영국 소재의 보험사에서 사무실 겸 시니어 직원의 레지던스 용도로 만들고, 보험사 이름을 따서 그레샴 궁전Gresham-palota이라고 불렀다.

이후 제2차 세계대전과 공산정권 치하를 거치며 전통이 끊어졌다가 1999년 포시즌스 호텔 그룹이 인수하여 호텔로 개조하였다. 호텔의 주인은 계속 바뀌었지만 여전히 호텔의 운영은 포시즌스 그룹이 맡고 있다. 정면의 세체니 다리와 그 너머 부더성 등 다뉴브 강변의 아름다운 풍경을 바라볼 수 있어 럭셔리한 5성급 호텔로 최고의 명성을 떨친다. 이왕 최고급 호텔에서 호화로운 숙박을 결심했다면 다뉴브강이 보이는 리버 뷰 객실을 택하시기를.

Data 지도 156p-D 가는 법 세체니 이슈트반 광장에 위치 주소 Budapest, Széchenyi István tér 5 전화 1-268-6000 요금 더블룸 500유로~(리버 뷰 750유로~)
홈페이지 www.fourseasons.com/budapest

아시안 퓨전 문화단지
부다 바 호텔 Buddha-Bar Hotel

부다 바 호텔은 그 이름대로 내부 한복판에 커다란 석가모니 불상이 있는 아시안 퓨전 바와 호텔을 겸하는 곳이다. 여기에 부다페스트 스타일의 스파까지 더해져 하나의 아시안 퓨전 문화 단지라 해도 과언이 아니다. 객실은 과감한 붉은색을 사용한 오리엔탈 분위기 디자인으로 특이한 매력을 뽐낸다. 호텔이 위치한 네오바로크 양식의 건물은 1899년 완공 당시 오스트리아 황실의 대공비가 소유했던 클로틸드 궁전Klotild-palota이다.

Data 지도 157p-K
가는 법 M3호선 Ferenciek tere역 하차
주소 Budapest, Váci u. 34 **전화** 1-799-7300
요금 더블룸 145유로~ **홈페이지** www.buddhabarhotel.hu

시내 중심의 경제적인 호텔
더 매거진 호텔 The Magazine Hotel & Apartments

페슈트 지구의 중심부는 호텔 숙박료가 비쌀 수밖에 없는데, 더 매거진 호텔은 그 중 과하지 않은 요금으로 부담 없이 숙박할 수 있는 3성급 호텔이다. 낡은 건물의 일부를 호텔 및 스튜디오(주방이 딸린 독채)로 개조하였는데, 낡은 건물이라 시설이 노후해 어쩔 수 없이 불편한 부분은 일부 있지만 깔끔한 인테리어와 친절한 직원이 편안한 숙박을 돕는다. 객실 12개의 미니 호텔이라 종종 매진된다. 리셉션은 24시간 운영하며, 건물 밖에서 초인종을 눌러야 한다.

Data 지도 156p-E
가는 법 성 이슈트반 대성당 앞에 위치
주소 Budapest, Szent István tér 4 **전화** 70-611-1088
요금 더블룸 72유로~ **홈페이지** www.themagazinehotel.com

좋은 위치의 조용한 호스텔
에센셜 호스텔 Essential Hostel

부다페스트 인기 호스텔인 애비뉴 호스텔(209p)과 같은 그룹에서 운영하는 곳. 조용한 숙박 아지트를 지향하여 내부가 매우 조용하고 깔끔하다. 건물이 낡아 화장실 등 공용 설비가 다소 노후한 것은 어쩔 수 없는 단점. 또한 냉방 시설이 없어 여름에는 창문을 열어야 하는데 아래층 술집의 소음이 거슬린다. 따라서 여름 성수기는 피하는 것이 좋다. 어쨌든 유명 호스텔과 동급의 설비 및 저렴한 가격, 그리고 성 이슈트반 대성당에서 가까운 좋은 위치와 간단한 조식 제공 등 장점이 더 많은 것은 분명하다. 리셉션은 24시간 운영하며, 문밖에서 벨을 누르면 직원이 문을 열어 준다.

Data 지도 156p-E
가는 법 M3호선 Arany János utca역 하차
주소 Budapest, Arany János u. 27
전화 20-282-6246
요금 도미토리 16유로~
홈페이지 www.essentialhostel.hu

호텔 대용으로도 좋은
팔스 호스텔 Pal's Hostel

2층 침대를 사용하지 않는 4인실 도미토리, 그 외 1인실과 2인실 등 개인실 위주로 구성된 호스텔 겸 아파트먼트. 일부 객실에서 성 이슈트반 대성당이 창밖으로 보일 정도로 위치가 좋고, 다인실 방식이 아니어서 도미토리도 편안하게 숙박할 수 있다. 개인실은 일반 호텔보다 저렴하여 호텔 대용으로 선택하기에도 좋다. 단, 리셉션이 24시간 열지 않으므로 늦은 시각에 도착할 예정이라면 사전에 호스텔에 방문 시간을 조율해야 한다.

Data 지도 156p-E
가는 법 성 이슈트반 대성당 맞은편
주소 Budapest, Szent István tér 3
전화 30-524-2466
요금 도미토리 21유로~, 더블룸 70유로~
홈페이지 www.palshostel.com

투어 전문 한인 민박
유로 부다페스트 Euro Budapest

'즐거운 길(유로愉路)'을 표방하며 유럽 투어 가이드가 만든 한인 민박. 개인 공간이 확보되고 남녀가 구분된 널찍한 객실은 호스텔보다 훨씬 편안하고, 전 객실 에어컨이 설치되어 있어 여름에 쾌적하다. 조식은 현지식으로 제공된다. 가이드 출신 사장님은 부다페스트뿐 아니라 동유럽의 여행 정보에도 빠삭하여 전체적인 여행 일정을 상담할 수 있는 장점도 있다. 밤마다 제공되는 3시간 분량의 야경 투어(1인 40유로, 투숙객 할인)는 전용 차량을 이용해 소수 정예로 부다페스트의 아름다운 야경을 제대로 즐길 수 있도록 돕는다.
데아크 페렌츠 광장과 성 이슈트반 대성당이 바로 근처에 있는 시내 중심부이기 때문에 무거운 짐을 들고 방문할 때에도 쉽게 찾을 수 있으며, 시내 중심부치고는 건물이 낡지 않은 편이어서 엘리베이터 등 편의 시설도 괜찮다. 건물 입구에서 'eurominbak'이라고 적힌 초인종을 누르면 문이 열린다. 민박 입구는 건물 4층(한국식으로 5층)에 있다. 예약은 홈페이지 게시판에서 신청한다.

Data 지도 156p-E
가는 법 성 이슈트반 대성당에서 도보 2분
주소 Budapest, Sas u. 7
전화 70-886-0319
요금 도미토리 33유로 (비수기 28유로),
더블룸 70유로(비수기 60유로)
홈페이지 www.eurobudapest.co.kr

Budapest By Area

02

페슈트 북부
Pesti Északra

지배를 받던 민족이 스스로의 나라를 가진 후
이를 기념하며 수도를 업그레이드한 현장.
언드라시 거리와 밀레니엄 지하철,
그리고 회쇠크 광장과 시민 공원 등
바로 그 영광과 자랑의 흔적을 고스란히 간직한
중세풍의 고급스러운 시가지가
넓은 거리를 줄기 삼아 시원하게 뻗어 있다.
세계에서 가장 유명한 온천도 만날 수 있다.

페슈트 북부

Pesti Északra
PREVIEW

페슈트 북부는 부다페스트 중심가에서 연결되는 언드라시 거리를 중심으로 시민 공원까지 펼쳐진 번화가와 그 주변이다. 레스토랑과 호텔, 부티크 숍 등 상업지구의 모습 속에 숨겨진 개성적인 박물관과 드넓은 공원 및 세체니 온천의 조화가 인상적이다.

SEE
'부다페스트의 가로수길'이라 해도 좋은 언드라시 거리, 그 끝의 회쇠크 광장과 시민 공원, 공원 속에 있는 세체니 온천 등 쾌적한 볼거리가 많다. 땅 밑을 달리는 역사적인 M1호선 지하철도 빼놓을 수 없다.

EAT
현지인도 많이 찾는 상업지구인 만큼 유명한 레스토랑부터 가볍게 테이크아웃 가능한 임비스나 패스트푸드, 분위기 좋은 카페 등이 곳곳에 있다. 특히 언드라시 거리 주변은 페슈트 중심부에 뒤지지 않을 정도로 선택의 폭이 넓다.

SLEEP
언드라시 거리 주변은 저렴한 호스텔이 가장 많이 모여 있는 곳이다. 주로 낡은 건물을 개조한 경우가 많아 불편이 따르지만 전 세계 여행자에게 높은 평점을 받는 대표적인 호스텔이 대부분 이 근처에 있다.

BUY
의류 숍, 편집 숍 등 개성적인 소규모 매장과 일부 명품 브랜드 매장이 언드라시 거리 주변에 있다. 뉴거티 기차역 주변에는 대형 쇼핑몰도 있다.

어떻게 갈까?

언드라시 거리 밑으로 M1호선 전철이 다닌다. 버이치-질린스키 우트Bajcsy-Zsilinszky út역부터 회쇠크 테레Hősök tere역까지의 구간이 해당된다. 세체니 온천도 M1호선 세체니 퓌르되 Széchenyi fürdő역 앞에 있다. 켈레티 기차역이나 뉴거티 기차역 방향에서는 버스나 트램으로 쉽게 연결된다. 이 중 뉴거티 기차역은 걸어서 갈 수 있는 거리에 있어 에스테르곰(315p), 바츠(304p) 등 근교 도시로 기차를 타고 갈 때 언드라시 거리의 중심인 오크토곤 주변에 숙소를 두면 편리하다.

Pesti Északra
ONE FINE DAY

언드라시 거리의 양편을 거닐고, 회쇠크 광장과 그 너머의 시민 공원까지 산책하자. 대중교통이 잘되어 있지만 열심히 걸어도 좋은 상쾌한 코스다. 다리가 아프면 시민 공원에서 쉬거나 언드라시 거리 주변의 레스토랑이나 카페에서 재충전하면 된다. 물론 가장 좋은 휴식과 충전 장소는 세체니 온천이다.

데아크 페렌츠 광장에서 여행 시작

→ 도보 5분

언드라시 거리 산책, 개성 있는 박물관도 구경하기

→ 도보 30분

열심히 걸어서 회쇠크 광장 도착 (다리가 아프면 지하철로 이동)

↓ 도보 5분

뉴거티 역에서 다음 장소로 이동

← 버스 8분

그 유명한 세체니 온천에서 피로를 풀기

← 도보 10분

시민 공원과 버이더후녀드성 관광하기

어떻게 다닐까?

언드라시 거리는 데아크 페렌츠 광장이나 성 이슈트반 대성당 부근에서 시작되며, 여기서 맞은편 끝인 회쇠크 광장까지 도보로 30분 소요된다. 충분히 걸어갈 수 있는 거리이지만 시민 공원까지 여유롭게 둘러보려면 M1호선 지하철을 이용해도 좋다. 뉴거티 역에서 여행을 마무리하면 트램을 타고 머르기트섬(282p) 방향으로 넘어가기에 편리하다. 회쇠크 광장의 야경도 아름다우니 밤에 다시 찾아 세체니 온천으로 마무리하는 방법도 있다.

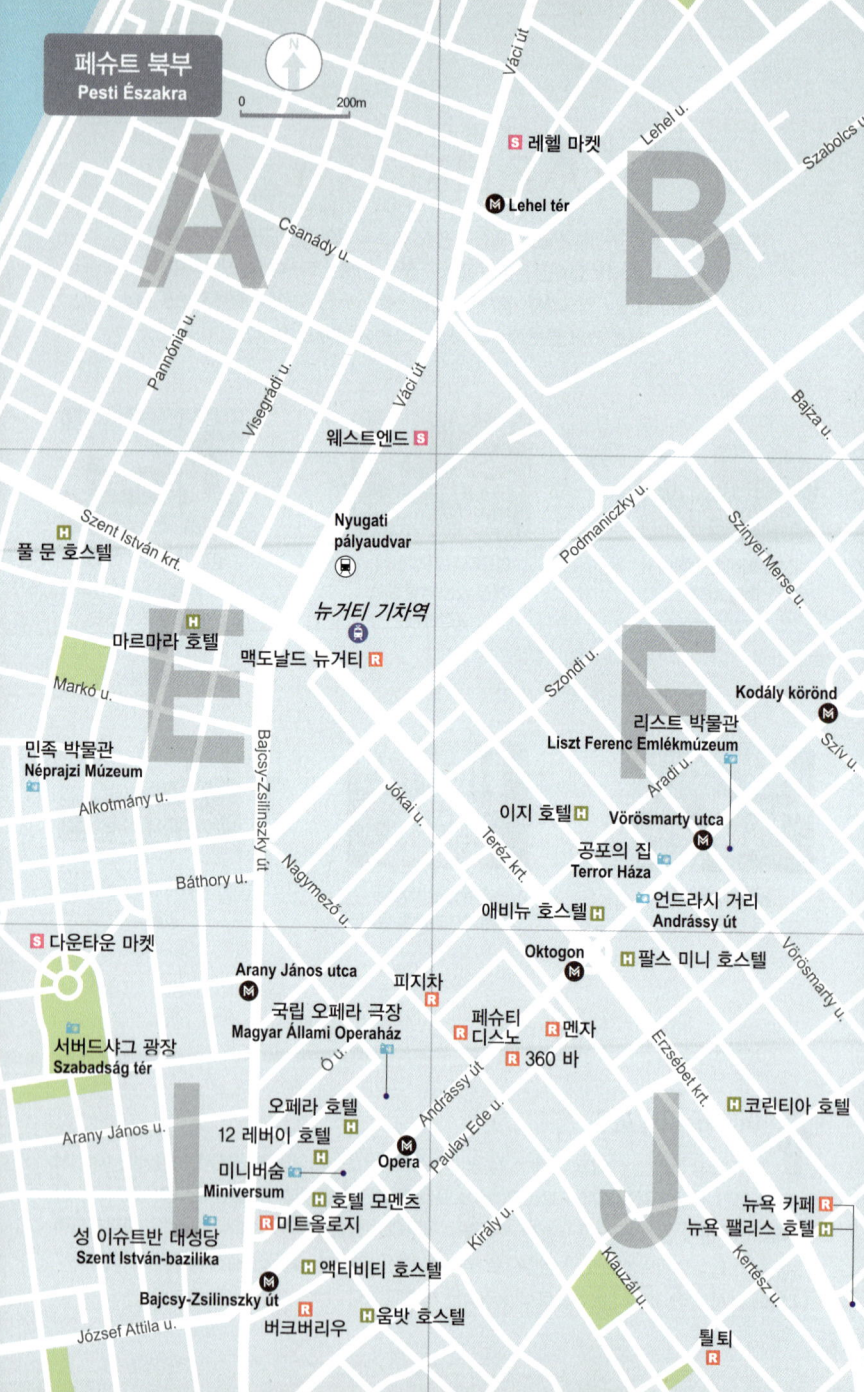

SEE

부다페스트의 가로수길
언드라시 거리 Andrássy út | Andrássy Avenue

19세기 후반 부다페스트에 인구와 통행량의 증가로 밀레니엄 지하철(168p)을 건설하면서 그 위에 만든 널찍한 길. 도로명은 도시 개발을 주도한 수상 언드라시 줄라의 이름을 땄다. 지하철과 함께 1896년부터 통행이 시작되었다. 896년부터 시작되는 헝가리의 1천 년을 기념해 만든 만큼 웅장하고 우아한 건물들이 양편에 빼곡하게 들어서 있어 프랑스 파리도 부럽지 않은 '명품 거리'가 탄생하였다.

언드라시 거리는 오늘날에도 부다페스트의 고급스러운 번화가로 사람들의 발길이 끊이지 않는다. 특히 거리의 중심에 해당되는 오크토곤Oktogon은 가장 붐비는 번화가에 해당되고, 오크토곤 주변에 극작가 요커이 모르Jókai Mór와 시인 어디 엔드레Ady Endre의 동상이 있는 작은 공원도 있다. 다뉴브 강변의 역사적인 건축물과 함께 2002년 유네스코 세계 문화유산으로 등록되었다.

Data 지도 188p-F
가는 법 지하철 M1호선 Bajcsy-Zsilinszky út 역부터 Hősök Tere 역 사이, 오크토곤은 M1호선 외에도 4·6번 트램 Oktogon 정류장 하차

요커이 동상

오크토곤

어디 동상

고급 문화의 중심지
국립 오페라 극장
Magyar Állami Operaház | Hungarian State Opera House

언드라시 거리에 있는 헝가리의 가장 큰 오페라 극장. 1884년 개관하였다. 당시 오스트리아-헝가리 제국의 황제로 헝가리 국왕을 겸임한 프란츠 요제프 1세의 후원으로 만들었고, 처음에는 왕립 오페라였다가 오늘날에는 국립 오페라가 되었다. 네오르네상스 양식의 아름다운 극장 건물은 당시 성 이슈트반 대성당 등 도시의 풍경을 싹 바꾼 유수의 건축물을 만들었던 이블 미클로스Ybl Miklós의 역작이다. 옛 귀족의 사교 문화를 느낄 수 있는 품격 있는 내부는 매일 세 차례 제공되는 가이드 투어를 통해 관람할 수 있다.

Data 지도 188p-I
가는 법 M1호선 Opera 역 하차
주소 Budapest, Andrássy út 22
전화 1-814-7100
운영 시간 14:00 · 15:00 · 16:00
영어 가이드 투어 시작
요금 내부 투어 2,500포린트
홈페이지 www.operavisit.hu
부다페스트카드 20%

> **Tip** 국립 오페라 극장은 2021년까지 대대적인 보수 공사에 들어간 상태. 공사 기간 동안 공연은 다른 장소에서 열리고, 내부 투어는 가능하지만 객석은 폐쇄된다. 그 대신 내부 투어에 약 10분 정도 오페라 가수의 미니 콘서트가 포함된다. 오페라 공연을 관람하고 싶다면 홈페이지(www.opera.hu)에서 티켓을 예매하자. 공사 기간 동안의 대체 공연장은 켈레티 기차역 부근의 에르켈 극장 Erkel Színház(주소 Budapest, II. János Pál pápa tér 30)이다.

공사 중인 모습

헝가리 최고의 음악가
리스트 박물관 Liszt Ferenc Emlékmúzeum | Franz Liszt Memorial Museum

독일어식 이름인 프란츠 리스트로 더 친숙한 작곡가 리스트 페렌츠Liszt Ferenc는 헝가리가 낳은 역사상 최고의 음악가로 민족의 존경을 받고 있다. 헝가리에서 태어나 음악을 배운 뒤 이탈리아, 프랑스, 독일 등 유럽에서 왕성히 활동하며 '피아노의 왕'으로 인정받고, 말년에 부다페스트에 음악 학교를 만들어 후학을 양성하였다. 그가 5년간 살기도 했던 음악 학교 1층(한국식으로 2층)에 리스트 박물관이 있다. 리스트가 실제 사용했던 악기와 가구, 악보, 책, 초상화 등을 정갈하게 전시하고 있으며 건물은 여전히 그의 음악을 연구하고 가르치는 교육 기관으로 운영된다.

Data 지도 188p-F 가는 법 M1호선 Vörösmarty utca 역 하차 주소 Budapest, Vörösmarty u. 35 전화 1-322-9804 운영 시간 월~금 10:00~18:00, 토 09:00~17:00, 일 휴무
요금 성인 2,000포린트, 학생 1,000포린트 홈페이지 www.lisztmuseum.hu

공포를 기억하기 위하여
공포의 집 Terror Háza | House of Terror

제2차 세계대전과 공산주의 시대, 두 차례에 걸쳐 헝가리에서 대대적인 학살이 자행되었다. 두 번의 공포를 이겨 내고 얻은 자유를 기념하기 위해, 두 번의 공포의 시대에 희생당한 모든 이의 넋을 기리기 위해, 2002년 공포의 집 박물관이 개관하였다. 박물관 건물은 세계대전 중에는 화살십자당의 본부로, 공산주의 시절에는 헝가리 공신당의 비밀 경찰Államvédelmi Hatóság 본부로 사용되면서 수많은 사람이 끌려와 감금되고 고문당했던 장소다. 그 장소에 아픈 역사를 잊지 않고 공포를 또렷이 기억하고자 만든 박물관이다. 건물 앞에 헝가리의 나토NATO 가입을 축하하며 독일에서 선물한 베를린 장벽 원본이 놓여있다.

Data 지도 188p-F 가는 법 M1호선 Vörösmarty utca 역 하차
주소 Budapest, Andrássy út 60 전화 1-374-2600
운영 시간 화~일 10:00~18:00, 월 휴무 요금 성인 3,000포린트,
학생 1,500포린트, 특별전 별도 홈페이지 www.terrorhaza.hu

베를린 장벽

|Theme|
언드라시 거리 주변 소소한 박물관

리스트 박물관과 공포의 집 등 유명한 박물관 외에도 언드라시 거리와
주변 골목에 소소한 박물관과 갤러리가 많다. 부다페스트를 여유롭게 여행할 때
관심을 가져도 좋을 대표적인 곳을 소개한다.

1. 코다이 졸탄 기념관
Kodály Zoltán Emlékmúzeum

헝가리 작곡가 코다이 졸탄이 43년간 살았던 집은 그를 기념하는 박물관이 되었다. 코다이가 살았던 모습 그대로 보존된 응접실, 식당, 서재 등을 볼 수 있어 20세기의 생활상을 그대로 느낄 수 있다. 단, 방문 이틀 전 메일을 보내 방문 허가를 받아야 함을 유의하자.

Data 주소 Budapest, Andrássy út 89-91
운영 시간 수~금 10:00~12:00, 14:00~16:30
토 11:00~14:00, 월·일 휴무
요금 성인 1,500포린트, 학생 750포린트
홈페이지 www.kodaly.hu

2. 호프 페렌츠 미술관
Hopp Ferenc Kelet-Ázsiai Művészeti Múzeum

정식 명칭은 호프 페렌츠 동아시아 미술관. 1923년, 사업가이자 문화재 수집가 호프 페렌츠가 한국과 아시아에서 수집한 4천여 점의 물품을 전시하면서 박물관이 시작되었다. 헝가리에서 유일한 아시아 전문 박물관으로 오늘날에는 3만여 점의 전시품을 소장 중이다.

Data 주소 Budapest, Andrássy út 103
운영 시간 화~일 10:00~18:00, 월 휴무
요금 성인 1,400포린트, 학생 700포린트
홈페이지 www.hoppmuseum.hu
부다페스트카드 100%

3. 미니버숨 Miniversum

'미니 우주(라틴어 Universum)'라는 뜻에서 알 수 있듯 미니어처 사이즈로 축소된 명소를 구경하는 테마파크다. 주로 부다페스트의 헝가리의 인기 장소, 그리고 오스트리아와 독일의 일부 명소를 1:100 사이즈 모형으로 만날 수 있다. 공산주의 시대의 헝가리 생활상을 모형으로 만든 특별전도 신선한 재미를 준다.

Data 주소 Budapest, Andrássy út 12
운영 시간 10:00~18:00 요금 성인 3,600포린트, 학생 2,600포린트
홈페이지 www.miniversum.hu

밀레니엄 프로젝트의 완성
회쇠크 광장 Hősök Tere | Heroes' Square

부다페스트에서 언드라시 거리와 밀레니엄 지하철을 만들 때 그 종착역에 해당되는 곳에 큰 시민 공원을 조성하고, 공원의 입구에 역사 속 영웅과 민족의 앞날을 축복하는 밀레니엄 기념비Millenáriumi Emlékmű를 세웠다. 이것은 헝가리 건국 1천년을 맞아 준비한 도시 리뉴얼의 화룡점정을 찍는 아이콘과 마찬가지였다. 밀레니엄 기념비가 있는 곳이 바로 회쇠크 광장. 직역대로 '영웅 광장'으로 부르기도 하며, 국가와 민족의 영웅을 기린다는 의미가 있다.

대천사장 가브리엘이 성 이슈트반 국왕의 왕관을 높이 들고 있는 밀레니엄 기념비는 헝가리를 가호하는 신의 축복을 의미한다. 기념비 하단에는 헝가리 건국의 주역인 머저르족 일곱 부족장의 기마상이 있고, 기념비 앞 무명용사의 비는 헝가리의 자유를 위해 목숨을 바친 모든 영웅을 추모하는 목적으로 만들었다. 기념비 뒤로 헝가리의 민족 지도자 7명의 동상이 있는 콜로네이드가 좌우로 하나씩 있다. 광장 조성 당시에는 오스트리아-헝가리 이중제국 시대였기에 총 14명의 지도자 중 오스트리아인이 5명 포함되어 있었으나 제2차 세계대전 이후 광장을 복원할 때 14명 전원 헝가리인으로 교체하였다.

Data 지도 189p-C
가는 법 M1호선 또는 20E · 30 · 105 · 230번 버스 Hősök Tere 역 하차

무명용사의 비와 머저르족 부족장들의 기마상

콜로네이드

예술의 신전
부다페스트 미술관 Szépművészeti Múzeum | Museum of Fine Arts

회쇠크 광장 양편에 고대 그리스 신전을 연상케 하는 고전주의 양식의 건물이 있는데, 그 중 기념비 왼편(광장을 바라보는 방향 기준)의 건물이 1906년 개관한 부다페스트 미술관이다. 에스테르하지 귀족 가문이 소장한 수백 점의 회화를 바탕으로 미술관이 문을 열었으며, 주로 13~18세기 유럽 화가의 작품이 많다. 회화와 조각 등 주요 소장품은 상설 전시회로 공개하고, 그 외에 별도의 특별전을 주기적으로 진행한다. 특별전은 별도 입장료가 책정된다.

Data 지도 189p-C
가는 법 회쇠크 광장에 위치
주소 Budapest, Dózsa György út 41
운영 시간 화~일 10:00~18:00, 월 휴무
요금 3,200포린트
홈페이지 www.mfab.hu
부다페스트카드 100%

계속 변화하는 현대 미술관
뮈처르노크 Műcsarnok | Hall of Art

부다페스트 미술관의 맞은편 건물도 미술관이다. 발음도 까다로운 뮈처르노크는 같은 의미의 독일어식 표현인 쿤스트할레 Kunsthalle와 개념이 같다. 기간을 정해 특정 주제로 진행되는 전시회를 뜻하며, 특별히 현대 미술을 전문으로 양질의 전시회가 연중 진행된다. 프로그램은 홈페이지에서 확인할 수 있다.

Data 지도 189p-C
가는 법 회쇠크 광장에 위치
주소 Budapest, Dózsa György út 37 전화 1-460-7000
운영 시간 화~일 10:00~18:00 (목 12:00~20:00), 월 휴무
요금 전시회에 따라 다르므로 홈페이지에서 확인
홈페이지 www.mucsarnok.hu
부다페스트카드 100%

호수, 숲, 그리고 온천
시민 공원 Városliget | City Park

회쇠크 광장은 시민 공원의 앞마당이다. 그토록 큰 광장이 앞마당일 정도라면 시민 공원의 규모는 미루어 짐작할 수 있을 터. 숲이 울창한 공원은 끝이 보이지 않을 정도로 넓고 쾌적하다. 총 면적 1.2㎢. 단위를 바꾸어 36만 평이라고 하면 실감이 날지 모르겠다. 나무 그늘이나 호숫가에서 시원하게 휴식을 취하기에도 좋고, 걷기만 해도 기분 좋고 상쾌하다.

버이더후녀드성, 세체니 온천 등 유명 관광지가 공원 내에 있고, 현지인이 즐겨 찾는 큰 동물원과 공사 중인 야외 박물관도 있으니 회쇠크 광장의 기념비와 미술관까지 더하면 공원이 하나의 종합 문화단지라 해도 과언이 아니다. 세체니 온천 부근에는 2012년 설치된 작곡가 안익태 선생의 흉상이 있어 눈길을 끈다. 비록 그의 과거에 있어 친일 논란이 있는 건 사실이지만 우리가 〈애국가〉를 국가로 부르는 이상 안익태 선생의 기념비는 남다른 의미를 가질 수밖에 없다. 참고로 안익태 선생은 〈애국가〉 작곡 이후 부다페스트로 건너가 음악을 공부했으며, 그때 안익태 선생을 가르친 스승이 코다이 졸탄이다.

Data 지도 189p-D 가는 법 회쇠크 광장에서 연결 홈페이지 www.ligetbudapest.hu

호수 옆 웅장한 성
버이더후녀드성 Vajdahunyad Vára | Vajdahunyad Castle

온천에 관심이 없어도 시민 공원에 반드시 갈 수밖에 없는 이유, 바로 호수 옆에 있는 버이더후녀드성의 웅장한 자태를 지나칠 수 없기 때문이다. 버이더후녀드성 역시 시민 공원과 함께 헝가리 건국 1천 년을 축하하기 위해 건축되었다. 건축가 얼파르 이그나츠Alpár Ignác가 헝가리의 상징적인 고성에서 모티브를 얻어 로마네스크, 고딕, 르네상스, 바로크 양식이 모두 담긴 버이더후녀드성을 완성했다. 15세기 헝가리가 통치했던 루마니아 중부 트란실바니아 지역의 버이더후녀드성에서 이름을 따왔는데, 유럽에서 현존하는 가장 큰 성 중 하나인 버이더후녀드성의 이름을 따와 헝가리의 영광의 시절을 추억하고자 하였다. 현재, 내부는 농업 박물관으로 사용되며, 성탑에서는 주변 풍경을 바라볼 수 있다. 농업 박물관이라고 하면 그다지 흥미가 없을 수 있는데, 말 전시실에 있는 전설의 경주마 킨쳄Kincsem의 뼈대 화석, 사냥의 전리품으로 획득한 뿔의 박제 등 흥미로운 전시품이 많다.

Data 지도 189p-D 가는 법 회시크 광장에서 도보 5분 전화 1-422-0765
운영 시간 박물관 화~일 10:00~17:00, 월 휴무, 성탑 09:00~19:00 요금 박물관 성인 1,600포린트, 학생 800포린트, 성 탑 300포린트 홈페이지 www.mezogazdasagimuzeum.hu

BUDAPEST BY AREA 02
페슈트 북부

© BFTK / István Práczky

© LIGET BUDAPEST
공사 이후의 청사진

기념 광장은 변신 중
1956 혁명 기념비 '56-os Emlékmű | Memorial to the 1956 Revolution

시민 공원에 있는 1956 혁명 기념비는 밀레니엄 기념비만큼이나 중요한 의미를 갖는다. 1956년 헝가리 혁명 50주년을 맞아 2006년 설치되었다. 힘이 없어 보이는 기둥들이 점점 하나로 모여 뾰족하게 뚫고 나오는 피라미드 형상의 조형물은 혁명을 비유한 탁월한 발상이다. 삼각형의 각도를 56도로 맞춘 것도 혁명을 기념하는 메타포의 하나. 단, 한동안 1956 혁명 기념비를 볼 수 없다. 광장을 전체적으로 세련되게 단장하고 지하에 박물관을 만드는 공사가 한창이기 때문이다. 2023년 공사가 완료되면 현재 국회의사당 맞은편에 있는 민족 박물관(162p)의 새 둥지로 활용될 예정이다.

Data 지도 189p-G
가는 법 회쇠크 광장에서 도보 5분 또는 30·30A번 버스와 75·79번 티롤리버스 Benczúr utca 정류장 하차

Talk
시민 공원 주변 이정표
넓은 시민 공원 곳곳에 있는 볼거리를 헤매지 않고 찾아가기 위한 지도를 준비하였다.

부다페스트 대표 온천
세체니 온천 Széchenyi Gyógyfürdő | Széchenyi Thermal Bath

세계에서 가장 유명한 온천 중 하나라 해도 과언이 아닌 세체니 온천은 시민 공원에 있는 초대형 실내외 온천이다. 그 규모는 유럽 전체를 통틀어도 가장 크다. 1913년 완공되었으며 개장 직후부터 폭발적인 인기로 온천수 공급이 부족할 지경이었다. 다행히 인근에서 또 다른 원천이 발굴되어 온천을 확장했고 현재 2개 원천의 온천수로 공급하고 있다.

실내외에 18개 온천탕이 있고, 온천수의 온도는 최고 38도다. 세계적으로 명성이 높아 외국인도 많이 찾는 덕분에 영어 표지판이 잘되어 있고 직원도 영어를 잘 구사한다. 부다페스트에 처음 찾는 여행자라면 가장 쉽게 온천 문화를 체험할 수 있는 곳이다. 단, 방문자가 많아 수질이 더러워질 때가 있으니 가장 깨끗한 온천수를 마음껏 즐길 수 있는 오전에 방문하면 만족도가 높다.

남녀가 같은 구역을 이용하며 수영복 착용은 필수. 만약 수영복이나 타월이 없으면 유료로 대여해 준다. 내부에서 사진도 마음껏 찍을 수 있지만 타인에게 불쾌감을 주지 않는 에티켓은 스스로 지켜야 한다.

Data 지도 189p-C
가는 법 M1호선 Széchenyi fürdő 역 하차
주소 Budapest, Állatkerti krt. 9-11
전화 1-363-3210
운영 시간 06:00~22:00
요금 캐빈 사용 시 6,300포린트, 라커 사용 시 5,800포린트, 주말에 200포린트 추가
홈페이지 www.szechenyi spabaths.com
부다페스트카드 20%

Tip 세체니 온천에서는 매주 토요일 밤(22:30~03:00)마다 클럽 파티가 열린다. 온천 야외 풀에 현란한 조명을 밝히며 신나는 음악과 함께 수영복을 입고 한바탕 파티를 벌인다. 입장 인원에 제한이 있으므로 사전에 홈페이지에서 예약해야 한다. 요금은 50유로(주류 포함 시 60유로). 18세 이상의 성인만 입장할 수 있고, 눈이나 비가 내려도 파티는 진행된다.

120년 전통 헝가리 요리
군델 Gundel

부다페스트의 파인 다이닝 레스토랑 중 가장 먼저 거론되는 곳은 단연 군델이다. 미쉐린 스타 레스토랑의 틈 속에서 군델이 먼저 거론되는 것은 일찌감치 세계에서 인정받은 명성에 인한다. 1894년 군델 카로이Gundel Károly가 창업한 이래 헝가리 향토 요리를 바탕으로 한 창의적인 음식으로 세계에 명성을 떨쳤다. 헝가리 공산화 이후 군델도 국유화되어 전통이 끊어졌다가 1992년 다시 지금의 모습을 되찾고 최고 수준의 요리를 제공하고 있다. 푸아그라 등 고급 요리와 다양한 와인이 가장 유명하고, 수시로 구성이 바뀌는 최상급 코스 요리도 군델의 자랑거리. 매우 비싼 가격 때문에 부담 없이 먹기는 어렵지만 점심에 간단한 3코스 메뉴를 합리적인 가격으로 판매하므로 군델의 명성을 체험해 보고 싶다면 점심에 찾아가자. 일요일 점심은 토커이 스파클링 와인이 주인공이 되는 산뜻한 헝가리 음식 코스 메뉴로 제공되어 가벼운 파티를 즐기는 기분을 선사한다. 전 시간대 예약을 강력히 권장한다.

Data 지도 189p-C
가는 법 회쇠크 광장에서 도보 2분
주소 Budapest, Gundel Károly út 4 전화 1-889-8111
운영 시간 월~목 12:00~23:00, 금·토 12:00~24:00, 일 19:00~23:00, 일요일 점심 뷔페 11:30~15:00
가격 푸아그라 11,500포린트, 코스 29,500포린트, 점심 코스 7,900~8,900포린트, 일요일 점심 14,900포린트
홈페이지 www.gundel.hu

소문난 까마귀 식당
버크버리우 VakVarjú Étterem

언드라시 거리 안쪽 골목에 있는 아담한 식당. 합리적인 가격에 헝가리 전통 음식을 판매한다. 식사 시간을 피해 방문하지 않는 이상 예약은 필수. 재료가 푸짐하게 들어간 구야시가 단연 인기 메뉴이고, 닭이나 오리의 가슴살로 만든 헝가리식 육류 요리, 독일식 학세나 오스트리아식 슈니첼 등 다양한 메인 요리도 주문할 수 있다. 어러니바리우 AranyVarjú라는 이름의 자체 양조 생맥주도 맛이 좋다. 식당 이름이 '눈 먼 까마귀'라는 뜻이라 한국인 사이에서는 '까마귀 식당'이라는 애칭으로 통한다.

Data 지도 188p-I
가는 법 데아크 페렌츠 광장에서 도보 5분 이내
주소 Budapest, Paulay Ede u. 7 전화 1-268-0888
운영 시간 12:00~24:00
가격 구야시 1,390포린트, 메인 2,750포린트~, 맥주 890포린트
홈페이지 pest.vakvarju.com

고기학개론
미트올로지 Meatology Budapest

'슬로푸드, 패스트'라는 모토를 내건 아담한 그릴 앤드 버거 레스토랑이다. 패스트푸드로 먹는 햄버거나 소시지 등의 육류 요리를 판매하는데, 직접 그 자리에서 조리하는 슬로푸드를 제공하겠다는 뜻이다. 육즙이 풍성한 햄버거와 바삭한 양파 칩은 맥주와 잘 어울린다. 그야말로 고기Meat 학문-ology의 성찬, 말하자면 고기학개론의 학습장이다. 내부가 좁아 식사 시간에 방문하려면 홈페이지에서 예약하는 것이 좋다. 성 이슈트반 대성당 부근에 있으며, 큰 인기를 끌면서 최근 바치 거리 인근에 2호점을 냈다.

Data 지도 188p-I
가는 법 성 이슈트반 대성당 뒤편
주소 Budapest, Bajcsy-Zsilinszky út 15c
전화 30-891-2250
운영 시간 10:00~20:00
가격 햄버거 2,900포린트~
홈페이지 www.meatologybudapest.hu

페슈트 북부

알고 보니 고급 레스토랑
멘자 Menza

한국인 여행자에게 너무 유명해서 여기에 가면 한국인은 반드시 마주치게 된다는 곳. 훌륭한 맛은 기본이고 가격도 저렴해서 헝가리의 저렴한 물가를 실감하며 메뉴 여러 개를 주문해 배터지게 먹는다는 곳. 오크토곤 안쪽 골목에 있는 멘자다. 그런데 이러한 세간의 평과는 달리 멘자는 부다페스트의 대중음식점 중에는 고급 레스토랑에 속하며 가격도 평균 이상이다. 그럼에도 불구하고, 처음 방문하면 가격이 저렴하다고 느껴질 정도로 부다페스트의 물가가 저렴함을 실감나게 해주는 곳이다.

맛이 진한 구야시, 한 입 맛볼 수 있는 푸아그라 애피타이저, 신선한 샐러드 등이 유명하다. 스테이크나 스튜 등 여러 종류의 메인 요리도 주문할 수 있고, 육류 요리에 잘 어울리는 여러 종류의 와인도 준비되어 있다. 매주 정해진 메뉴를 조금 할인하는 위클리 메뉴를 잘 살펴보아도 좋다. 고급 레스토랑에 걸맞게 직원의 서비스 수준도 높고 친절하지만, 때로는 그 친절이 너무 과하여 직원의 농담이 불쾌하게 느껴졌다는 경험담도 들려 온다. 식사 시간대에는 거의 자리가 없고 대기 시간이 긴 편이므로 이메일(menzabooking@gmail.com)로 예약하면 편리하다.

Data 지도 188p-J
가는 법 M1호선 Oktogon 역에서 도보 2분
주소 Budapest, Liszt Ferenc tér 2
전화 1-413-1482
운영 시간 11:00~24:00
가격 구야시 1,690포린트, 푸아그라 2,990포린트, 샐러드 2,590포린트~, 메인 4,000포린트 안팎
홈페이지 www.menzaetterem.hu

다양한 돼지고기 요리
페슈티 디스노 Pesti Disznó

'페슈트의 돼지'라는 뜻의 페슈티 디스노는, 그 이름 그대로 돼지고기를 이용한 요리를 주로 판매하는 레스토랑이다. 헝가리 전통 스튜인 푀르쾰트, 포크 립, 메달리온(친근한 표현으로는 동그랑땡) 등 다양한 형태의 돼지고기 요리, 그 외에 몇 가지 닭고기나 다른 요리를 판매한다. 또 구야시 수프와 햄버거 등 취향에 따라 선택할 수 있는 폭은 충분히 넓고, 와인이나 칵테일을 곁들이면 더욱 좋다.

Data 지도 188p-J
가는 법 M1호선 Oktogon 역에서 도보 5분 이내
주소 Budapest, Nagymező u. 19 전화 1-951-4061
운영 시간 09:00~24:00
가격 메인 4,000포린트 안팎
홈페이지 www.pestidiszno.hu

가성비 으뜸 조각 피자
피지차 Pizzica

500포린트 미만의 저렴한 금액으로 조각 피자를 먹을 수 있는 곳. 피자 두 조각이면 배가 부르니 음료 한 잔 값으로 배를 채울 수 있어 가성비가 으뜸이다. 토핑이 부실하지 않은 피자의 가격이 저렴할 수 있는 이유는, 미리 만들어 두었다가 손님이 주문하면 데워 주는 시스템이기 때문. 3~4가지 피자를 선보이며 판매되는 대로 다른 종류의 피자를 굽기에 토핑의 종류는 날마다 달라진다. 2층에 테이블이 있으나 매우 아담한 매장인만큼 테이크아웃해서 길거리에서 먹는 운치를 느껴 보자. 숙소가 오크토곤 부근이라면 숙소에 가져와 먹어도 좋다.

Data 지도 188p-J
가는 법 M1호선 Oktogon 역에서 도보 5분
주소 Budapest, Nagymező u. 21
전화 30-993-5481
운영 시간 월~토 11:00~24:00 (금·토 ~03:00), 일 휴무
가격 조각 피자 490포린트 안팎
홈페이지 www.facebook.com/pizzicapizza

전망 좋은 곳에서 칵테일 한잔
360 바 360 Bar

언드라시 거리의 높은 건물에 있는 루프톱 바. 고층 건물이 많지 않기에 바에서 보이는 주변 전망이 매우 좋다. 날씨가 좋을 때, 특히 해가 지는 시간 즈음에 찾아가면 매우 로맨틱한 분위기를 느낄 수 있다. 다양한 프로그램을 진행하는데 홈페이지를 통해 확인 가능하며 참여하려면 미리 이메일로 예약해야 한다. 칵테일, 와인, 리큐어와 소프트드링크 등 주류 선택의 폭이 넓다. 안주가 필요하면 햄버거나 샌드위치 등 간단한 음식을 곁들일 수 있으나 가격은 약간 비싼 편이다. 원하는 시간대에 찾아가려면 홈페이지에서 예약을 해두면 좋다.

Data 지도 188p-J
가는 법 M1호선 Opera 또는 Oktogon 역에서 도보 5분
주소 Budapest, Andrássy út 39
운영 시간 14:00~24:00 (목·금 ~02:00, 일 12:00~)
가격 칵테일 2,650포린트~,
홈페이지 www.360bar.hu

맥도날드라고 무시하지 마세요
맥도날드 뉴거티 McDonald's Nyugati

부다페스트에는 일부러 찾아갈 만한 가치가 있는 특별한 맥도날드 매장이 있다. 뉴거티 기차역 안에 있는 맥도날드는 기차역 특유의 천장이 높은 홀에 고풍스러운 인테리어로 꾸며 두어 매우 우아하다. 덕분에 '세계에서 가장 아름다운 맥도날드'라는 평가를 얻었다. 특이하게 주문 카운터가 위층의 맥카페, 아래층의 맥도날드로 나뉘어져 운영된다. 음식과 음료, 가격까지 다른 매장과 똑같지만 분위기만은 남다르다. 1988년 헝가리에서 최초로 문을 연 맥도날드 매장이었고, 아직 공산주의 사회였던 그 시절 동유럽에서 최초로 문을 연 맥도날드 중 하나라고 한다. 무시할 수 없는 역사와 분위기를 가진 곳이다.

Data 지도 188p-E
가는 법 뉴거티 기차역에 위치
주소 Budapest, Teréz krt. 55
전화 1-332-5970
운영 시간 05:00~24:00 (금·토 ~02:00, 토·일 06:00~)
가격 빅맥(단품) 840포린트, 커피 310~460포린트
홈페이지 www.mcdonalds.hu

그랜드 부다페스트 호텔
코린티아 호텔 Corinthia Hotel

1896년 문을 열자마자 엘리트 상류층의 사교 장소로 인기를 끌었던 럭셔리 호텔. 당시 이름은 그랜드 호텔 로열Grand Hotel Royal이었다. 비록 지금은 이름과 모습이 많이 바뀌었지만 여전히 고급스러운 5성급 호텔로 인기가 높다. 그랜드 호텔 로열 시절의 명성을 듣고 영화감독 웨스 앤더슨Wes Anderson이 취재하여 영화를 만들었는데, 바로 그 유명한 〈그랜드 부다페스트 호텔Grand Budapest Hotel〉이다. 영화 속 호텔의 핑크빛 외관은 체코의 호텔에서 영감을 받았고, 호텔의 내부는 코린티아 호텔에서 모티브를 얻었다고 한다.

가장 저렴한 등급인 수페리어룸은 방이 좁다는 것만 제외하면 최고의 시설이 갖추어져 있으므로 큰 부담 없이 고급 호텔에 숙박할 수 있다. 무엇보다 코린티아 호텔 내에 있는 온천 스파는 그랜드 호텔 로열 시절부터 존재하며 엘리트 상류층이 회포를 풀었던 유서 깊은 스파라는 점에서 다른 호텔보다 특별한 의미를 가지며, 시설도 명성만큼 대단하다. 예약 시 이그제큐티브 클럽Executive Club이 포함된 옵션을 선택하면 조식과 웰컴 드링크, 헝가리 와인 등 많은 혜택을 추가로 누릴 수 있다.

Data 지도 188p-J 가는 법 4·6번 트램 Király utca 정류장 하차 주소 Budapest, Erzsébetkrt. 43-49 전화 1-479-4000 요금 수페리어룸 120유로~ 홈페이지 www.corinthia.com

고급 호텔의 정석
호텔 모멘츠 Hotel Moments Budapest

99개의 객실을 갖춘 4성급 호텔. 언드라시 거리 대로변에 있다. 19세기 후반에 건축된 옛 건물을 개조하였는데, 전혀 옛 건물이라는 생각이 들지 않을 정도로 현대적인 설비를 충실하게 갖추두었다. 객실이 좁은 편이기는 하지만 공간 활용을 잘하고 디자인도 깔끔해 불편하게 느껴지지 않는다. 또한 수준 높은 조식 뷔페가 기본 제공된다. 우리가 생각할 수 있는 고급 호텔의 정석이다.

Data 지도 188p-I
가는 법 언드라시 거리에 위치
주소 Budapest, Andrássy út 8 전화 1-611-7005
요금 더블룸 165유로~
홈페이지 www.hotelmomentsbudapest.hu

클래식부터 모던까지
오페라 호텔 K+K Hotel Opera

런던, 바르셀로나, 프라하 등 유럽 여러 주요 도시에 호텔을 운영하는 K+K 그룹 산하의 부다페스트 호텔. 언드라시 거리의 국립 오페라 극장 바로 옆에 위치한다. 무난한 클래식룸, 모던한 인테리어로 고급스럽게 꾸민 디럭스룸 모두 만족도가 높은 편이다.

Data 지도 188p-I
가는 법 M1호선 Opera 역 하차
주소 Budapest, Révay u. 24
전화 1-269-0222
요금 클래식룸 130유로~
홈페이지 www.kkhotels.com

저가항공 방식 그대로
이지 호텔 easyHotel Budapest Oktogon

유명한 저가항공사 이지젯Easyjet에서 운영하는 이지 호텔의 부다페스트 지점. 오크토곤 부근에 있다. 기본요금이 저렴한 대신 기내식이나 수하물 등의 요금이 추가되는 이지젯처럼 이지 호텔도 저렴한 숙박료 외에 빠른 무선인터넷 접속, TV 시청, 얼리 체크인 등 사안마다 추가 요금이 책정된다. 호스텔은 내키지 않고 욕실이 딸린 호텔방에서 숙박하되 문자 그대로 잠만 잘 곳이 필요하다면 최우선적으로 고려할 만하다.

Data 지도 188p-F
가는 법 M1호선 Oktogon 역에서 도보 5분 이내
주소 Budapest, Eötvös u. 25a
전화 1-411-1982
요금 더블룸 50유로~
홈페이지 www.easyhotel.com

세련된 3성급 호텔
12 레버이 호텔 12 Revay Hotel

성 이슈트반 대성당 뒤편의 골목에 있는 아담한 3성급 호텔. 방이 약간 좁지만 모든 시설은 무난하게 갖추었고 세련된 디자인의 센스도 엿보인다. 꼭대기 층에서는 객실이나 테라스에서 대성당이 보이는 객실도 있다. 홈페이지에서 직접 예약(2박 이상)하면 공항 픽업을 무료로 제공한다.

Data 지도 188p-I **가는 법** 성 이슈트반 대성당에서 도보 5분 이내 **주소** Budapest, Révay u. 12 **전화** 1-909-1212 **요금** 더블룸 85유로~ **홈페이지** 12revay.accenthotels.com

그 명성 그대로
움밧 호스텔 Wombat's City Hostel Budapest

올바른 발음은 웜뱃. 그런데 이미 국내에서는 움밧이라는 표기가 관용적으로 통한다. 움밧 호스텔은 오스트리아 빈과 독일 뮌헨에서 전 세계 배낭여행자에게 큰 인기를 얻고 현재는 베를린과 런던, 그리고 부다페스트에 추가로 지점을 운영하고 있다. 호스텔의 표준을 제시한 그 명성에 걸맞는 서비스를 부다페스트에서도 만날 수 있다.

특히 부다페스트에서 몇 안 되는, 출입문이 개방되어 있어 초인종을 누르지 않아도 들어갈 수 있어서 늦은 시각에 도착해도 부담이 없는 호스텔이다. 물론 숙박 구역은 카드키로 보안이 유지되므로 치안은 염려하지 않아도 된다. 직접 만들어 제공하는 부다페스트 여행 브로슈어에 한국어 버전도 있어 반갑다. 움바Wombar라는 자체 펍에서 투숙객에게 맥주 한 잔을 무료로 제공한다. 최대 8인실의 도미토리는 공간이 넓어 전혀 복잡하지 않고, 객실 내에 커다란 사물함(자물쇠는 직접 휴대하거나 대여)과 깨끗한 화장실이 있다. 단, 많은 여행자가 사용했던 시설이기에 침대나 샤워부스 등에 낡은 흔적이 보이는 것은 어쩔 수 없다. 유일한 단점은 건물 사정상 낮에 수돗물이 나오지 않는다는 점이다. 숙소 밖에서 여행하는 시간대이므로 큰 불편으로 느껴지지는 않을 것이다.

Data **지도** 188p-I
가는 법 데아크 페렌츠 광장에서 도보 5분 이내 **주소** Budapest, Király u. 20
전화 1-883-5005 **요금** 도미토리 23유로~ **홈페이지** www.wombats-hostels.com

부다페스트 대표 파티 호스텔
애비뉴 호스텔 Avenue Hostel

전 세계에서 온 여행자와 교류하려고 호스텔을 찾는 사람이라면 부다페스트 대표 파티 호스텔인 애비뉴 호스텔을 가장 먼저 추천한다. 오크토곤에 있는 낡은 건물의 일부를 호스텔로 사용하기에 어둡고 좁은 통로와 낡은 엘리베이터 등 당황스러운 첫인상을 받게 하는 요소도 많다. 그러나 층층마다 마련된 휴게 공간과 주방에서 다른 투숙객과 어울리며 떠들어도 되고, 매주 월·목·토요일 저녁에 무료 저녁 식사를 제공하여 서로 어울릴 시간을 마련해 주기도 한다. 최대 12인실이 도미토리는 각 침대마다 커튼이 있고, 커튼 안쪽에 개인 사물함과 충전 전원이 제공되어 독립적인 느낌으로 편안하게 잘 수 있다는 장점도 있다. 간단하지만 조식도 무료로 제공하고, 사물함 자물쇠도 무료로 빌려준다(보증금 필요). 하지만 파티 호스텔의 특성상 조용히 잠들기는 어려우니 시끌벅적한 분위기가 싫다면 굉장히 불편한 호스텔로 기억에 남을지도 모른다. 냉방 시설이 없어 창문을 열면 대로변의 소음이 수면을 방해한다는 것도 단점이라면 단점.

건물 입구에서 초인종을 누르고 1층(한국식 2층)으로 올라가면 리셉션이 있다. 만약 4층(한국식 5층)의 객실을 배정받았다면 리셉션 밖으로 나가 엘리베이터를 타고 올라가 좁고 아찔한 테라스 통로를 지나야 해서 불편할 수 있다. 리셉션은 24시간 운영한다.

Data 지도 188p-F
가는 법 M1호선 Oktogon 역 하차
주소 Budapest, Oktogon tér 4
전화 70-410-6135
요금 도미토리 18유로~
홈페이지 www.avenuehostel.hu

인기 호스텔의 미니 2호점
팔스 미니 호스텔 Pal's Mini Hostel

팔스 호스텔(182p)의 2호점. '미니'에서 알 수 있듯 규모는 아담하다. 최대 8인실의 도미토리 객실 4개가 전부. 침대마다 암막 커튼을 칠 수 있는 장점이 있지만, 객실의 여유 공간이 좁다. 날씨가 몹시 더울 때 리셉션에 이야기하면 에어컨을 틀어 준다. 미니 호스텔이지만 리셉션은 24시간 운영하고, 휴게 공간과 샤워 공간은 충분히 넓다. 건물 입구에서 초인종 한 번, 엘리베이터 앞에서 다시 초인종을 한 번 눌러야 해 처음에는 번거롭지만 체크인하면 출입 패스워드를 알려 준다.

Data 지도 188p-J 가는 법 M1호선 Oktogon 역 하차
주소 Budapest, Oktogon tér 3 전화 31-785-6878
요금 도미토리 25유로~ 홈페이지 www.palshostel.com

정겨운 소형 호스텔
액티비티 호스텔 Activity Hostel

4인 도미토리 객실 2개가 전부인 정겨운 분위기의 소형 호스텔. 넓은 휴게실과 갖출 건 다 갖춘 주방, 욕조까지 딸린 화장실 등 시설은 매우 우수하고, 에어컨은 없지만 선풍기는 방마다 몇 개씩 놓여 있다. 언드라시 거리의 낡은 건물의 일부를 사용하여 방음이 잘 안 되지만 옆집도 가정집인 듯 TV 소리 정도의 소음만 들린다. 단점은 체크인 시간이 짧다(10~16시)는 것. 그 외 시간에는 리셉션에 직원이 없다. 내부를 관리할 직원이 아예 없다는 것은 유사시에 단점이 될 수도 있다.

Data 지도 188p-I 가는 법 M1호선 Bajcsy-Zsilinszky út 역에서 도보 2분 주소 Budapest, Andrássy út 7 전화 30-655-0457
요금 도미토리 19유로~ 홈페이지 activity.insta-hostel.com

기차역에서 가까운 비즈니스 호텔
마르마라 호텔 Marmara Hotel

뉴거티 기차역에서 가까운 4성급 호텔. 무난한 디자인의 좋은 시설과 그에 준하는 합리적인 가격, 기본적으로 포함되는 풍성한 조식 등 우수한 비즈니스 호텔에 가깝다. 페슈트 중심부까지 걸어서 가기에는 무리가 있지만 국회의사당과 다뉴브강변까지는 멀지 않다.

Data 지도 188p-E
가는 법 M3호선 Nyugati Pályaudvar 역에서 도보 5분 이내
주소 Budapest, Nagy Ignác u. 21 전화 1-501-9100
요금 더블룸 85유로~
홈페이지 www.marmara.hu

디자인 호텔 또는 파티 호스텔
풀 문 호스텔 Full Moon Hostel Budapest

더블룸 등 개인실은 세련된 디자인 호텔의 객실을 보는 것 같고, 최대 8인실의 도미토리는 무난하다. 개인실은 동급 호텔보다는 저렴한 편이지만 호스텔과 시설을 공유해 불편할 수 있고, 도미토리는 디자인 호텔급의 부대시설을 공유해 가격 대비 우수한 서비스를 누릴 수 있다. 이런 양면적인 매력을 가진 풀 문 호스텔은 뉴거티 기차역 부근에 있다. 주변에 유흥업소가 있어 밤거리가 흉흉해 보일 수 있지만 호스텔 출입문 앞에 보안요원이 상주해 안전하다. 단, 길거리에서 들리는 소음도 물론이거니와 기본적으로 파티 호스텔을 지향해 분위기는 매우 시끌벅적하다. 그런 활기를 좋아하는 여행자에게는 좋은 선택이 될 것이다.

Data 지도 188p-E
가는 법 15·115번 버스 Szent István körút 정류장 하차
주소 Budapest, Szent István krt. 11 전화 1-792-9045
요금 도미토리 17유로~, 더블룸 79유로~
홈페이지 www.fullmoonhostel.com

Budapest By Area
03

페슈트 남부
Pesti Délre

도시의 관문인 켈레티 기차역부터 시작된
과거의 번화가가 루인 펍 등 새로운 문화를
덧입어 현대적으로 변신하고 있는 현장.
여기에 현대에 들어 도시가 점차 확장되면서
계속 진화하고 있는 코르빈 지구 등
새로운 변화가까지 연결되는 지역이다.
중앙 시장 등 익히 유명한 명소부터
어쩌면 당신이 미처 몰랐을 보석 같은
숨겨진 명소까지 만날 수 있다.

STRAND
AUG. 22-25. - ZAMÁRDI
STRAND
AUG. 22-25. - ZAMÁRDI
TANKCSAPDA
QUIMBY

Pesti Délre
PREVIEW

부다페스트에서 나날이 발전하는 새로운 '핫한' 지역은 페슈트 지구의 동남쪽이다. 현지인으로 붐비는 새로운 변화가가 하나둘 생겨나고 있으며, 그에 따라 새로운 맛집이나 저렴한 숙소도 늘어나고 있다. 또한 이 지역에 위치한 개성적인 박물관도 새롭게 조명을 받고 있다.

SEE
여행자에게 널리 알려진 국립 박물관과 중앙 시장은 꼭 가보아야 하는 곳. 더 남쪽으로 내려가면 응용 미술 박물관, 홀로코스트 메모리얼 센터, 루트비히 미술관 등 개성적인 박물관을 만날 수 있다.

EAT
칼빈 광장 부근에 대학교가 있어 학생 유동인구가 많다. 자연스럽게 가성비 좋은 저렴한 임비스나 펍이 많이 생겼다. 시너고그 부근은 부다페스트 특유의 루인 펍 문화를 체험할 수 있는 대표적인 클럽도 만날 수 있는 장소다.

SLEEP
켈레티 기차역 부근에 오래된 호텔이 많고, 칼빈 광장 부근에 저렴한 호스텔이 많다. 특히 칼빈 광장 부근은 관광지 중심에서 약간 떨어진 곳이기에 성수기에도 어렵지 않게 숙소를 구할 수 있는 편이다.

BUY
중앙 시장은 기념품 쇼핑의 1번지라 해도 과언이 아니고, 현지인의 데이트 코스인 변화가 코르빈 지구도 있다.

어떻게 갈까?

크게 두 축이 있다. 켈레티 기차역에서 아스토리아Astoria로 이어지는 동서 방향은 M2호선, 칼빈 광장에서 코르빈 지구로 이어지는 남북 방향은 M3호선이 축이 된다. 루트비히 미술관 등 다뉴브 강변의 명소는 2번 트램으로 연결된다. 특히 2번 트램은 다뉴브 산책로와 국회의사당 등 페슈트 중심부까지 다뉴브 강변을 따라 연결하여 여행에 큰 도움이 된다. 고속버스나 비행기로 부다페스트에 도착했다면 M3호선을 타고 시내로 들어오므로 이 지역부터 여행을 시작하면 편리하다. 기차로 도착했을 때에도 켈레티 기차역에 내릴 확률이 높으니 마찬가지로 이 지역이 여행의 시발점이 될 것이다.

Pesti Délre
ONE FINE DAY

켈레티 기차역에서 출발하여 M2호선과 M3호선 라인을 따라 여행하자.
아래 코스 중 부다페스트의 필수 여행지나 마찬가지인 중앙 시장까지의 루트는
바쁜 여행자라도 그냥 지나치지 말고 꼭 관광하기를 바란다.

켈레티 기차역에서
여행 시작

→ 지하철 5분

유대인의 애환이 담긴
도하니 시너고그
방문하기

→ 도보 5분

펄로터 지구의 숨은
명소 찾기

↓ 도보 2분

즈바크 우니쿰
박물관 관람하기

← 트램 8분

구경만 해도 즐거운
중앙 시장 들르기

← 도보 5분

국립 박물관에서 헝가리의
역사와 문화 이해하기

↓ 트램 5분

루트비히 미술관 관람 후
지구러트에서 다뉴브강 보기

→ 버스+도보 20분

홀로코스트 메모리얼
센터에서 헝가리
역사의 상처 느껴 보기

→ 도보 5분

코르빈 지구에서
마무리

어떻게 다닐까?

지하철, 트램, 버스 등을 부지런히 이용해야 되는 코스다. 대중교통이 잘 갖춰져 있고, 큰 길이나 강변을 따라 이동하는 만큼 길을 헤맬 염려는 하지 않아도 된다.

BUDAPEST BY AREA 03
페슈트 남부

SEE

눈으로 보는 헝가리의 역사
국립 박물관 Magyar Nemzeti Múzeum | Hungarian National Museum

마치 고대 그리스 신전을 보는 것 같은 웅장한 고전주의 양식의 건물 속에 헝가리 역사가 숨 쉬고 있다. 1802년 개관한 국립 박물관은 고대 로마 제국의 진출부터 시작해 오스트리아의 지배를 받은 중세, 공산화와 혁명의 아픈 현대사까지 헝가리의 모든 시대를 생생하게 만날 수 있는 사실상 역사박물관이다.

로마 제국의 흔적은 헝가리에서 발굴된 로마의 유적으로, 중세의 역사는 오스트리아의 영향을 받은 귀족 문화의 민속 자료로, 현대사는 다양한 시청각 자료로, 관람객이 눈으로 보고 직접적으로 받아들일 수 있게 전시하고 있다. 여기에 헝가리를 대표하는 작곡가 리스트 페렌츠 등 주요 인물에 관한 전시실도 있어 박물관을 돌아보면 헝가리 역사 속 중요한 순간이 언제였는지, 중요한 인물이 누구였는지, 쉽게 이해할 수 있다. 1층 홀에서 2층 전시실로 올라가는 벽과 천장을 화려하게 장식한 프레스코화도 놓치면 안 된다. 오늘날의 박물관 건물은 1847년 건축가 미하이 폴라크 Mihály Pollack이 만들었고, 입구 앞 중앙의 큰 동상은 헝가리의 시인 어러니 야노시 Arany János가 주인공이다.

Data 지도 216p-B
가는 법 M3·M4호선 Kálvin tér 역 하차 주소 Budapest, Múzeum krt. 14-16
전화 1-327-7700
운영 시간 화~일 10:00~18:00, 월 휴무 요금 성인 2,600포린트, 학생 1,300포린트
홈페이지 www.mnm.hu
부다페스트카드 100%

프레스코화

로마 제국의 유적

오스트리아 마리아 테레지아 여왕의 초상화

카로이 궁전

에스테르하지 궁전

궁전이 곳곳에
펄로터 지구 Palotanegyed | Palace District

펄로터Palota는 '궁전'이라는 뜻. 그러니까 펄로터 지구는 '궁전이 모인 지구'라는 뜻이다. 오스트리아 빈에 궁전Palais이라는 이름을 가진 수많은 건물이 있다. 모두 귀족의 거처로 지은 큰 건물을 궁전이라고 이름 붙인 것이다. 오스트리아의 영향을 받은 헝가리도 마찬가지. 당시 부다페스트 귀족들의 건물에 궁전이라는 이름을 붙인 사례가 많았고, 이런 귀족의 저택이 한데 모인 곳이기에 펄로터 지구라고 부른다.

위치는 국립 박물관 뒤편. 1838년 이 지역에 큰 홍수가 발생해 많은 건물이 파괴되어 아예 새로 시가지를 만들어야 했는데, 국회의사당(158p)과 국립 오페라 극장(191p) 등 걸작을 남긴 건축가 이블 미클로스가 주도하여 품위 있는 시가지를 만들었고, 국립 박물관 역시 같은 시기에 건축되었다. 오랜 세월을 거치며 시가지가 많이 변하기는 했지만, 여전히 에스테르하지 궁전Esterházy-palota, 페스테티치 궁전Festetics Palota, 카로이 궁전Károlyi Palota 등 눈에 띄는 걸작이 남아 있다. 이 중 카로이 궁전은 1956년 헝가리 혁명의 현장인 헝가리 라디오 빌딩Magyar Rádió Épülete이기도 하다. 혁명 당시 라디오로 혁명을 선언하고 지도자가 연설을 해 군중이 라디오 빌딩에 운집했으며, 소련의 탄압으로 많은 희생자가 발생하기도 했다.

Data 지도 216p-B **가는 법** 본문에 언급된 궁전은 국립 박물관 뒤편 Pollack Mihály tér에 나란히 위치

페스테티치 궁전

부다페스트의 대학로
칼빈 광장 Kálvin tér | Calvin Square

주변에 큰 대학교가 여럿 있어 젊은 분위기가 가득한 부다페스트의 번화가. 분주한 광장에 서 있는 작은 동상의 주인공인 야노시 칼빈János Kálvin에서 이름을 따왔다. 야노시 칼빈은 프랑스 출신의 종교개혁가 장 칼뱅Jean Calvin의 헝가리어 표기다. 광장에 칼뱅의 교리를 따르는 개혁 교회 Kálvin Téri Református Templom가 있고, 광장 바닥에 칼뱅의 어록을 돌에 새겨 보도블록처럼 깔아 둔 것이 특이하다. 젊고 활기찬 번화가이지만 어두워지면 지하철역에 노숙자가 많이 보이기도 한다.

Data 지도 216p-F
가는 법 M3·M4호선 Kálvin tér 역 하차

유럽 최대 유대인 예배당
도하니 거리 시너고그 Dohány Utcai Zsinagóga | Dohány Street Synagogue

도하니 거리에 있는 시너고그(유대인 예배당). 유럽의 시너고그를 통틀어 가장 규모가 커 현지인은 대 시너고그Nagy Zsinagóga라 부른다. 이슬람 사원에서 주로 발견되는 무어 양식이라 더 흥미롭다. 장엄한 예배당의 내부, 헝가리의 유대인 커뮤니티 역사에 관한 박물관, 제1차 세계대전 당시 전사한 1만 명의 유대인 장병을 기리는 영웅의 전당, 그리고 홀로코스트 희생자를 기리는 기념비 등을 둘러볼 수 있다. 민소매나 노출이 심한 옷은 입장이 제한될 수 있고, 남성은 입구에서 나눠 주는 키파 Kippah를 머리에 착용해야 한다.

Data 지도 216p-B
가는 법 M2호선 지하철 또는 47·48·49번 트램 Astoria 정류장 하차 **주소** Budapest, Dohány u. 2
전화 1-343-0420 **운영 시간** 하절기(5~9월) 월~목 10:00~20:00, 금 10:00~16:00, 동절기(11~2월) 월~목 10:00~16:00, 금 10:00~14:00, 나머지 기간 월~목 10:00~16:00, 금 10:00~14:00, 토·일 휴무
요금 성인 4,500포린트, 학생 3,400포린트 **홈페이지** www.dohany-zsinagoga.hu **부다페스트카드 10%**

홀로코스트 희생자를 기리는 기념비

© Jewish Tour Hungary

아르누보의 걸작과 잠시 이별
응용 미술 박물관 Iparművészeti Múzeum | Museum of Applied Arts

헝가리의 대표적인 아르누보 건축가 레흐너 외된Lechner Ödön이 1896년 만든 응용 미술 박물관으로 웅장한 건축이 즐비한 부다페스트에서도 몇 손가락 안에 드는 아름다운 건축미를 뽐낸다. 자연에서, 그리고 헝가리의 전통 문양에서 모티브를 얻고 오리엔탈의 양식을 더해 창의적인 아르누보의 걸작이 탄생했다. 하지만 건물의 대대적인 보수로 인해 2017년 12월부터 임시 휴관 중이며, 아직 공사 일정은 미정이다. 그때까지는 가림막에 가려 아르누보의 걸작을 볼 수 없어 아쉬울 따름이다.

Data 지도 216p-F 가는 법 M3호선 Corvin-negyed 역 하차
주소 Budapest, Üllői út 33-37 홈페이지 www.imm.hu

비극적 역사의 기록관
홀로코스트 메모리얼 센터 Holokauszt Emlékközpont | Holocaust Memorial Center

제2차 세계대전을 전후하여 헝가리에서 자행된 홀로코스트의 아픈 역사를 잊지 않기 위해 설립된 기록관. 시너고그가 있던 자리에 2004년 문을 열었다. 홀로코스트로 희생당한 유대인의 비극적인 역사를 다양한 시청각 자료, 희생자의 소지품 등을 활용하여 알려 준다. 단순히 유대인의 상처를 배우기 위해서가 아니라 인류의 비극적인 역사를 기억하고 헝가리의 현대사를 이해하기 위한 배경을 쌓으러 찾아가야 할 곳이다.

Data 지도 216p-F 가는 법 M3호선 Corvin-negyed 역 하차 후 도보 5분
주소 Budapest, Páva u. 39 전화 1-455-3333 운영 시간 화~일 10:00~18:00, 월 휴무
요금 성인 1,400포린트, 학생 700포린트 홈페이지 www.hdke.hu

헝가리에 한 뼘 더 가까이
중앙 시장 Nagyvásárcsarnok | Great Market Hall

직역하면 '큰 시장 홀'이라는 뜻. 그래서 영어식 표현인 그레이트 마켓 홀이라고 적기도 하고, 센트럴 마켓 홀이라고도 한다. 저자는 중앙 시장이라는 번역 표기를 인용하였다. 길고 천장이 높은 홀 구조의 건물은 기차역을 보는 기분이다. 지상 2층, 지하 1층으로 구성되어 있으며(위층은 레스토랑이나 매점이다) 1897년 문을 열어 부다페스트 시장 중 가장 오래되고 규모가 크다.

식재료를 판매하는 매장이 대부분이었지만 워낙 관광객이 많이 찾다 보니 오늘날에는 관광객을 상대로 하는 헝가리 특산품을 파는 매장이 훨씬 많다. 덕분에 기념품으로 퍼프리커, 푸아그라, 꿀, 토커이 와인, 팔린커 등 헝가리 특산품을 사고 싶은 여행자는 발품을 들이지 않아도 중앙 시장 내에서 모든 쇼핑을 마칠 수 있다. 지하는 보다 전통 시장에 가깝다. 지하 통로에 헝가리쿰을 소개하는 설치물이 있고 큰 슈퍼마켓도 지하에 있으니 지하까지 둘러볼 이유는 충분하다. 모든 상품은 정찰제이며 시장 구경을 마치고 나면 자연스럽게 헝가리 특산품이 무엇인지, 헝가리인이 어떤 문화 속에서 살아가는지 한 뼘 더 가까이 느끼게 될 것이다.

Data 지도 216p-F
가는 법 M4호선 또는 47·48·49번 트램 Fővám tér 정류장 하차
주소 Budapest, Vámház krt. 1-3
전화 1-366-3300
운영 시간 월~금 06:00~18:00, 토 06:00~15:00, 일 휴무
요금 무료
홈페이지 www.piaconline.hu

아름다운 녹색 다리
서버드샤그 다리 Szabadság Híd | Liberty Bridge

'자유의 다리'라는 뜻의 서버드샤그 다리는 부다페스트 시내 중심의 세 개의 다리 중 가장 남쪽에 있다. 여행자에게는 '그린 브릿지 Green Bridge'라는 애칭이 더 유명하다. 실제로 녹색 빛의 철골 구조가 매우 아름다운 풍경을 만든다. 1896년 당시 오스트리아-헝가리 이중제국의 황제 프란츠 요제프가 참석한 가운데 개통하였고, 마지막 리벳(못)을 황제가 직접 결합하기도 했다. 다리 자체의 건축미가 가장 빼어나 낮과 밤 모두 근사한 사진을 남길 수 있는 장소로 인기가 높다.

Data 지도 216p-E
가는 법 M4호선 또는 47·48·49번 트램 Fővám tér 정류장 하차

또 하나의 다뉴브 산책로
네흐루 파르트 Nehru Part | Nehru Coast

페슈트 중심부의 다뉴브 산책로만큼이나 다뉴브강의 풍경을 벗하며 기분 좋게 산책하고 휴식할 수 있는 공원이다. 겔레르트 언덕의 자유의 여신상(260p)을 강 건너에서 바라보기 가장 좋은 장소이고, 강 맞은편 겔레르트 호텔(269p)이나 기술 경제 대학 Budapesti Műszaki és Gazdaságtudományi Egyetem 등 웅장한 건축물도 한눈에 들어와 풍경이 매우 좋다. 우주선을 연상케 하는 쇼핑몰 발너 Bálna도 공원의 볼거리를 더한다.

Data 지도 216p-F
가는 법 2번 트램 Zsil utca 정류장 하차 또는 서버드샤그 다리에서 도보 5분

자유의 여신상

기술 경제 대학

발너

BUDAPEST BY AREA 03
페슈트 남부

예술의 궁전
뮤퍼 Müpa Budapest | Müpa Budapest

부다페스트 다뉴브 강변 남쪽에 2005년 문화 단지를 만들었다. 그 중 하나의 축이 뮤퍼. 원래 이름은 '예술의 궁전'이라는 뜻의 뮤베세테크 펄로타여 Művészetek Palotája이었는데, 여기서 이니셜을 따 2015년 뮤퍼로 간결하게 이름을 바꾸었다. 내부에 클래식부터 대중 음악까지 고루 연주되는 여러 공연장과 대형 미술관이 있어 문자 그대로 예술의 궁전이다. 공연 프로그램 확인과 티켓 예매는 홈페이지에서 가능하고, 예매 후 온라인 티켓을 수령하여 출력하면 된다.

Data 지도 216p-J
가는 법 H7호선 또는 2번 트램 Müpa – Nemzeti Színház 역 하차
주소 Budapest, Komor Marcell u. 1
전화 1-555-3000
홈페이지 www.mupa.hu

현대 미술의 전문가
루트비히 미술관 Ludwig Múzeum | Ludwig Museum

루트비히 미술관은 뮤퍼 내에 있는 대형 미술관이다. 초콜릿 사업으로 큰돈을 번 독일인 사업가 페터 루트비히와 아내 이레네 루트비히 Peter & Irene Ludwig가 소장한 작품을 기증하여 박물관의 토대가 되었다. 이런 식으로 루트비히 부부의 기부로 만들어진 미술관이 전 세계 5개국에 총 19곳이나 된다. 부다페스트의 루트비히 미술관은 1989년 개관했으며, 뮤퍼의 개관과 함께 둥지를 옮겼다. 루트비히 컬렉션은 현대 미술 분야에 특화되어 있다. 부다페스트에서도 700여 점의 현대 미술을 알차게 전시한다.

Data 지도 216p-J 가는 법 뮤퍼 내에 위치 전화 1-555-3444
운영 시간 화~일 10:00~20:00, 월 휴무 요금 2,400포린트, 홈페이지에서 예약 시 2,100포린트
홈페이지 www.ludwigmuseum.hu
부다페스트카드 100%

식물의 미로

외국인도 함께 즐기는 연극
국립 극장 Nemzeti Színház | National Theatre

국립 극장은 1800년대 중반부터 역사가 이어지고 있다. 지금의 극장 건물은 2004년 완공되었고, 그 전까지 사용된 극장 건물의 파사드 일부를 가져와 극장 정면 광장 바닥에 '묻어'두어 그 역사를 기념하고 있다.
국립 극장에서 영어 자막을 제공해 외국인도 함께 즐길 수 있도록 하고 있다. 프로그램 확인과 티켓 예매는 홈페이지에서 가능하다. 공연을 보지 않더라도 세련된 극장 건물과 살아 있는 식물의 미로Élőnövény Labirintus를 구경해 보자.

Data 지도 216p-J
가는 법 H7호선 또는 2번 트램 Müpa-Nemzeti Színház역 하차
주소 Budapest, Bajor Gizi park 1 **전화** 1-476-6800
홈페이지 www.nemzetiszinhaz.hu

빙글빙글 전망대
지구러트 Ziggurat

국립 극장과 뮈퍼 사이에 피라미드처럼 생긴 요상한 탑이 있다. 이름은 지구러트. 빙글빙글 돌아 꼭대기까지 올라가면 다뉴브강의 기막힌 풍경이 보이는 전망대다. 꼭대기까지 한 번에 올라가는 가파른 계단도 있지만 안전상 문제로 폐쇄되어 있다.
여기서 보이는 다뉴브강은, 국회의사당이나 부더성 등 유명한 관광지가 아닌 한가로이 유람선이 떠다니는 평화로운 풍경이어서 복잡한 시내의 유명 전망대와는 또 다른 낭만을 느낄 수 있다.

Data 지도 216p-J
가는 법 전망대에 오르는 길의 입구는 뮈퍼 맞은편에 위치
주소 Budapest, Komor Marcell u. 1
운영 시간 24시간
요금 무료

우니쿰의 역사를 한눈에
즈바크 우니쿰 박물관 Zwack Unicum Múzeum | Zwack Unicum Museum

헝가리의 대표적인 특산품인 우니쿰(109p)을 만드는 즈바크에서 직접 운영하는 박물관. 여행 중 우니쿰의 맛에 반했다면 꼭 찾아갈 만하고, 그렇지 않더라도 헝가리의 대표적인 기업이 어떻게 자사의 콘텐츠를 자랑하고 홍보하는지 느껴 보는 재미를 준다.

내부 입장 시 우니쿰의 탄생부터 현재까지의 역사를 담은 비디오를 감상하고 가이드의 안내에 따라 옛 제조 시설과 보관 창고 등을 둘러본다. 이때 보관 창고에서 바로 따라 낸 두 종류의 신선한 우니쿰을 한 잔씩 제공한다. 가이드의 안내(영어)가 끝나면 옛 술병과 술잔, 포스터 등 흥미로운 자료들이 전시된 박물관을 개별적으로 관람하는 것으로 박물관 투어가 끝나며, 총 1시간 반 정도 소요된다. 제2차 세계대전 당시 나치 독일군이 우니쿰 창고를 털어 마신 이야기, 헝가리가 공산화된 후 즈바크도 국유화되고 창업자는 미국으로 도피해 고유의 비밀 레시피가 끊겼던 이야기 등 하나의 유서 깊은 술이 지난 역사와 함께 해온 과정을 흥미롭게 이야기해 준다. 투어 시간이 정해져 있지 않고 방문객이 찾아오는 상황에 따라 유동적으로 투어를 진행하므로 오래 기다리지 않는다.

Data 지도 216p-J
가는 법 2번 트램 Haller utca 정류장 하차 후 도보 2분 **주소** Budapest, Dandár u. 1
전화 1-476-2383 **운영 시간** 월~토 10:00~17:00, 일 휴무 **요금** 2,400포린트
홈페이지 www.zwackunicum.hu 부다페스트카드 15%

헝가리 궁전 건축의 걸작
괴될뢰 왕궁 Gödöllői Királyi Kastély | Royal Palace of Gödöllő

괴될뢰 왕궁은 부다페스트에서 약 30km 떨어진 근교 도시 괴될뢰Gödöllő에 있는 아름다운 궁전이다. 헝가리 귀족 가문인 그라살코비치Grassalkovich의 저택으로 1730년대에 완공되었는데, 부다페스트에서 태어나 오스트리아에서 활동한 건축가 마이어호퍼 언드라시Mayerhoffer András의 작품으로 헝가리 궁전 건축의 걸작이라 평가받고 있다.

이후 오스트리아 황실에서 왕궁으로 사용했으며 오스트리아-헝가리 이중제국 시대에도 헝가리 군주를 겸직한 오스트리아 황제의 궁전으로 사용되었다. 당시 황제인 프란츠 요제프와 '씨씨Sissi' 엘리자베트 황후도 1년에 몇 달씩 여기에 머물곤 했다. 황후의 비극적인 사후 그녀를 기리며 궁전 정원에서 연결된 또 다른 정원을 만들고 에르제베트 공원Erzsébet-park이라 이름 붙였다(에르제베트는 엘리자베트의 헝가리어 표기). 헝가리 공산주의 시대에 훼손되었으나 1990년대에 복원을 마치고, 궁전의 시작부터 황제가 머물던 시기까지 최대한 그 당시와 가까운 우아한 모습을 공개하고 있다. 궁전 앞뒤 무료로 개방된 넓은 정원은 휴식 공간으로 제격이다.

Data 지도 217p-D 가는 법 광역 철도 H8호선 Gödöllő, Szabadság tér 역 하차, 정원을 가려면 Gödöllő, Erzsébet park 역이 가깝다. 주소 Gödöllő, Grassalkovich-kastély 5852
전화 28-410-124 운영 시간 4~10월 월~목 09:00~17:00, 금~일 10:00~18:00, 11~3월 월~목 10:00~16:00, 금~일 10:00~17:00 요금 성인 2,600포린트, 학생 1,500포린트
홈페이지 www.kiralyikastely.hu 부다페스트카드 15%

붉은 우편 마차
뵈뢰시 포슈터코치 레스토랑 Vörös Postakocsi Étterem

발음도 어려운 뵈뢰시 포슈터코치는 헝가리 전통 음식을 전문으로 하는 레스토랑. 이름은 헝가리의 작가 크루디 줄러Krúdy Gyula의 작품명을 딴 것으로 '붉은 우편 마차'라는 뜻이다. 구야시나 헐라슬레 수프 등의 헝가리 음식, 다양한 종류의 푸아그라 요리, 팔린커를 활용한 칵테일 등을 판매한다.

Data **지도** 216p-F **가는 법** M3·M4호선 Kálvin tér 역 하차 후 도보 5분
주소 Budapest, Ráday u. 15 **전화** 1-217-6756 **운영 시간** 11:30~24:00
가격 구야시 1,490포린트, 푸아그라 5,990포린트 **홈페이지** www.vorospk.com

브런치는 여기서
앰버스 프렌치 베이커리 앤드 카페 Amber's French Bakery & Cafe

그 이름 그대로 프랑스 스타일의 베이커리를 파는 카페. 바게트, 푸가스, 치아바타, 크루아상 등 서구식 빵의 종류가 굉장히 많다. 재료를 듬뿍 넣은 샌드위치나 달콤한 디저트 케이크도 괜찮다. 대학가 근처 젊은 분위기의 카페에서 진한 커피를 곁들인 브런치로 하루를 산뜻하게 시작할 수 있다.

Data **지도** 216p-E
가는 법 M4호선 또는 47·48·49번 트램 Fővám tér 정류장 하차 **주소** Budapest, Fővám tér 5
전화 1-226-3260 **운영 시간** 08:00~20:00 **가격** 빵(단품) 490포린트~, 커피 550포린트~,
샌드위치 1,290포린트~ 케이크 790포린트~ **홈페이지** www.ambers.hu

커피 대신 수프
레베시 조르시에테렘 Leves Gyorsétterem

이름을 영어로 바꾸면 '수프 패스트푸드', 즉 패스트푸드로 먹는 수프 전문점이다. 카페에서 사용하는 1회용 종이컵에 수프를 담아 1회용 숟가락과 함께 준다. 커피만큼 저렴한 수프는 뜨겁지 않고 기분 좋게 미지근한 상태. 커피 마시듯 수프를 마시면서 바닥에 가라앉은 건더기는 1회용 숟가락으로 떠먹고, 쓰레기통에 버리면 끝. 길을 걸으며 먹을 수도 있어 바쁜 여행 중 잠시 허기를 달래기에 좋고, 추운 겨울에 여행한다면 몸을 녹여 주기에도 그만이다. 한 번에 잔뜩 끓여 2~3가지 종류의 수프를 판매하고, 다 팔리면 다른 수프를 판매하는 식이다. 따라서 주문할 수 있는 수프의 종류는 그때그때 다르다.

Data 지도 216p-F 가는 법 M3·M4호선 Kálvin tér 역 하차
주소 Budapest, Vámház krt. 14 전화 30-241-7760
운영 시간 11:00~19:00 가격 수프 490포린트~
홈페이지 www.facebook.com/levespont

부담 없는 햄버거 가게
칠리스 버거 Chili's Burger

칼빈 광장 부근에 있는 아담한 햄버거 가게. 수제 버거 레스토랑 중에서는 가격이 저렴한 편이고, 가게 이름과 같은 기본 메뉴 칠리스 버거는 할라피뇨나 칠리소스가 들어간 매콤한 맛이라 한국인 입맛에도 잘 맞는다. 그리스식 케밥인 지로스도 함께 판매하면서 주로 테이크아웃에 주력한다. 내부에도 약간의 테이블이 있지만 청결하지 않은 편. 인근 호스텔에 숙박할 경우 포장 주문하여 숙소에서 시원한 맥주를 곁들이면 든든하게 배를 채울 수 있다.

Data 지도 216p-F
가는 법 M3·M4호선 Kálvin tér 역 하차 주소 Budapest, Vámház krt. 16 전화 30-200-4567
운영 시간 11:00~24:00 가격 칠리스 버거 1,590포린트, 기타 버거류 1,290포린트~, 지로스 750포린트~
홈페이지 www.facebook.com/chilisbudapest

지금 가장 뜨거운 펍
포 세일 펍 For Sale Pub

장사를 접고 건물을 팔려고 내놓은 것처럼 '포 세일for sale'을 써 붙인 펍에 들어가면 마치 마구간에 들어온 듯 허름하다. 허나 이 펍은 지금 부다페스트에서 가장 뜨거운 장소 중 하나. 인기는 많으나 예약은 받지 않아 식사 시간에는 1시간 이상 대기해야 한다.

발상이 매우 독특하다. 모든 좌석에 땅콩 바구니가 있고, 자유롭게 먹은 뒤 껍질은 바닥에 버린다. 천장에는 손님들이 남긴 메모가 주렁주렁 달려 있다. 조명이 거의 없고 촛불을 밝힌 가운데 저녁 시간대에 대중적인 팝송을 라이브로 들려준다. 고기가 풍성한 구야시는 혼자 먹지 못할 만큼 양이 많고, 헝가리 전통 음식과 일반적인 육류 요리, 가벼운 안주거리까지 170가지 메뉴 중 선택할 수 있다. 아날로그적인 운영을 고집하여 신용카드도 받지 않고 계산서는 손으로 써서 준다.

다만 직원이 불친절하고, 간혹 인종 차별을 느꼈다는 평도 들려온다(현지에서 취재해 본 결과 인종 차별은 과도한 해석으로 판단된다). 좋은 쪽으로도 나쁜 쪽으로도 매우 '핫'한 곳. 1시간 이상 기다릴 가치가 있다고 추천하기는 어렵지만, 오픈 직후 또는 자정 즈음의 시간대에 방문하면 대기 시간 없이 그 특이한 분위기를 신기한 경험으로 남길 수 있을 것이다.

Data 지도 216p-E
가는 법 M4호선 또는 47·48·49번 트램 Fővám tér 정류장 하차 **주소** Budapest, Vámház krt. 2 **전화** 70-599-3860 **운영 시간** 12:00~03:00 **가격** 구야시 1,590포린트, 메인 요리 4,000포린트 안팎, 맥주 990포린트 안팎 **홈페이지** www.facebook.com/forsalepub

퓨전 길거리 음식 푸드코트
스트리트 푸드 캐러밴 Street Food Karavan

건물이 헐린 공터에 길거리 음식을 파는 매점이 쭉 모여 있는 일종의 푸드코트. 각 매점마다 길거리 음식과 간단한 음료를 판매한다. 매점에서 직접 주문해 음식을 받아 한가운데 있는 테이블에서 먹는 방식이다. 길거리의 매점이라 신용카드 사용은 어렵다. 그러나 길거리 음식답게 가격이 매우 저렴하다는 것이 첫 번째 장점, 햄버거나 부리토 또는 피자 등 세계 각국의 길거리 음식을 종류별로 골라먹을 수 있다는 것이 두 번째 장점. 헝가리 전통 음식인 란고시를 두 장 겹쳐 햄버거로 만들거나 쌀밥으로 햄버거를 만드는 등 저마다의 개성을 살린 맛있고 푸짐한 길거리 음식으로 유혹한다.

Data 지도 216p-B
가는 법 도하니 거리 시너고그에서 도보 2분
주소 Budapest, Kazinczy u. 18
운영 시간 11:30~23:00
(목~토 ~01:00)
가격 음식 1,500포린트 안팎
홈페이지 www.facebook.com/streetfoodkaravan

소시지에 꽃이 피었네!
툍퇴 TöLTő

헝가리식 소시지인 콜바스를 다른 재료와 함께 매장에서 직접 구운 빵에 끼워 먹는 샌드위치 전문점. 야외를 포함해 테이블 3~4개가 전부인 아담한 포장 전문 매장이지만 콜바스의 맛과 샌드위치의 비주얼로 입소문이 나 큰 인기를 얻고 있다. 콜바스는 돼지고기, 쇠고기, 닭고기 등 종류별로 있어 입맛에 맞게 고를 수 있다. 토마토, 치즈, 스피룰리나(해조류의 일종) 등 진한 색상의 재료로 마치 꽃이 핀 것처럼 예쁘게 장식해 보는 재미까지 쏠쏠하다.

Data 지도 216p-B
가는 법 M2호선 Blaha Lujza tér 역에서 도보 5분
주소 Budapest, Wesselényi u. 31 운영 시간 월~금 11:30~21:30
(금 ~22:30), 토 12:00~22:30, 일 12:00~21:00
가격 샌드위치 1,690포린트~ 홈페이지 www.tolto.net

루인 펍의 원조

심플러 케르트 Szimpla Kert

폐허 같은 건물에서 밤을 불태우는 부다페스트 루인 펍 문화의 원조라 할 수 있는 곳. 날이 어두워지면 입구 앞 좁은 거리에 많은 사람들이 길게 줄을 선다. 부다페스트에서 가장 유명하고, 가장 붐비며, 그래서 가장 화끈하고 재미있게 놀 수 있다. 별도의 입장료나 드레스코드도 없고 대부분의 손님이 관광객이라 외국인도 무리 없이 군중에 섞일 수 있다. 좌석과 테이블의 경계도 모호하다. 한마디로, 무질서 속 아무런 제한 없이 제멋대로 노는 곳이다.

좁은 공간을 활용하다 보니 주문하는 곳이 여기저기 분산되어 있다. 수백 종에 달하는 칵테일과 와인, 맥주를 합리적인 가격에 판매하고, 햄버거 등 간단한 음식도 있다. 신나게 놀고 싶다면 오랜 대기 시간을 감수하더라도 밤에 찾아가고, 폐허 같은 모습을 좀 더 생생하게 보고 싶다면 낮에 찾아가자. 주의 사항 하나. 일반적인 클럽이나 레스토랑을 생각하면 곤란하다. 만약 화장실에 들어가면 '이래서 루인Ruin이구나'라며 당황할지도 모른다. 매주 일요일에 펍이 전통 시장으로 변신하여 치즈 등 다양한 식재료를 생산자가 직접 판매하는 장터가 열린다.

© Szimpla Kert

Data 지도 216p-B
가는 법 도하니 거리 시너고그에서 도보 2분 주소 Budapest, Kazinczy u. 14
운영 시간 월~토 10:00~04:00, 일 09:00~05:00
요금 맥주 1,000포린트 안팎, 칵테일 2,000포린트 안팎, 햄버거 1,800포린트~
홈페이지 www.szimpla.hu

> **Tip** 심플러 케르트의 인기에 힘입어 이 주변에 루인 펍이 속속 생기고 있다. 퓌게 우드버르Füge Udvar(주소 Klauzál u. 19), 인스턴트Instant(주소 Akácfa u. 49-51), 엘라토 케르트Ellátó Kert(주소 Kazinczy u. 48) 등이 인기 장소로 꼽힌다.

감탄사가 절로 나오는
뉴욕 카페 New York Kávéház

입장하는 순간 '우와~' 소리가 절로 나오는 곳. 인증샷을 남기기 위해 쉴 새 없이 카메라 셔터를 누르게 되는 곳. 뉴욕 팰리스 호텔(236p) 1층에 있어 '호텔 커피숍'처럼 생각되지만 실은 1894년 건물이 지어진 이래 부다페스트의 사랑방 노릇을 했던 곳이라 호텔보다 더 오랜 역사를 가지고 있다. 지금의 카페는 호텔이 생길 때 재단장한 것이며, 처음 뉴욕 카페가 생겼을 때의 모습을 최대한 재현하여 중세 시대 궁전처럼 우아한 인테리어를 자랑한다. 홀 구조의 카페는 보통 사람들의 대화 소리가 울려 시끄럽기 마련인데, 뉴욕 카페는 틈틈이 피아노 연주나 미니 오케스트라 공연으로 편안한 음악을 들려주며 소음을 상쇄한다.

관광객에게 인기가 높아 빈자리를 찾기 어려운 편. 슈니첼이나 구야시 등의 음식도 판매해 식사 시간에도 붐비고, 커피나 디저트를 즐기는 사람들로 식사 후 시간에도 붐빈다. 홈페이지에서 예약하면 좀 더 편하게 뉴욕 카페의 품격을 즐길 수 있다. 가격은 입장료가 포함되었다 생각될 정도로 매우 비싸지만 직원도 친절하고 디저트의 맛도 좋아 돈이 아깝다는 생각은 들지 않는다.

Data 지도 216p-B
가는 법 M2호선 Blaha Lujza tér 역 하차
주소 Budapest, Erzsébet krt. 9-11 전화 1-886-6167
운영 시간 08:00~24:00
가격 커피 2,250포린트~, 구야시 3,300포린트, 케이크 2,700포린트~, 아이스크림 3,000포린트
홈페이지 www.newyorkcafe.hu

라테 마키아토

100년 전 모습 그대로
아스토리아 카페 Café Astoria Restaurant

아스토리아 호텔(238p) 1층의 카페 겸 레스토랑. 1914년 호텔이 문을 연 이래 계속 같은 모습이라 지금도 100년 전 모습과 큰 차이가 없다. 20세기초의 분위기 속에서 음료나 디저트를 즐기거나 애프터눈 티 세트 또는 구야시 등 헝가리 전통 음식을 먹을 수 있다. 오후(15~17시)에 카푸치노 한 잔과 케이크 한 조각을 990포린트에 파는 세트 메뉴도 판매한다.

Data 지도 216p-B
가는 법 M2호선 지하철 또는 47·48·49번 트램 Astoria 정류장 하차
주소 Budapest, Kossuth Lajos u. 19 운영 시간 07:00~23:00
가격 케이크 750포린트, 구야시 1,900포린트
홈페이지 www.cafeastoriabudapest.hu 부다페스트카드 30%

전통과 현대의 조화
첸트랄 카페 Centrál Kávéház

첸트랄 카페는 1887년 문을 열어 부다페스트에 현존하는 가장 오래된 카페 또는 레스토랑 중 하나로 꼽힌다. 그 전통에 어울리는 고풍스러운 카페에서 케이크나 커피를 즐길 수 있다. 특히 오픈 키친이라 케이크를 만드는 모습을 볼 수 있어 흥미롭다. 도보시 토르터, 자허 토르터, 에스테르하지 토르터 등 헝가리에서 볼 수 있는 전통적인 조각 케이크를 포함하여 디저트의 종류가 다양한데, 전체적으로 세련된 감각이 돋보여 130년 전통과는 또 다른 느낌이다. 한마디로, 전통과 현대가 공존하는 디저트 문화를 보는 기분이다.

Data 지도 216p-A
가는 법 M3호선 Ferenciek tere 역 하차 후 도보 2분
주소 Budapest, Károlyi Mihály u. 9 전화 1-266-2110
운영 시간 08:00~24:00
가격 커피 750포린트~, 케이크 1,200포린트
홈페이지 www.centralkavehaz.hu

SLEEP

기차역에서 가까운
헝가리아 호텔 Hotel Hungaria City Center

켈레티 기차역 부근에는 호텔이 여럿 있지만 전체적으로 평이 좋지 않다. 그중 무난한 평을 받는 곳이 다누비우스 호텔 그룹에 속한 헝가리아 호텔. 공식적으로는 4성급 호텔이지만 실제로는 3성급 호텔에 가깝고, 가격도 그 정도 수준이며, 종종 파격적인 할인도 진행해 호스텔 개인실만큼 저렴한 금액으로 호텔방에 투숙할 수도 있다. 욕조가 딸린 화장실 등 전체적인 설비는 나쁘지 않으나 건물이 낡아 어쩔 수 없는 불편이 존재한다.

Data **지도** 217p-C **가는 법** 켈레티 기차역에서 도보 5분 이내
주소 Budapest, Rákóczi út 90 **전화** 1-889-4400
요금 더블룸 68유로~ **홈페이지** www.danubiushotels.com

리조트 노하우로 완성한
브리스톨 호텔 The Three Corners Hotel Bristol

이집트에서 휴양지 리조트를 운영하는 쓰리 코너스 호텔 그룹이 부다페스트에도 호텔을 운영하는데, 켈레티 기차역에서 멀지 않은 브리스톨 호텔이 가장 대표적이다. 리조트를 만들던 손길로 세련된 4성급 호텔을 만들어 쾌적한 숙박 환경을 제공하며, 풍성한 조식 뷔페가 장점으로 꼽힌다. 도심 한복판의 건물이라 객실이 좁은 것은 단점. 10유로 정도 비싼 디럭스룸을 택하면 VIP급의 어메니티와 각종 서비스가 추가로 제공되어 4성급의 숙박을 제대로 누릴 수 있다.

Data **지도** 217p-C
가는 법 켈레티 기차역에서 도보 7분 또는 5·7·110·112번 버스 Huszár utca 정류장 하차
주소 Budapest, Kenyérmező u. 4
전화 1-799-1100
요금 더블룸 71유로~
홈페이지 www.threecorners.com

유명 호텔의 새 이름
뉴욕 팰리스 호텔 New York Palace, The Dedica Anthology

뉴욕 카페(233p)가 있는 바로 그 호텔. 1894년 네오르네상스 양식의 거대한 궁전 같은 건물이 완공되었고, 뉴욕생명 보험사 사옥이었기에 뉴욕 궁전New York-palota이라 불렀다. 헝가리 공산화 이후 방치되었던 건물은 2006년 107개의 객실을 갖춘 5성급 럭셔리 호텔로 다시 태어났다.
그동안 사용된 보스콜로 호텔Hotel Boscolo이라는 이름으로 국내에도 널리 알려졌으나 2018년부터 주인이 바뀌어 더 데디카 앤솔로지The Dedica Anthology라는 새로운 이름을 얻었다. 지금은 건물 이름을 따서 뉴욕 팰리스 호텔로 부르는 게 일반적이다. 뉴욕 카페의 호로루운 인테리어에서 짐작할 수 있듯, 호텔도 이탈리아에서 공수한 가구와 대리석 욕조, 실크 벽지 등 모든 것이 럭셔리 그 자체다. 가장 저렴한 클래식룸도 객실이 넓고 고급 자재를 사용했으며, 가격은 그에 비하면 의외로 비싸지 않다고 할 수 있으니 부다페스트에서 호로루운 숙박을 원하면 우선 고려할 만하다. 숙박을 하지 않더라도 고급스러운 건축미를 구경하기 위해 찾아가도 좋다.

Data 지도 216p-B 가는 법 M2호선 Blaha Lujza tér 역 하차
주소 Budapest, Erzsébet krt. 9 전화 1-886-6111 요금 클래식룸 160유로~
홈페이지 www.dahotels.com/new-york-palace-budapest

아르누보에서 하룻밤
노보텔 센트룸 Novotel Budapest Centrum

여러 건물이 줄지어 있는 번화가에서 100년의 역사를 가진 아르누보 건물은 단연 눈에 확 띈다. 옛 이름이었던 팰리스 호텔Palace Hotel이라는 이름이 여전히 외벽에 선명한 이곳은 4성급 호텔인 노보텔 센트룸이다. 깨끗하고 우수한 설비, 산뜻한 인테리어를 갖추었고, 크지는 않지만 스파 사우나도 이용할 수 있다.

Data 지도 216p-B
가는 법 M2호선 Blaha Lujza tér 역 하차
주소 Budapest, Rákóczi út 43-45 전화 1-477-5300
요금 더블룸 92유로~
홈페이지 www.accorhotels.com

뜻밖의 부티크 호텔
SOUS44 호텔 SOUS44 Hotel

낡은 건물의 일부를 개조해 호텔로 만들었다. 건물에는 호텔 간판도 없고 출입문에 A4 용지로 붙인 안내가 전부. 초인종을 누르고 들어가야 하며, 내부는 허름하고 엘리베이터는 낡았다. 막상 들어가 보면 탁 트인 안뜰의 휴게 공간이 시원하고, 객실은 어지간한 부티크 호텔이 아쉽지 않은 세련미를 갖췄다. 겉에서는 보이지 않고 안으로 들어가야 보이는 독특한 만족감을 선사하는 곳이다. 출입문은 라이파이젠 은행Raiffeisen Bank과 버거킹 사이에 있고, 그 앞에 보안 요원이 상주하고 있다.

Data 지도 216p-B
가는 법 M2호선 Blaha Lujza tér 역 하차
주소 Budapest, Rákóczi út 44
전화 31-781-5939
요금 더블룸 70유로~
홈페이지 www.sous44.hu

100년 이상의 역사
아스토리아 호텔 Danubius Hotel Astoria

그레샴 팰리스 호텔, 뉴욕 팰리스 호텔 등 100년 넘은 유서 깊은 건물을 럭셔리 호텔로 만든 사례와 다르다. 아스토리아 호텔은 1914년 완공 당시부터 호텔이었다. 문자 그대로 100년 넘은 호텔, 그래서 1918년 헝가리 최초의 공화국이 수립되었을 당시 총리였던 미하이 카로이Mihály Károlyi가 이 호텔에서 집무를 보았고, 나치 독일에 점령당했을 때 게슈타포(나치 비밀경찰) 본부로 사용되었을 정도로 헝가리의 역사를 고스란히 증언한다. 호텔이 있는 지역 이름이 아스토리아Astoria. 그런데 지역 이름을 따서 호텔 이름을 정한 게 아니라 그 반대다. 아스토리아 호텔이 워낙 유명해서 이 지역을 아스토리아라고 부르게 되었다.

오랜 역사만큼이나 건물도 낡았지만 전혀 허름한 구석을 느낄 수 없고, 가구 또한 낡았다는 느낌보다는 앤티크하다는 느낌이 더 강하다. 다만 로비와 복도 등 통로가 좁다는 정도의 단점만 존재한다. 오늘날 다누비우스 호텔 그룹에 속해 있다. 조식 뷔페는 아스토리아 카페(234p)에서 제공되는데, 기본 구성은 크게 빼어나지 않지만 직원에게 요청하면 바로 조리해 주는 몇 가지 메뉴가 준비되어 있다.

Data 지도 216p-B
가는 법 M2호선 지하철 또는 47·48·49번 트램 Astoria 정류장 하차
주소 Budapest, Kossuth Lajos u. 19
전화 1-889-6000
요금 더블룸 100유로~
홈페이지 www.danubius hotels.com

아스토리아 카페에서 즐기는 조식

싱글부터 가족까지 모두 좋은 민박
좋은가부다

중앙 시장 부근에 있는 한인 민박. 산뜻한 파스텔 톤의 뻥 뚫린 실내가 매우 포근한 느낌을 준다. 남녀 구분된 도미토리는 모두 1층 침대를 사용하고 개별 공간이 넓어, 짐이 많은 여행자도 불편하지 않다. 또한 입구가 분리되고 주방이 완비된 패밀리룸을 따로 운영하여 가족 단위의 손님이나 독립적인 숙박을 원하는 여행자도 편하게 머물도록 배려한다. 한마디로, 혼자 여행하는 배낭여행자와 가족 단위 여행자 모두 최적의 숙박 컨디션을 제공하도록 세심하게 배려한다는 것이 장점이다.

매일 푸짐하게 차린 한식으로 조식을 제공하는데, 한식 조리사 자격증을 가진 사장님의 요리는 부다페스트에서도 한국의 맛을 느끼게 해준다. 가끔 손님들과 삼겹살 파티 시간을 가지는 바비큐장도 있다. 위치만 부다페스트일 뿐 한국의 여느 펜션에서 숙박하는 것처럼 친숙하다. 유람선이나 교통편, 맛집 등 현지 여행 정보는 기본, 투숙객에게 유료(25유로)로 야경 워킹 투어도 제공한다. 건물 입구에서 초인종을 누르면 문을 열어 주고, 민박은 1층(우리식으로 2층)에 있다. 예약은 홈페이지(카페)에서 신청할 수 있다.

Data 지도 216p-E
가는 법 중앙 시장에서 도보 2분
주소 Budapest, Só u. 8
전화 30-786-5679
요금 도미토리 35유로
(비수기 30유로),
패밀리룸(2인 기준) 90유로
(비수기 80유로)
홈페이지 cafe.naver.com/nicebudapest

Tip 창문을 열면 국회의사당이 보이는 전망 좋은 곳에 좋은가부다 2호점 The Danube를 열고 여성 전용 도미토리로 운영 중이다. 요금은 42유로(비수기 37유로).

조용한 분위기의 미니 호스텔
힙스터 호스텔 Hipster Hostel

칼빈 광장 부근에 있는 조용한 미니 호스텔. TV가 딸린 넓은 휴게 공간과 주방을 갖추었고, 최대 10인실의 도미토리는 큰 불편 없이 무난하다. 투숙객이 많은 성수기에는 화장실과 샤워실이 부족할 수 있다. 직원 1명이 혼자 관리하는 듯 리셉션 운영 시간이 제한적이라는 게 단점. 그래서 도착 예정 시각을 미리 알려 줘야 체크인에 차질이 없다(예약 시 호스텔에서 먼저 이메일로 도착 시간을 물어본다). 신용카드 결제가 불가능하다는 것도 참조. 초인종을 눌러 문을 열어 주면 엘리베이터를 타고 3층으로 올라간다.

Data 지도 216p-F
가는 법 M3·M4호선 Kálvin tér 역 하차 후 도보 2분
주소 Budapest, Baross u. 3 전화 1-788-9441
요금 도미토리 15유로~ 홈페이지 www.hipsterhostel.com

독립적인 숙박이 가능
플로우 호스텔 Flow Hostel

최대 8인실의 도미토리로 운영하는 중앙 시장 부근의 호스텔. 모든 도미토리 침대는 커튼으로 가려지고 개인등과 전원이 있어 완전히 독립적인 숙박이 가능하다. 건물은 낡았지만 내부는 전혀 다른 분위기다. 전체적인 시설도 우수하고 깨끗한 편. 유일한 단점은 엘리베이터가 없다는 것이다. 호스텔은 건물 2층에 있고, 초인종을 눌러 문을 열고 들어간다.

Data 지도 216p-F 가는 법 중앙 시장에서 도보 2분
주소 Budapest, Gönczy Pál u. 2 전화 20-491-0003
요금 도미토리 19유로~ 홈페이지 www.flowhostel.hu

호텔에 들어온 기분
그레거슨 아트 포인트 호스텔 Gregersen Art Point Hostel

신식 건물로 화장실이나 엘리베이터 등 모든 시설도 현대식이다. 복도에 공용 주방이 있지만 구조상 거의 사람들이 사용할 일은 없어 보인다. 그래서 호스텔이 아니라 호텔에 들어온 기분. 도미토리는 최대 4인실이어서 북적거리지도 않는다. 중앙 시장 뒤쪽 골목 깊숙한 곳에 위치하고 주변 호스텔보다 몇 유로 비싸다는 점만 감안하면 조용하고 깨끗한 호텔급 호스텔에서 하룻밤을 보낼 수 있다. 공용 욕실을 쓰는 싱글룸과 더블룸도 가격 대비 만족도가 높다. 리셉션이 24시간 운영하지 않으니 체크인 시간만 주의하자.

Data 지도 216p-F
가는 법 2번 트램 Zsil utca 정류장 하차 주소 Budapest, Lónyay u. 31
전화 30-185-0771 요금 도미토리 22유로~, 더블룸 55유로~
홈페이지 gregersen-art-point-hostel.business.site

넓고 쾌적한 레지던스
프레이저 레지던스 Fraser Residence Budapest

물가 저렴하고 맛있는 식재료가 많은 부다페스트에서 직접 요리도 해먹으면서 쾌적한 환경에서 자유롭게 숙박하고 싶다면 프레이저 레지던스가 좋다. 조리에 필요한 모든 도구가 완비된 주방이 포함된 4성급 호텔 수준의 설비를 갖추었고 실내가 매우 넓으며, 모든 공간이 하나로 합쳐진 스튜디오, 침실이 구분된 아파트먼트(침실은 1개부터 3개까지) 등 다양한 옵션이 있다. 아침에는 조식 뷔페도 제공한다. 식재료를 구입할 수 있는 슈퍼마켓은 도보 2분 거리에 리들Lidl(주소 Leonardo da Vinci utca 25)이 있다.

Data 지도 217p-G
가는 법 M3호선 Corvin-negyed 역에서 도보 5분
주소 Budapest, Nagy Templom utca 31
전화 1-872-5900
요금 스튜디오 107유로~, 원베드룸 120유로~
홈페이지 budapest.frasershospitality.com

Budapest By Area

04

부더
Buda

부더는 높은 곳이다.
페슈트를 병풍 삼아 흐르는 다뉴브강에
푹 빠져드는 부다페스트의 전망대.
국회의사당이나 세체니 다리 등
도시를 대표하는 명소는 페슈트 지구에 있지만
그것들을 한눈에 담을 수 있는 장소는
바로 여기, 부더에 있다.
나아가 어부의 요새와 부더성 등
부더가 가진 고풍스러운 매력도 사랑스럽다.

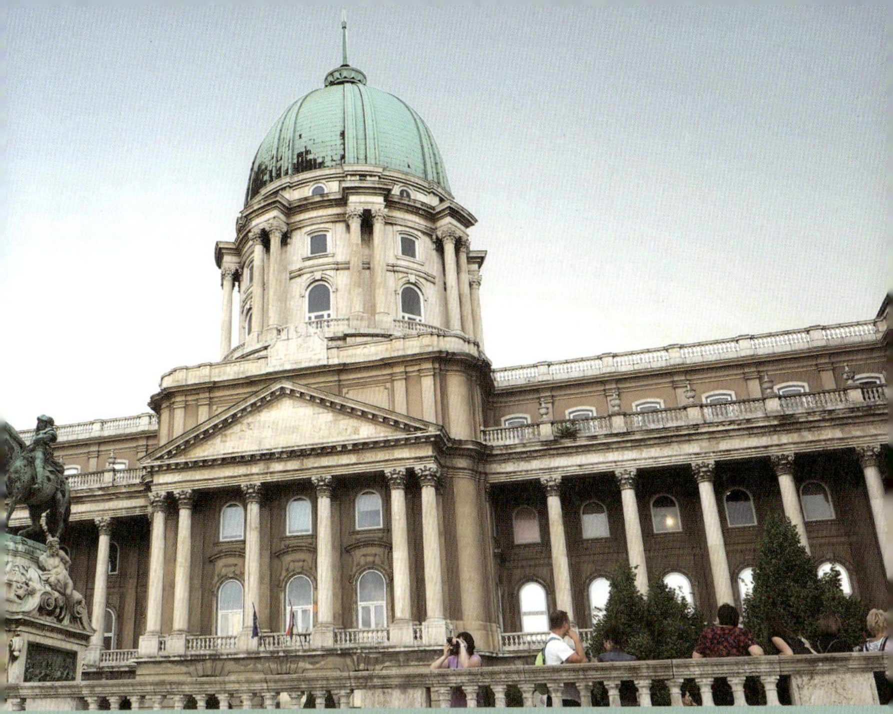
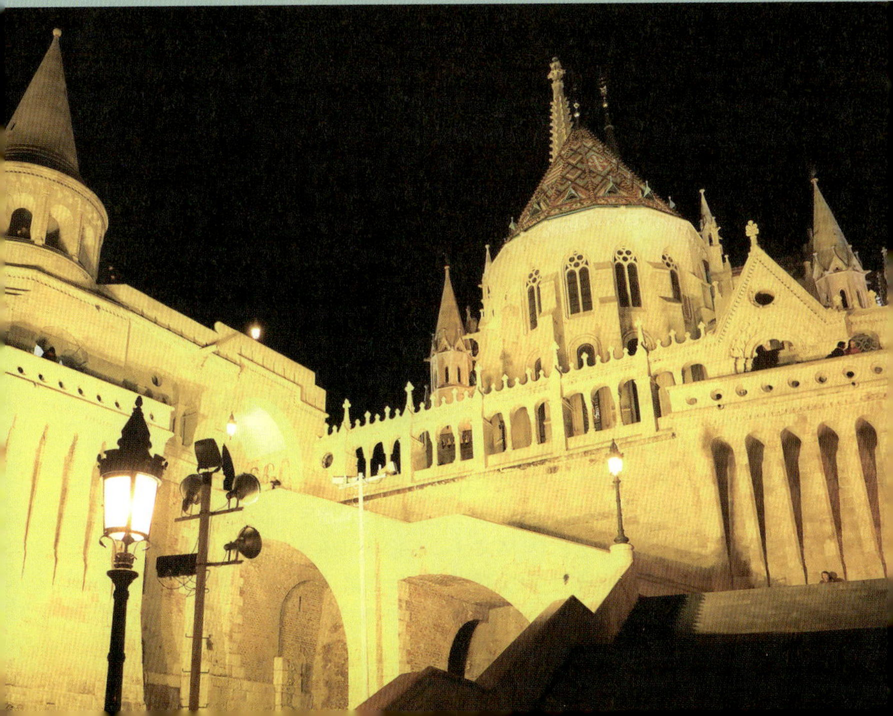

Buda
PREVIEW

간단한 요약하면, 부더 지구는 '세 개의 언덕'이다.
어부의 요새, 부더성, 그리고 겔레르트 언덕. 세 개의 언덕은
저마다의 매력을 뽐내는 것은 물론 각각 다른 각도에서 다뉴브강과 페슈트 지구를
내려다보는 전망대가 된다. 부다페스트의 소문난 온천도 부더 지구에 더 많다.

SEE
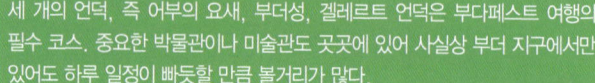
세 개의 언덕, 즉 어부의 요새, 부더성, 겔레르트 언덕은 부다페스트 여행의 필수 코스. 중요한 박물관이나 미술관도 곳곳에 있어 사실상 부더 지구에서만 있어도 하루 일정이 빠듯할 만큼 볼거리가 많다.

EAT

관광지 위주로 발전하고 있기에 관광객을 상대로 하는 고만고만한 레스토랑이 많다. 하지만 그중에서도 입소문을 타고 있는 유명한 맛집은 분명히 존재한다. 또한 가볼만한 한국 식당도 있다.

SLEEP

유명한 관광지와 다뉴브강의 전망이 그림 같은 고급 호텔이 여럿 있다. 아쉽게도 저렴한 호스텔은 찾기 어렵다.

BUY

부더 지구의 언덕을 넘어가면 비로소 현지인이 붐비는 번화가가 시작된다. 큰 쇼핑몰은 언덕을 넘어가야 나오는데, 일부러 찾아갈 정도는 아니므로 쇼핑은 페슈트 지구에서 끝내도록 하자.

 어떻게 갈까?

어부의 요새와 부더성까지 올라가는 16번 시내버스가 데아크 페렌츠 광장에서 출발한다. 국회의사당의 맞은편 풍경을 볼 수 있는 버차니 광장은 데아크 페렌츠 광장에서 M2호선으로 연결된다. 부더 지구를 여행할 때에도 데아크 페렌츠 광장에서 여행을 시작하고 끝낸다.

어떻게 다닐까?

위로 올라가야 하는 세 개의 언덕을 땅 밑으로 다니는 지하철로 갈 수는 없다. 부더 지구 내에서의 이동은 버스가 중심이며, 강변을 따라 운행하는 트램이 보조한다. 지하철은 페슈트 지구와 연결할 때 유용하게 활용된다. 부더성에 오를 때에는 푸니쿨라를 이용하는 방법도 있다.

Buda
ONE FINE DAY

세 개의 언덕을 다 올라갈 필요가 있을까? 당연히 있다.
부지런히 언덕을 오르내리며 부더 지구를 여행하다 보면 다뉴브강의 주요 전망은
모두 섭렵하게 된다. 마차시 성당과 국립 미술관은 내부 관람도 꼭 해보자.
부더에서의 하루가 시간이 빠듯하다.

데아크 페렌츠 광장에서
16번 버스를 타고
어부의 요새로 이동

버스 15분

어부의 요새에서 그림
같은 전망을 감상하고
마차시 성당도 관람하기

도보 10분

부더 타워를 중심으로
어부의 요새 뒤편
골목 산책하기

도보 15분

에르제베트
다리 위에 오르기

트램 10분

부더 터널도 보고,
도로원표도 찾아보기

푸니쿨라 1분

부더성에서 국립 미술관 등
내부 관람을 마치고
전망도 감상하기

버스+도보 35분

겔레르트 언덕에 올라
자유의 여신상 아래에서
다뉴브강 바라보기

버스+도보 40분

겔레르트 온천에서
하루의 피로를 풀기

트램 13분

버차니 광장에서
국회의사당을
배경으로 인증샷

SEE

부다페스트의 기준점
도로원표 „0" kilométerkő | Zero Kilometre Stone

이른바 제로 킬로미터 스톤. 부다페스트를 기준으로 각 도시 간 거리를 측정할 때 기준이 되는 위치에 세운 표지석, 즉 도로원표다. 원래 부다페스트의 기준점은 부더성이었으나 세체니 다리가 개통되면서 기준점을 지금의 위치로 옮겼다. 숫자 0을 표현하는 표지석은 1975년 설치되었다. 부더성 푸니쿨라 탑승 장소에서 세체니 다리 방향을 바라보면 도로원표를 발견할 수 있다.

Data **지도** 247p-F **가는 법** 16·105번 버스 Clark Ádám tér 정류장 하차 **주소** Budapest, Clark Ádám tér

---

|Talk|
어부의 요새와 부더성 이정표

*세체니 다리를 건너면 왼편에 부더성, 오른편에 어부의 요새로 오르는 길이 나온다.
교통수단별로 각 장소에 편하게 오르는 방법은 아래와 같다.*

- Szentháromság tér 정류장
- 마차시 성당 Mátyás Templom
- Dísz tér 정류장
- 어부의 요새 Halászbástya
- 부더성
- 푸니쿨라 하차
- 푸니쿨라 승차
- 도로원표
- Clark Ádám tér 정류장
- 세체니 다리

범례:
- 버스(16, 16A)
- 도보 이동
- 푸니쿨라

세체니 다리의 진정한 완성
부더성 터널 Budai Váralagút | Buda Castle Tunnel

세체니 다리를 건너자마자 웅장한 부더성 터널이 가장 먼저 시선을 사로잡는다. 1849년 세체니 다리가 완공되어 부더와 페슈트가 연결되었지만 부더의 높은 언덕에 가로막혀 강변을 우회해야 했다. 이에 언덕을 관통하는 터널이 필요해졌고, 세체니 다리를 만든 스코틀랜드의 엔지니어 클라크 아담Clark Ádám이 다시 큰 프로젝트를 완수하였다. 부더성 터널의 개통으로 비로소 세체니 다리의 역할도 빛을 발하게 된 셈이다. 굳이 터널 내부에 일부러 들어갈 필요는 없겠지만 웅장한 입구는 구경할 만하다.

Data 지도 217p-F 가는 법 16·105번 버스 Clark Ádám tér 정류장 하차

헝가리 대통령궁
샨도르 궁전 Sándor-palota | Sándor Palace

부더성 옆에 있는 궁전. 그리 크지 않은 샨도르 궁전이 오늘날 헝가리 대통령의 관저와 집무실이다. 입구 앞을 지키는 근위병의 존재만 없다면 대통령궁이라는 사실을 알 수 없을 만큼 별다른 장벽이나 보안 장치 없이 앞마당까지 개방되어 있다. 9시부터 17시 사이에 매시 정각마다 근위병 교대식이 열려 소소한 볼거리를 제공한다.

Data 지도 247p-E 가는 법 부더성 푸니쿨라 정류장 옆 주소 Budapest, Szent György tér 2

헝가리 900년 왕궁

부더성 Budavári Palota | Buda Castle

성 이슈트반 1세가 에스테르곰을 도읍으로 삼아 헝가리 왕국을 세웠지만 몽골의 침입으로 더 이상 에스테르곰에 수도를 두기 어려워졌다. 13세기 초 국왕 벨러 4세IV. Béla는 천도할 곳을 찾다가 다뉴브강이 앞에 흐르는 바위산을 발견했다. 부다페스트, 아니 부더 지구가 헝가리의 수도가 된 것이 이때부터다. 약 900년 전에 생긴 부더성은 외세의 침략에 대응하는 목적이었기에 그야말로 견고한 요새와도 같았다. 이후 성은 시대가 흐르면서 그 모습은 계속 변하였으나 늘 헝가리 왕실 궁전이었다. 제2차 세계대전 중 부더성도 크게 파괴되었지만 1960년대에 오늘날의 모습으로 복원되었다. 헝가리 국왕이 살았던 그 모습과는 많이 달라졌지만, 네오바로크 양식으로 언덕 위에 웅장한 모습을 뽐내는 부더성의 자태는 부다페스트에서 몇 손가락 안에 드는 볼거리를 제공한다. 높은 언덕 위에 있기에 다뉴브강과 그 건너편 세체니 다리, 성 이슈트반 대성당 등의 전망도 빼어나다. 푸니쿨라로 성까지 편하게 오르내릴 수 있고, 걸어서 올라가는 완만한 경사로와 계단도 설치되어 있다. 내부에는 국립 미술관과 부다페스트 역사박물관이 있다.

Data 지도 247p-F
가는 법 부더성 터널 옆 푸니쿨라 이용 또는 16·16A·116번 버스 Dísz tér 정류장 하차 후 도보 5분, 지상에서 도보 약 30분
주소 Budapest, Szent György tér 2
전화 1-458-3000
운영 시간 성채 종일 개방, 내부 박물관 개별 규정 적용
요금 성채 무료, 내부 박물관 개별 규정 적용
홈페이지 www.budacastle budapest.com

> **Tip 푸니쿨라로 부더성 편하게 보기**
> 푸니쿨라 요금은 편도 1,400포린트, 왕복 2,000포린트. 부다페스트 대중교통 1일권이나 부다페스트 카드로는 탑승할 수 없다. 07:30부터 22:00까지 수시로 운행하므로 부더성의 박물관이 문을 닫은 이후에도 야경을 보기 위해 올라갈 수 있다. 단, 월요일은 푸니쿨라 운행이 휴무이며, 월요일이 공휴일일 경우 그 다음 평일에 운행을 쉰다.

 |Plus|

부더성에서 특별히 기억할 네 가지 기념비

거대한 부더성의 주변은 온통 정원이나 전망대로 단장되어 있다. 곳곳에 동상이나 조형물 등이 보이는데, 이 중 특별히 기억해 두고 꼭 구경할 만한 네 가지를 소개한다.

1. 오이겐 공의 기마상

부더성 정면 기마상의 주인공은 사보이 왕자 오이겐Savoyai Jenő이다. 오스트리아-헝가리 이중제국 시절 부더성을 크게 증축하면서 오스트리아의 군사 영웅 오이겐 공의 기마상을 정면에 세워두었다.

2. 마차시 분수

부더성이 왕궁이 된 후 성을 더 확장하고 부다페스트의 기틀을 다진 군주 마차시 1세를 기념하는 마차시 분수Mátyás Kútja가 있다. 사냥 중인 군주를 형상화하여 성의 외벽에 설치했다. 가장 눈에 띄는 기념물로 꼽힌다.

3. 투룰

헝가리의 첫 왕가인 아르파드Árpád 가문의 시조 알모시Álmos의 탄생 설화가 있다. 어머니가 알모시를 잉태했을 때 전설의 새 투룰Turul이 꿈에 나타나 아이가 민족의 왕이 될 것이라 예언했다는 내용이다. 부더성의 커다란 투룰 조각은 민족의 탄생 설화를 기념한다.

4. 델리 론델라

부더성은 원래 외세의 침입에 대비하는 군사 요새였다. 지금은 당시 요새의 모습은 사라졌지만 부더성 남쪽 측면의 델리 론델라Déli Rondella 한 곳만 그 모습을 복원하여 과거의 역사를 기억한다. 론델라는 말발굽 모양으로 굽어진 요새의 측면 방어벽을 뜻한다.

헝가리 미술은 이렇습니다
국립 미술관 Magyar Nemzeti Galéria | Hungarian National Gallery

회화, 조각, 판화 등 여러 분야의 미술품을 총 1만 점 이상 소장한 대형 미술관. 대부분의 소장품은 헝가리의 화가가 그린 것이다. 국립 미술관은 헝가리 미술의 과거부터 현재까지를 모두 만날 수 있는 곳으로 1957년에 개관했고, 1975년부터는 부더성에 자리를 잡고 있다. 아무래도 헝가리 화가는 우리에게 대중적인 인물은 거의 없지만, 화가의 명성이 아니라 작품 자체의 예술미에 집중하면 충분한 즐거움을 선사한다.

Data 지도 247p-F 가는 법 부더성 내에 위치 주소 Budapest, Szent György tér 2 전화 20-439-7325 운영 시간 화~일 10:00~18:00, 월 휴무 요금 성인 3,200포린트, 학생 1,600포린트 홈페이지 www.mng.hu 부다페스트카드 100%

훨씬 깊이 들어간 역사와의 만남
부다페스트 역사박물관
Budapesti Történeti Múzeum | Budapest History Museum

부더성에 있는 또 하나의 박물관. 문자 그대로 고대 로마부터 시작된 부다페스트의 역사를 전시하는 곳인데, 특히 부더성의 역사를 통하여 부다페스트와 헝가리의 영욕의 역사를 들려준다. 부다페스트 역사박물관은 아쿠인쿰(278p) 등 여러 박물관으로 나뉘기 때문에 부더성의 박물관은 성 박물관Vármúzeum(영어로 Castle museum)이라고 구분하여 부르기도 한다. 헝가리의 역사를 알기 위해 국립 박물관(218p)도 훌륭한 장소이지만, 이곳에 가면 국립 박물관보다 훨씬 더 깊이 들어간 역사적 배경을 얻을 수 있다.

Data 지도 247p-F 가는 법 부더성 내에 위치 주소 Budapest, Szent György tér 2 전화 1-487-8800 운영 시간 화~일 10:00~18:00, 월 휴무 요금 성인 2,400포린트, 학생 1,200포린트 홈페이지 www.btm.hu 부다페스트카드 100%

성 밑에서 휴식
부더성 정원 Várkert Bazárban | Castle Garden Bazaar

부더성과 다뉴브강 사이에 있는 작은 정원. 대단히 아름다운 정원이라 하기는 어렵지만, 앞으로는 다뉴브강, 뒤로는 부더성이 보이는 가운데 조용한 휴식을 취하기에 그만이다. 성수기에는 부더성 정원에서 델리 론델라 부근까지 바로 연결되는 에스컬레이터도 운행한다. 만약 부더성까지 걸어서 올라갈 계획이라면 일단 부더성 정원에 들어와 에스컬레이터를 타면 수고를 줄일 수 있다.

Data 지도 247p-F 가는 법 19·41번 트램 Várkert Bazár 정류장 하차
주소 Budapest, Ybl Miklós tér 2-6 운영 시간 06:00~24:00 요금 무료

부더성 탈환을 기리며
독립 전쟁 기념비

Honvéd-szobor | Statue of the Independence War

헝가리어 명칭은 '국방군 기념비', 영어 명칭은 '독립 전쟁 기념비'. 1848년 오스트리아로부터의 독립을 요구하는 헝가리 혁명이 일어나 이듬해까지 계속된다. 1849년 헝가리 국방군은 잠깐이지만 부더성을 탈환하는 데 성공했다. 혁명은 독립 전쟁으로 발전했고, 비록 러시아의 개입으로 헝가리의 독립은 실패했지만 이후 오스트리아-헝가리 이중제국이 수립되어 비로소 피지배에서 벗어나 동등한 신분을 획득하게 된다. 독립 전쟁 기념비는 부더성을 탈환했던 용사들을 기리며 1893년 설치되었다.

Data 지도 247p-E 가는 법 16·16A·115번 버스 Dísz tér 정류장 하차
주소 Budapest, Dísz tér

테라스 상층부

부다페스트 최고의 전망대

어부의 요새 Halászbástya | Fischer's Bastion

어부의 요새는 이름과 달리 요새가 아니다. 중세 부다성 측면 성벽 안쪽에 어부의 길드가 있었는데, 성벽이 허물어진 뒤 그 자리에 다뉴브강 전망을 위한 테라스로 만들고는 이름을 어부의 요새라 지은 것이다. 헝가리어 발음으로는 헐라스바슈처. 마차시 성당을 감싸는 네오르네상스 양식의 아름다운 테라스는 1902년 건축되었다. 전망대 용도로 만든 만큼 국회의사당과 세체니 다리 방면 다뉴브강의 전망이 아주 기가 막히다. 성 이슈트반 1세의 기마상 뒤편 이층 테라스가 어부의 요새의 중심. 이곳은 하층부는 카페로 운영되고, 가장 전망이 좋은 상층부는 입장권이 필요하다. 단, 비수기(10월 15일~3월 10일)에는 카페가 문을 닫고 상층부도 입장권 없이 올라갈 수 있다. 그 왼편으로 약 100m 가량 펼쳐지는 테라스 또한 별도의 입장료 없이 완전히 자유롭게 전망을 즐길 수 있다. 단연 부다페스트 최고의 전망대라고 할 수 있다.

Data 지도 247p-B
가는 법 16·16A·115번 버스 Szentháromság tér 정류장 하차
주소 Budapest, Szentháromság tér
전화 1-458-3030
운영 시간 종일 개방, 매표소 운영 09:00~20:00(3~4월 ~19:00)
요금 무료, 테라스 상층부 입장 시 성인 1,000포인트, 학생 500포인트
홈페이지 www.fishermans bastion.com
부다페스트카드 10%

국회의사당 전망

높게 솟은 고딕 예배당
마차시 성당 Mátyás Templom | Matthias Church

14세기 부터 지구 언덕 위에 세운 고딕 양식의 교회. 당시의 이름은 성모마리아 성당Nagyboldogasszony-templom이었지만 교회의 증축을 명령한 왕 마차시 1세를 기념하며 마차시 성당으로 이름을 바꾸었다. 두 개의 탑 중 남쪽 탑만 높고 거대한데, 이것 또한 마차시 1세에 의해 바뀐 모습이라고 한다. 헝가리가 터키 오스만 제국의 지배를 받던 시기에 터키인이 마차시 성당을 모스크(이슬람교의 예배당)로 사용하기도 했다. 아름다운 프레스코화와 진귀한 장식 예술이 이 시기에 훼손되었고, 오스만 제국의 지배에서 벗어난 뒤 바로크 양식으로 새로 지었다가 19세기 말 민족주의 열풍에 힘입어 다시 원래의 고딕 양식으로 재건되었다.

내부 역시 고딕 양식의 전형적인 모습이며, 매우 화려하게 장식되어 있다. 그런데 이것이 오스만 제국에 점령되기 전 원래의 모습보다는 오히려 소박한 편이다. 거대한 첨탑은 가이드의 인솔 하에 계단을 빙글빙글 돌아 올라가는 전망대로 개방되어 있다. 1709년 부다페스트를 덮친 흑사병이 물러간 것을 감사하며 세운 삼위일체 기념비Szentháromság-szobor도 아름다운 풍경에 일조한다.

Data 지도 247p-B
가는 법 16 · 16A · 115번 버스 Szentháromság tér 정류장 하차 주소 Budapest, Szentháromság tér 2
전화 1-355-5657
운영 시간 성당 내부 09:00~17:00 (일 13:00~), 전망대 11:00~17:00 요금 성당 내부 성인 1,800포린트, 학생 1,200포린트, 전망대 성인 1,800포린트, 학생 1,200포린트,
홈페이지 www.matyas-templom.hu

삼위일체 기념비

홀로 남은 첨탑 하나
부더 타워 Mária Magdolna Torony | Buda Tower

13세기 건축된 고딕 양식의 마리아 머그돌너 교회Mária Magdolna-templom는 오랜 세월 동안 손상과 복원을 반복하다가 제2차 세계대전 중 폭격으로 크게 훼손되어 첨탑만 남기고 무너져버렸다. 전쟁이 끝난 뒤 교회를 다시 복원할 계획이 있었으나 흐지부지되어 끝내 첨탑 하나만 홀로 남게 되었다. 지금 이 첨탑은 보강 공사를 거친 뒤 부더 타워라는 이름의 전망대로 사용된다. 좁은 계단을 돌아 탑에 오르면 유리창 너머로 부다페스트 시내가 보인다.

Data 지도 247p-A
가는 법 마차시 성당에서 도보 5분 또는 16·16A·115번 버스 Kapisztrán tér 정류장 하차
주소 Budapest, Kapisztrán tér 6
운영 시간 10:00~18:00, 1·2월은 주말만 개장
요금 성인 1,500포린트, 학생 600포린트
홈페이지 www.budatower.hu  부다페스트카드 100%

탑에서 보이는 국회의사당

|Talk|
부다페스트 캐슬 버스

어부의 요새와 부더성을 통틀어 바르네지에드Várnegyed, 즉 성 지구(캐슬 디스트릭트Castle Dictrict)라고 부른다. 부다페스트 캐슬 버스Budapest Castle Bus는 이 지역을 하루 안에 편하게 여행할 수 있는 투어 버스다. 세체니 다리 앞에서 출발해 다시 같은 장소로 한 바퀴 도는 동안 어부의 요새와 부더성을 모두 지나친다. 하루 동안 세 번 탈 수 있는 리턴티켓(8유로 또는 2,400포린트)을 구입한 뒤 홉온 홉오프Hop-on Hop-off 방식으로 여행하면 되고 부다페스트 카드 소지자는 무료로 탈 수 있다. 운영 시간은 09시부터 16시까지, 15분 간격으로 다닌다. 캐슬 버스를 타면 부더 타워 부근의 비엔나 게이트Bécsi kapu 등 소소한 볼거리도 간편하게 구경할 수 있어 편리하다. 자세한 내용은 홈페이지(www.budapestcastlebus.com)에서 확인할 수 있다.

비엔나 게이트

동굴 속 병원과 핵벙커
암굴 병원 Sziklakórház Atombunker Múzeum | Hospital in the Rock

1939년 제2차 세계대전이 발발하자 전쟁에서 자유로울 수 없던 헝가리도 전쟁에 대비하기 시작한다. 부다페스트에서는 부더성 언덕 아래에 동굴을 뚫고 부상자를 치료하는 병원을 만들었다. 자체 발전 시설까지 갖춘 암굴 병원 덕분에 전쟁 기간 동안 많은 사람이 목숨을 구했다. 전쟁이 끝난 뒤에는 냉전 시대에 핵전쟁에 대비해 핵벙커를 추가로 만들었다. 지금은 박물관으로 단장하여 1시간 정도의 가이드 투어로 내부를 관람할 수 있다. 실제 전쟁 당시 사용된 설비가 대부분 남아 있다. 여름에도 다소 쌀쌀하여 외투를 준비하는 것이 좋다.

Data 지도 247p-B 가는 법 마차시 성당에서 도보 5분, 입구는 언덕 아래에 있으며 엘리베이터를 타고 내려간다. 주소 Budapest, Lovas út 4 전화 70-701-0101 운영 시간 10:00~19:00 요금 4,000포린트 홈페이지 www.sziklakorhaz.eu 부다페스트카드 30%

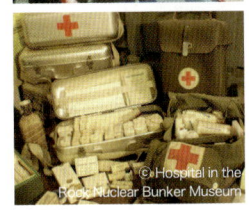

헝가리 국방군의 역사
군사 역사박물관 Hadtörténeti Múzeum | Museum of Military History

1918년 개관한 군사 역사박물관은 헝가리 국방군의 역사를 기록한 곳이다. 아무래도 전시 내용이 어렵기에 보편적으로 관람하기는 무리가 있으나 실제 전쟁 현장에서 사용된 무기나 군복의 변천사를 한눈에 볼 수 있어 밀리터리 마니아에게는 재미있는 경험이 될 것이다. 그리고 박물관 앞은 부더 지구가 내려다보이는 테라스이므로 꼭 박물관 관람이 아니더라도 기분 좋게 주변을 산책할 만하다.

Data 지도 247p-A 가는 법 부더 타워에서 도보 2분
주소 Budapest, Kapisztrán tér 2-4 전화 1-325-1600 운영 시간 화~일 09:00~17:00, 월 휴무
요금 성인 1,500포린트, 학생 750포린트 홈페이지 www.militaria.hu

씨씨의 동상

씨씨와 화이트 브리지
에르제베트 다리 Erzsébet Híd | Elisabeth Bridge

세체니 다리와 서버드샤그 다리 사이에 있는 에르제베트 다리는 흔히 화이트 브리지White Bridge라는 애칭으로 불린다. 1903년 완공 당시에만 해도 세체니 다리처럼 근사한 건축미를 뽐냈지만 제2차 세계대전으로 파괴된 뒤 1964년에 단촐하게 복원되었다. 다리 이름은 오스트리아의 황후 '씨씨' 엘리자베트에서 유래한다. 지금도 부더 지구 방면 다리 부근에 씨씨의 동상이 있다.

Data 지도 246p-F
가는 법 2번 트램 Március 15. tér 정류장 하차 또는 19·41·56번 트램 Rudas Gyógyfürdő 정류장 하차

온천과 전망을 동시에 잡은
루더시 온천 Rudas Fürdő | Rudas Baths

부다페스트가 오스만 제국에 점령당한 시절 터키인이 자신들의 목욕 문화를 가져와 부다페스트에 만든 온천이다. 규모가 크지 않고 관광객에게 덜 유명한 편이지만 2006년 새로 단장한 내부 시설은 최신식이며 최고 42도 열탕이 있어 뜨거운 물을 선호하는 사람에게는 가장 제격이다. 온천과 수영장, 그리고 웰니스Wellness 구역으로 나뉘는데, 온천은 평일에 남녀 입장을 구분(여성은 화요일만 입장 가능, 남성은 나머지 날에 입장 가능)하며 주말에는 구분하지 않는다. 성별 구분이 없는 웰니스에는 루프톱 풀장까지 포함되어 건물 옥상에서 다뉴브강을 바라보며 온천욕을 즐길 수 있다.

Data 지도 246p-F
가는 법 19·41·56번 트램 Rudas Gyógyfürdő 정류장 하차
주소 Budapest, Döbrentei tér 9
전화 1-356-1010
운영 시간 06:00~22:00
(금·토 ~04:00)
요금 전체 이용 5,200포린트, 온천 3,700포린트(주말은 각각 6,500포린트, 4,300포린트)
홈페이지 en.rudasfurdo.hu
부다페스트카드 20%

부다페스트 온천의 양대산맥
겔레르트 온천 Gellért Gyógyfürdő | Gellért Thermal Baths

세체니 온천과 함께 부다페스트 온천의 양대 산맥으로 꼽히는 곳. 겔레르트 호텔(269p) 내에 있는 스파 시설이다. 호텔 투숙객이 아니어도 이용 가능해 여행 중 들러 피로를 풀 수도 있다. 또한 온천수의 효능이 좋은 것으로 알려져 있다. 세체니 온천과 비교하자면, 아무래도 호텔 스파인 만큼 온천탕의 개수는 훨씬 적지만 고급 호텔에서 관리하기에 늘 청결하고 서비스가 우수해 외국인이 이용하기에도 불편이 덜하다. 날씨가 좋을 때에는 야외의 유수풀도 개방한다. 온천수의 최고 온도는 40도.

Data 지도 246p-F
가는 법 M4호선 또는 19·41·47·48·49·56번 트램 Szent Gellért tér 정류장 하차
주소 Budapest, Kelenhegyi út 4
전화 1-466-6166
운영 시간 06:00~20:00
요금 캐빈 사용 시 6,300포린트, 라커 사용 시 5,900포린트 (주말에는 200포린트 추가)
홈페이지 www.gellertbath.hu
부다페스트카드 20%

동굴 속에 만든 예배당
동굴 성당 Sziklatemplom | Cave Church

겔레르트 언덕에 생긴 동굴은 오래전부터 순례자가 많이 찾는 예배당이었다. 전설에 따르면, 동굴에서 흐르는 물로 씻으면 병이 낫는다고 하였다(겔레르트 온천의 원천수로 추정된다). 1926년 은둔 수도사들이 이곳에 입구를 만들면서 본격적인 성당이 되었다. 내부는 자그마한 예배당이지만 동굴 속에 제단을 쌓고 은둔했던 수도사의 손길이 느껴진다. 또한 입구 앞에 성 이슈트반 1세를 형상화한 조형물과 함께 서버드샤그 다리를 바라보는 전망도 매우 좋다.

Data 지도 246p-F
가는 법 서버드샤그 다리를 건너 등산로를 따라 도보 5분
운영 시간 08:30·17:00·20:00 (일요일은 11:00 추가) 미사 시간을 제외하고 입장 가능 요금 무료
홈페이지 www.sziklatemplom.hu

비록 진짜 자유는 아닐지라도
자유의 여신상 Szabadság Szobor | Liberty Statue

1947년 소련에서 겔레르트 언덕 꼭대기에 40m 높이의 거대한 동상을 만들고 이름을 서버드샤그 소보르, 즉 자유의 여신상이라 붙였다. 소련이 헝가리를 해방시켜 주어 자유를 얻게 되었음을 기념하는 목적이었다고 한다. 비록 진짜 자유가 아닌 이데올로기 선전을 위한 조형물이지만, 어쨌든 언덕 위에 홀로 당당히 우뚝 선 여신은 다뉴브강 건너편에서도 잘 보여 부다페스트의 풍경을 아름답게 가꾸어 준다. 여신상 아래에 새겨진 문구는 원래 소련의 자화자찬을 담고 있었지만 1989년 헝가리 민주화를 기념하는 문구로 수정되었다.

Data 지도 246p-F 가는 법 겔레르트 온천 옆 등산로를 따라 도보 30분 또는 27번 버스 Búsuló Juhász 정류장 하차 후 도보 10분 운영 시간 24시간 요금 무료

문 닫은 요새에서 바라보는 부다페스트
시타델 Citadella | Citadel

시타델은 겔레르트 언덕 꼭대기에 있는 견고한 요새. 1848년 헝가리 혁명이 실패한 이후 1854년 오스트리아가 강제로 헝가리 자금과 노동력을 동원하여 건설하였다. 군사적 목적으로 만들어 대포 60문이 배치되어 헝가리를 겨누었다. 1867년 오스트리아-헝가리 이중제국 출범으로 양국이 동등한 관계가 된 이후에는 군사적 목적을 상실하였다. 부다페스트 시민은 마치 점령군이 강제로 지은 흉물이나 마찬가지라 생각했기에 시타델의 철거를 원했다고 한다. 그러나 이후 세계대전과 공산화 등 폭풍 같은 역사적 사건이 벌어지면서 시타델은 반쯤 폐허가 된 채로 방치되어 지금에 이른다. 요새 자체가 꼭 볼만한 가치가 있는 건 아니지만 여기서 보이는 다뉴브강 풍경도 절대 놓치기 아쉬워 많은 사람들이 밤낮으로 가득하다.

Data 지도 246p-F 가는 법 자유의 여신상 옆에 위치 주소 Budapest, Citadella Setany 1

|Talk|
성자 겔레르트

겔레르트 언덕, 겔레르트 온천, 겔레르트 호텔. 이 지역을 여행할 때 겔레르트라는 이름은 수없이 반복된다. 대체 무슨 뜻일까?

성 이슈트반 1세가 헝가리를 건국한 뒤 가톨릭 국가를 천명했다. 성 이슈트반 1세는 성지순례 도중 뜻하지 않게 헝가리까지 찾아온 베네치아 출신의 수도사 게라르도 디 사그레도Gerardo di Sagredo를 교구 주교로 임명하였다. 게라르도의 헝가리어 이름이 바로 겔레르트Gellért. 그는 로마가톨릭을 전파하며 선교하다가 1046년 이교도의 반란으로 목숨을 잃게 된다. 겔레르트 주교를 붙잡은 이교도는 그를 통에 가두고 산 밑으로 굴려 살해했고, 이후부터 겔레르트가 순교한 산을 겔레르트 언덕이라 부른다.

겔레르트의 순교는 단순한 역사적 해프닝에 그치지 않는다. 헝가리 토착민의 입장에서 보면 머저르인은 이방에서 쳐들어 온 점령군이나 마찬가지. 성 이슈트반 1세는 로마교황청으로부터 인정받기 위해 가톨릭으로 개종하였고, 토착민을 '이교도'라 부르며 개종시킬 대상으로 여겼다. 토착민은 속으로 불만을 쌓았고, 결국 강력한 힘을 가진 성 이슈트반 1세가 서거하자 겔레르트 주교를 살해하며 그 불만을 표출하였다. 즉, 이 사건은 헝가리 왕국의 건국 초기 머저르인과 토착민의 갈등을 상징적으로 보여 주며, 이러한 혼란기를 거치며 비로소 헝가리가 머저르인의 국가로 뿌리를 내리게 된다.

겔레르트의 시신은 다뉴브강 건너편에 안장되었고, 그 자리에 왕의 명령으로 큰 교회가 생긴다. 이것이 도심 교구 교회(170p)의 기원이다. 그리고 도심 교구 교회에서 겔레르트 언덕 방향으로 에르제베트 다리를 건너면 정면 바위 절벽 위에 성자 겔레르트의 동상Szent Gellért-szobor을 볼 수 있다. 겔레르트는 자신이 안장된 도심 교구 교회를 바라보며 십자가를 높이 들고 있다.

에르제베트 다리를 건너자마자 바위 절벽 위로 오르는 길이 보인다. 가파른 계단을 5~10분 올라가면 성자 겔레르트의 동상 옆에서 다뉴브강 건너편을 조망할 수 있다.

하루의 마무리를 여기서
버차니 광장 Batthyány tér | Batthyány Square

헝가리의 첫 총리 버차니 러요시Batthyány Lajos의 이름을 딴 광장. 지하철과 광역철도, 트램, 그리고 다뉴브강 유람선까지 환승할 수 있는 교통의 요지. 광장 주변에 버차니의 동상이나 성 언너 성당 Szent Anna-templom 등 볼거리가 있기는 하지만 크게 대단하지는 않다.

그럼에도 불구하고 버차니 광장에 꼭 들러야 하는 이유는, 여기가 바로 국회의사당의 맞은편이기 때문이다. 어부의 요새 등 언덕 위에서 측면으로 바라보는 국회의사당의 전망도 물론 아름답지만, 다뉴브 강변에 궁전처럼 길게 자리한 국회의사당 정면을 바라보려면 버차니 광장으로 가야 한다. 강과 차도 사이에 약간의 공간이 있어 국회의사당을 배경으로 사진을 찍거나 또는 사랑하는 사람과 국회의사당을 함께 바라보며 로맨틱한 시간을 보낼 수 있다. 지하철을 타면 데아크 페렌츠 광장이나 켈레티 기차역으로 한 번에 연결되므로 하루의 여행을 모두 마치고 마지막 코스로 밤에 야경을 밝힌 국회의사당을 바라보며 마무리하기에도 딱 좋다. 광장에서 머르기트 다리(283p) 방향으로 자전거와 보행자가 다니는 산책로도 잘 닦여 있어 국회의사당과 다뉴브강을 바라보며 천천히 걸어보자. 산책로의 이름은 안젤로 로타 부두Angelo Rotta Rakpart.

Data 지도 246p-A
가는 법 M2호선 지하철, H5호선 광역철도, 19·41번 트램 Batthyány tér 역 하차

안젤로 로타 부두

성 언너 성당

다뉴브강 시민 공원
코퍼시 가트 Kopaszi gát | Kopaszi Dam

복잡한 시내를 벗어나 부더 지구의 남쪽으로 내려가면 다뉴브 강변에 아늑한 시민 공원 코퍼시 가트가 있다. 국회의사당 등 웅장한 건축물이 보이는 장소는 아니지만, 그래서 오로지 평화롭게 흐르는 다뉴브강의 매력에 집중할 수 있는 쉼터라고 할 수 있다. 부다페스트 교통국에서 운행하는 리버버스의 종착역이기도 하므로 부다페스트 카드 소지자는 공짜로, 그렇지 않더라도 일반 크루즈 유람선보다 훨씬 저렴한 비용으로 다뉴브강을 구경하며 여기까지 올 수 있다. 공원 바로 옆을 가로지르는 라코치 다리Rákóczi híd를 건너면 뮈퍼(224p)가 나온다.

Data 지도 246p-F
가는 법 D11 · D12번 리버버스 Kopaszi-gát – BudaPart 하차. 또는 153번 버스 Neumann János utca 정류장 하차 후 도보 5분. 강변을 따라 걸어야 공원으로 들어갈 수 있고, 강변 건너편 도로로 걸으면 라코치 다리 밑을 지나가자마자 길이 끊긴다.
운영 시간 24시간 요금 무료

|Talk|
코퍼시 가트에서 리버버스 타기

리버버스는 09:27에 운행을 시작하며, 다음 배편은 10:27, 이후 17:57까지 30분 간격으로 출발한다. 이후에는 1시간마다 출발해 19:57에 마지막 배편이 떠난다. 이 중 16:27 출발편만 D11호선, 나머지는 D12호선이다. 두 노선은 종점은 다르지만 부다페스트 시내까지 갈 경우 무엇을 타든 관계없다. 공원의 입구 부근에 부다페스트 교통국을 뜻하는 BKK 로고 표시를 따라가면 승선장이 나온다. 티켓을 구매해야 할 경우 승선장 앞 터미널 건물을 이용한다. 리버버스 노선은 057p에 정리되어 있다.

몰락한 이념을 기억하다
메멘토 공원 Szoborpark | Memento Park

냉전 시대 헝가리 곳곳에 공산주의 이념을 선전하기 위한 동상이 잔뜩 있었다. 공산주의 시대가 끝난 뒤 이런 동상은 철거되는 게 당연한 수순. 하지만 헝가리에서는 철거된 동상 중에서 대표적인 것들을 골라 한자리에 모아 1993년 조각 공원을 만들었다. 원래 명칭은 헝가리어로 '동상'을 뜻하는 소보르 공원이지만 이내 '기억의 공원'이라는 뜻의 메멘토 공원으로 불리었으며 이제 이 이름이 사실상 공식 명칭이 되었다.

내부에 40여개의 크고 작은 동상이 있다. 스탈린, 레닌 등 공산주의 시대의 영웅과도 같은 인물들도 보이고, 선 굵고 호전적인 거대한 이념 선전용 동상도 보이며, 소련의 상징과도 같은 '붉은 별'도 바닥에 장식되어 있다. 한때는 분명 위압적인 권위의 상징이었을 동상은 이제 누군가에게는 추억거리가 되고, 누군가에게는 과거를 교육하는 자료가 되고, 누군가에게는 우스꽝스러운 포즈를 따라하며 재미있는 사진을 남기는 놀이터가 된다. 몰락한 이념을 기억하는 저마다의 방식이 흥미롭게 다가온다.

Data 지도 246p-F
가는 법 101B · 101E · 150번 버스 Memento Park 정류장 하차
주소 Budapest, Balatoni út – Szabadkai utca sarok
전화 1-424-7500 운영 시간 10:00~일몰
요금 성인 1,500포린트, 학생 1,200포린트
홈페이지 www.mementopark.hu 부다페스트카드 100%

Tip 데아크 페렌츠 광장에서 하루 한 차례 운행하는 직행 셔틀버스가 있다. 매일 11:00에 출발, 그리고 돌아오는 버스는 메멘토 공원에서 매일 13:00에 출발한다(11~3월은 주말만 운행). 왕복 버스비와 공원 입장료를 합쳐 4,900포린트(학생 3,500포린트). 버스 기사에게 비용을 지불한다.

스탈린 구두 동상

마르크스-엥겔스 석상

헝가리 음식과 와인
21 헝가리안 키친 21 Magyar Vendéglő

어부의 요새 안쪽 조용한 골목에 자리 잡은 헝가리 전통 음식 레스토랑. '정통'과 '전통'을 모두 추구하여 구야시나 치르케퍼프리커시 등 흔히 볼 수 있는 헝가리 음식은 물론 우이하지 치킨 스프Újházi tyúkhúsleves나 퇴쾨시 레초Tökös lecsó(채소 스튜) 등 흔히 보기 어려운 헝가리 음식도 두루 판매한다. 와인 바라고 해도 좋을 만큼 와인 리스트도 풍성하다. 가격은 평균 이상.

Data 지도 247p-B
가는 법 마차시 성당에서 도보 5분 **주소** Budapest, Fortuna u. 21
전화 1-202-2113 **운영 시간** 12:00~24:00
가격 구야시 2,180포인트, 치르케퍼프리커시 4,280포인트
홈페이지 www.21restaurant.hu

ⓒ 21restaurant.hu

제이미 올리버 레스토랑
제이미스 이탈리안 Jamie's Italian Budapest

한국에도 유명한 영국의 셰프 제이미 올리버Jamie Oliver의 레스토랑 프랜차이즈 '제이미스 이탈리안'이 어부의 요새 근처에 있다. 전 세계의 제이미스 이탈리안이 그러하듯 좋은 식재료로 조리한 이탈리아 음식을 과하지 않은 가격에 판매한다. 카르보나라, 볼로네제 등 여러 종류의 스파게티와 피자, 리소토를 주문할 수 있고, 특정 메뉴를 합리적인 가격으로 할인하는 데일리 스페셜 메뉴도 준비되어 있다.

Data 지도 247p-B
가는 법 마차시 성당에서 도보 2분 **주소** Budapest, Szentháromság u. 9-11 **전화** 1-800-9212
운영 시간 11:30~23:00 **가격** 피자와 파스타 3,000포인트 안팎 **홈페이지** www.jamiesitalian.hu

ⓒ Jamie's Italian Budapest

200년 전통 제과점
루스부름 Ruszwurm Cukrászda

1827년 문을 연 제과점. 거의 200년의 세월을 같은 자리에서 전통을 계승하며 부다페스트에서 가장 오랜 역사를 자랑한다. 제2차 세계대전 중 폭격으로 건물은 부수어졌지만 루스부름의 내부는 기적적으로 화를 피했다. 덕분에 지금 사용하는 조리 도구나 가구도 200년 역사를 가진 것이 많아 19세기의 분위기를 고스란히 느낄 수 있다. 여러 종류의 케이크를 판매하는데, 루스부름 크림 케이크Ruszwurm-krémes가 시그니처 메뉴다.

Data 지도 247p-B
가는 법 마차시 성당에서 도보 2분
주소 Budapest, Szentháromság u. 7
전화 1-375-5284
운영 시간 10:00~19:00 (동절기 ~18:00)
가격 루스부름 크림 케이크 630포린트, 기타 케이크 650~850포린트
홈페이지 www.ruszwurm.hu

뒷골목의 조용한 쉼터
발저 카페 Walzer Café

관광객으로 북적거리는 어부의 요새 부근에서 인적이 뜸한 뒷골목에 자리 잡은 아담한 카페. 오래 된 건물의 입구 홀을 카페로 개조했다. 커피나 레모네이드를 마시며 조용히 쉴 수 있고, 출출할 때 몇 가지 케이크나 샌드위치로 허기를 달랠 수 있다. 커피의 맛과, 조용한 분위기가 기분 좋게 만들어 준다. 단, 건물의 홀을 카페 공간으로 사용하는 관계로 냉난방 시설이 없다.

Data 지도 247p-B
가는 법 마차시 성당에서 도보 5분
주소 Budapest, Táncsics Mihály u. 12
전화 30-250-5971
운영 시간 10:00~18:00
가격 커피+케이크 1,450포린트
홈페이지 www.facebook.com/walzercafe

90년대 서울의 어느 식당을 보는 듯
서울의 집 Seoul House Restaurant

부다페스트에서 가장 오래된 한국 식당. 그런데 헝가리인이 운영하는 곳이어서 한국인 손님이 없으면 한국어를 듣기 어려운 한국 식당이다. 마치 1990년대 서울의 어느 식당을 보는 듯 88올림픽 사진으로 꾸민 정감 있는 식당에서 김치찌개, 제육볶음, 삼겹살구이 등 다양한 한국 음식을 먹을 수 있다. 그 맛은 실제 한국에서 먹는 것과 큰 차이가 없다. 메뉴는 매우 다양하지만 실제 주문할 수 있는 요리는 그때그때 다른 것 같았다. 헝가리인 점원이 다소 불친절하다는 불만은 종종 들려오는 편이지만 합리적인 가격에 한국 음식을 푸짐하게 먹을 수 있어 인기가 높다.

Data 지도 247p-F
가는 법 세체니 다리에서 도보 2분
주소 Budapest, Fő u. 8
전화 70-599-3860
운영 시간 월~토 12:00~21:30, 일 휴무 가격 찌개류 2,800포린트, 삼겹살 4,200포린트

넓고 깨끗한 한국 식당
비빔밥 팔라 Bibimbap & Pala Bistro

한국 음식과 헝가리 음식을 모두 주문할 수 있는 곳. 물론 여기에 찾아가는 이유는 김치찌개, 제육볶음, 냉면, 비빔밥 등 한국 음식을 먹기 위함이다. 부다페스트의 한국 식당 중 가격은 약간 비싼 편에 속하지만 넓고 깨끗한 식당에서 정성스레 만든 한 상 차림의 맛은 준수하고, 후식도 준다. 주로 헝가리 음식을 메인으로 하여 특정 메뉴를 할인하는 점심 메뉴가 부담이 덜하다. 한국의 식당처럼 호출벨로 점원을 부를 수 있다는 점도 낯선 여행지에서 높은 점수를 얻는 장점으로 꼽힌다.

Data 지도 247p-C
가는 법 세체니 다리에서 도보 2분
주소 Budapest, Fő u. 14-18
전화 1-615-5355
운영 시간 11:30~22:00
가격 찌개류 3,600포린트, 점심 메뉴 1190포린트
홈페이지 www.facebook.com/BibimbapPala

두툼한 스테이크
미트 부티크 Meat Boutique

두툼한 고기를 그릴에 구워 근사한 플레이팅으로 제공하는 식당이다. 스테이크 전문점이라고 하기는 어렵지만, 어쨌든 이곳의 주력 메뉴는 스테이크, 그리고 그것을 활용한 버거라 할 수 있다. 가격이 비싼 편이기는 하지만 그것이 아깝지 않은 수준급의 요리를 고급스러운 분위기에서 즐길 수 있다.

Data 지도 247p-F 가는 법 세체니 다리에서 도보 2분 주소 Budapest, Lánchíd u. 7 전화 1-797-9957 운영 시간 11:00~23:00(금·토 ~01:00) 가격 스테이크 8,990포린트~, 버거 3,990포린트 홈페이지 www.meatboutique.hu

독일 맥주를 독일 스타일로
파울라너 Paulaner Sörház

세계적으로 유명한 최정상급 독일 맥주 파울라너의 비어홀이 부다페스트에 있다. 뮌히너 헬Münchner Hell, 헤페바이스Hefe-Weissbier 등 파울라너의 대표적인 맥주는 기본, 잘바토어Salvator나 장크트 토마스St. Thomas 등 희소성 높은 파울라너의 개성적인 맥주까지 모두 본토의 맛 그대로 신선하게 판매한다. 독일 스타일의 각종 소시지(부어스트)나 학세 등 독일 요리를 안주로 곁들여 먹을 수 있고, 오리 다리 구이 등 일반적인 육류 요리도 독일 스타일로 조리해 독일 맥주와의 궁합이 환상적이다.

Data 지도 246p-E 가는 법 17·61번 트램 Csörsz utca 정류장 하차, MOM Park 쇼핑몰 내 위치 주소 Budapest, Alkotás u. 53 전화 70-377-1000 운영 시간 11:30~24:00(금·토 ~01:00, 일 ~23:00) 가격 부어스트 1,990포린트~, 메인 요리 3,190~4,990포린트, 맥주 990포린트 홈페이지 www.paulanersorhaz.hu

SLEEP

부다페스트 대표 스파 호텔

겔레르트 호텔 Danubius Hotel Gellért

부다페스트에 유명한 호텔도 많고 역사적인 호텔도 많지만, 온천 도시 부다페스트에 어울리는 스파 호텔에 국한하여 생각한다면 가장 유서 깊고 유명한 곳은 단연 겔레르트 호텔이다. 1920년대 선풍적인 인기를 끌며 부다페스트의 대표적인 호텔로 성장하였고, 공산주의 정권 하에서도 재단장을 거듭하며 입지를 다졌다. 현재는 다누비우스 호텔 그룹에 속해 있고, 온천은 부다페스트 시에서 소유하며 협력하는 관계라고 한다.

아르누보 양식의 호텔 건물은 그 자체로 볼거리가 되고, 내부 역시 오랜 전통에 어울리는 앤티크 풍의 인테리어로 꾸며져 있다. 단, 가장 저렴한 이코노미룸은 좁고 특색이 없어 평이 좋지 않은 편. 최소한 스탠다드룸 이상부터 4성급 호텔이라 느껴지며, 스파 호텔에 투숙하며 휴양을 겸하는 만족을 누리려면 수페리어룸 이상을 권한다. 원래 투숙객은 겔레르트 온천 이용이 무료였으나 최근 이용료 할인으로 규정이 바뀌어 아쉽다. 중앙 시장 등 일부 관광지는 편하게 접근할 수 있지만 국회의사당 등 부다페스트의 유명 관광지와는 거리가 조금 떨어져 있다. 도시 관광보다는 온천에서 쉬며 여유를 즐길 때 만족도가 높다.

Data 지도 246p-F
가는 법 M4호선 또는 19·41·47·48·49·56번 트램 Szent Gellért tér 정류장 하차
주소 Budapest, Szent Gellért tér 2 **전화** 1-889-5500
요금 이코노미룸 100유로~, 스탠다드룸 120유로~ **홈페이지** www.danubiushotels.com

다뉴브강을 내려다보며 로맨틱한 하룻밤
힐튼 호텔 Hilton Budapest

국회의사당 부근에서 어부의 요새를 바라보면 거대한 성채와도 같은 건물이 보여 마치 성이 함께 있다고 착각하게 된다. 이 건물이 바로 힐튼 호텔이다. 그렇다는 건 힐튼 호텔에서도 다뉴브강 건너편을 바라보면 국회의사당 방면의 전망이 탁 트여 있다는 뜻. 객실에서 다뉴브강과 국회의사당 방면의 전망이 가장 좋은 곳을 찾자면 단연 힐튼 호텔이 첫 손에 꼽힌다. 물론 전망이 좋은 방은 요금도 매우 비싸지만, 5성급 호텔의 최상급 서비스와 시설을 고려하면 로맨틱한 하룻밤을 위한 투자라고 생각할 수 있겠다.

Data 지도 247p-B
가는 법 마차시 성당 옆
주소 Budapest, Hess András tér 1-3 전화 1-889-6600
요금 더블룸 135유로~,
다뉴브강 전망 190유로~
홈페이지 www.hilton.com

가장 오래된, 가장 세련된 호텔
페슈트 부더 호텔 Pest-Buda Hotel

1696년 개장한 페슈트 부더 호텔은 부다페스트에서 가장 오래된 호텔로 꼽힌다. 심지어 개장 이후 400년 이상 가업을 계승하고 있다. 2016년 대대적인 재단장으로 내부는 4성급 수준의 세련된 디자인 호텔로 탈바꿈했다. 즉, 가장 오래된 역사를 가졌지만 모던한 세련미를 가진 호텔이라는 이중적인 매력을 가진다. 호텔 레스토랑도 수백 년의 역사를 가진 유서 깊은 곳으로, 숙박을 하지 않아도 식사를 위해서 찾아갈 가치도 충분하다. 호텔의 유일한 단점은 엘리베이터가 없다는 것 정도.

Data 지도 247p-B
가는 법 어부의 요새에서 도보 2분
주소 Budapest, Fortuna u. 3
전화 1-225-0377
요금 더블룸 140유로~
홈페이지 www.pest-buda.com

국회의사당 맞은편 최고의 전망

노보텔 다뉴브 Novotel Budapest Danube

국회의사당의 맞은편 다뉴브 강변에 있는 호텔. 힐튼 호텔과 마찬가지로 국회의사당 방면의 전망이 일품이며, 훨씬 가까이 보이는 국회의사당을 탁 트인 객실 창문 너머로 바라보는 풍경은 말로 설명하기 어려운 감동을 선사한다. 또한 지하철역에 가까워 페슈트 지구로 쉽게 넘어갈 수 있어 관광하기에도 불편하지 않다는 것이 장점. 여기에 숙박한다면 당연히 리버뷰 객실을 선택해야 한다. 4성급 호텔에 걸맞은 우수하고 깨끗한 현대식 인테리어의 객실도 특별히 흠잡을 곳 없다.

Data 지도 246p-A
가는 법 M2호선 Batthyány tér 역 하차 후 도보 2분
주소 Budapest, Bem rkp. 33-34
전화 1-458-4900
요금 더블룸 100유로~, 다뉴브강 전망 125유로~
홈페이지 www.accorhotels.com

도날드 술탄과 친해지기

아트오텔 Art'otel Budapest

아트오텔은 독일에서 시작된 디자인 아트 호텔 체인이다. 한 지점마다 한 명의 예술가를 정하여 복도, 로비, 식당, 일부 객실에 해당 예술가의 작품을 전시하는 콘셉트를 가지고 있다. 부다페스트의 아트오텔이 선택한 예술가는 미국의 화가 도날드 술탄Donald Sultan. 하룻밤만 지내도 도날드 술탄의 작품 세계와 금세 친해질 것이다. 일부 객실은 국회의사당이나 세체니 다리 또는 어부의 요새 등이 보이는데, 전망 자체는 노보텔보다 조금 떨어지는 편이다.

Data 지도 247p-C
가는 법 19·41번 트램 Halász utca 정류장 하차
주소 Budapest, Budapest, Bem rkp. 16-19
전화 1-487-9487
요금 더블룸 100유로~, 다뉴브강 전망 120유로~
홈페이지 www.artotels.com

Budapest By Area

05

오부더 & 머르기트
Óbuda & Margit

오부더와 머르기트는 관광객에게
대중적으로 유명한 지역은 아니다.
하지만 도시의 시작이나 마찬가지인
고대 로마 유적 아쿠인쿰 박물관,
동화 같은 소도시의 매력을 뽐내는 오부더,
현지인의 쉼터인 머르기트섬 등
부다페스트의 속살을 엿볼 수 있는
새로운 여행의 체험을 선사한다.

Óbuda & Margit
PREVIEW

머르기트섬은 그 자체도 평온하고 싱그럽지만, 이 주변에서 보이는 다뉴브강의 전망 또한 매우 아름답다. 조금 더 북쪽으로 올라가면 오부더 구시가지에서 부다페스트와 전혀 다른 소도시의 매력을, 더 올라가면 아쿠인쿰에서 고대 로마의 유적까지 발견할 수 있다.

SEE
머르기트섬은 그 자체로도 싱그러운 녹색 공간이면서 머르기트섬 쪽에서 보이는 국회의사당과 다뉴브강의 전망은 또 다른 각도에서 감동을 선사한다. 오부더는 부다페스트가 맞나 싶을 정도로 동화 같은 구시가지가 앙증맞게 펼쳐지는 곳. 고대 로마의 목욕탕 터인 아쿠인쿰은 온천 도시로서 부다페스트가 얼마나 오랜 역사를 가지고 있는지 증명한다.

EAT
관광객이 몰리는 지역은 아니기 때문에 유명한 맛집을 찾기는 힘들다. 그러나 오부더에 있는 소박한 레스토랑만큼은 예외다.

SLEEP
머르기트섬과 주변에 호텔이 여럿 있다. 하지만 관광을 위한 숙박으로서 위치가 좋지 않으므로 이 지역에서의 숙박은 권장하지 않는다.

BUY
마찬가지로 관광객이 몰리지 않기 때문에 그 흔한 기념품 가게도 쉽게 찾아보기 힘들다. 쇼핑은 부다페스트 중심부에서 해결하고 이 지역에서는 눈으로 보고 느끼는 여행에 집중하기를 권한다.

어떻게 갈까?

머르기트섬은 국회의사당이나 버차니 광장에서 걸어서 갈 수 있는 거리에 있으며, 트램을 이용하면 뉴거티 역에서도 쉽게 접근할 수 있다. 오부더까지는 대중교통 1회 환승이 필요하지만 노선이 많아 불편은 없다. 아쿠인쿰은 광역철도 H5호선이 연결되며, 이 노선은 센텐드레(288p)까지 이어지므로 아쿠인쿰과 센텐드레를 하루에 관광하는 것도 좋은 방법이다.

Óbuda & Margit
ONE FINE DAY

오부더는 다뉴브강의 서쪽(부더 방면)에 있다. 따라서 부더 지구 교통의 요지인
버차니 광장에서 여행을 시작하고 마무리하자. 머르기트섬에서 평화롭게 쉬어도 좋고,
해질녘 머르기트 다리 위에서 국회의사당과 다뉴브강이 붉게 물들어 가는 풍경을 보아도 좋다.

버차니 광장에서
여행 시작

광역철도 20분

고대 로마의 유적
아쿠인쿰 박물관
관람하기

버스 11분

동화 같은 매력이
가득한 오부더 관광

버스 15분

버차니 광장에서
여행 마무리

트램 14분

머르기트 다리에서
다뉴브강 바라보기

버스 10분

머르기트섬에서 급수탑과
정원 구경하고 산책하기

어떻게 다닐까?

외곽의 관광지를 모두 섭렵하려면 대중교통 이용은 필수. 아쿠인쿰은 버차니 광장에서 출발하는 광역철도 H5호선 Aquincum 역에서 내린다. 만약 센텐드레까지 여행하려면 먼저 H5호선을 타고 센텐트레 관광 후 다시 H5호선을 타고 돌아오면서 아쿠인쿰에 들른다. 머르기트섬은 광장히 크기 때문에 걸어서 종주하기에는 무리가 있고, 섬을 관통하여 중심부와 연결되는 26번 또는 226번 시내버스를 이용한다. 위 코스는 버차니 광장에서 끝나지만 머르기트 다리에서 트램을 타고 뉴게티 기차역으로 갈 수도 있고, 걸어서 국회의사당으로 가도 된다. 숙소가 있거나 야경을 볼 수 있는 포인트로 자유롭게 동선을 수정할 수 있다.

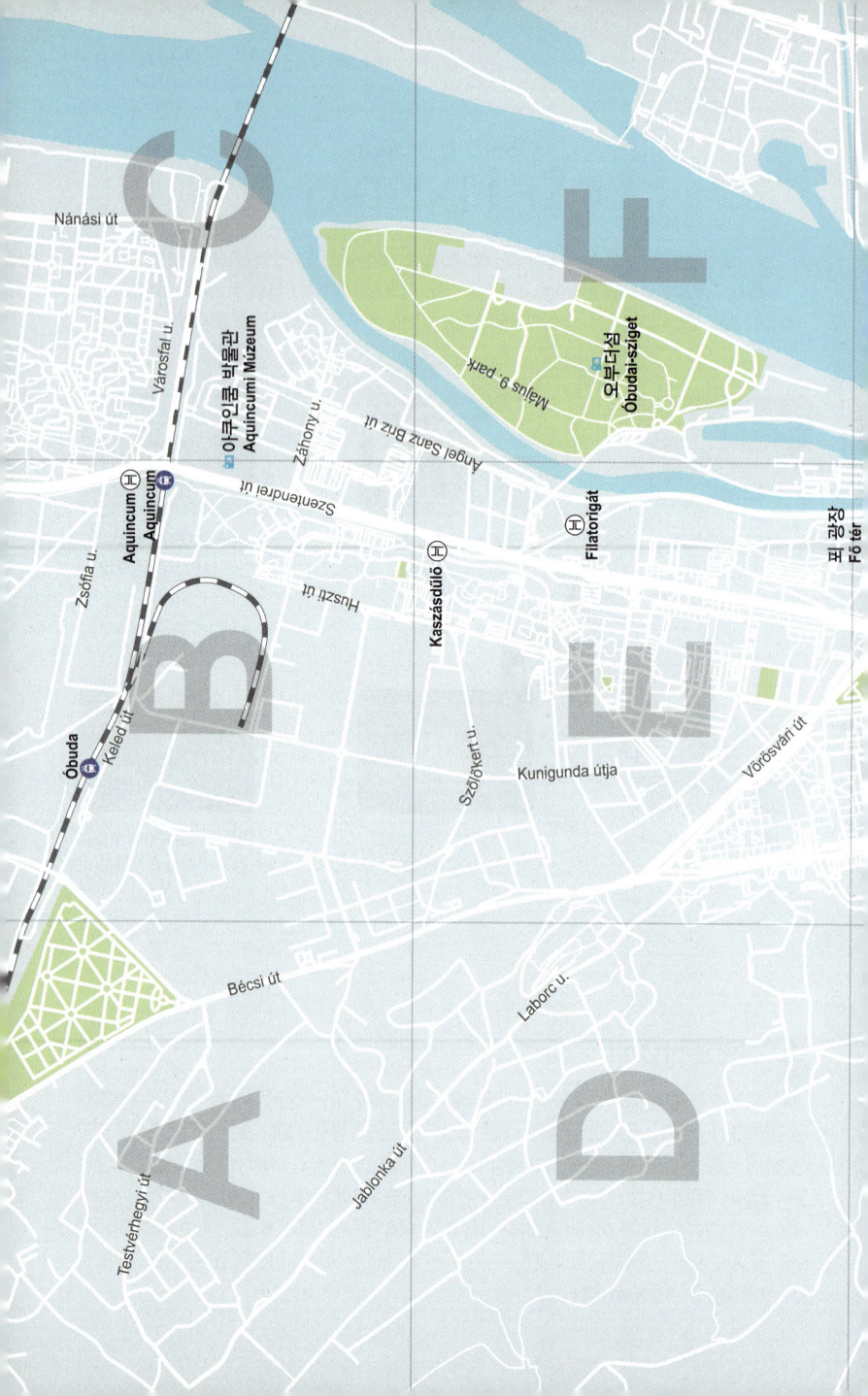

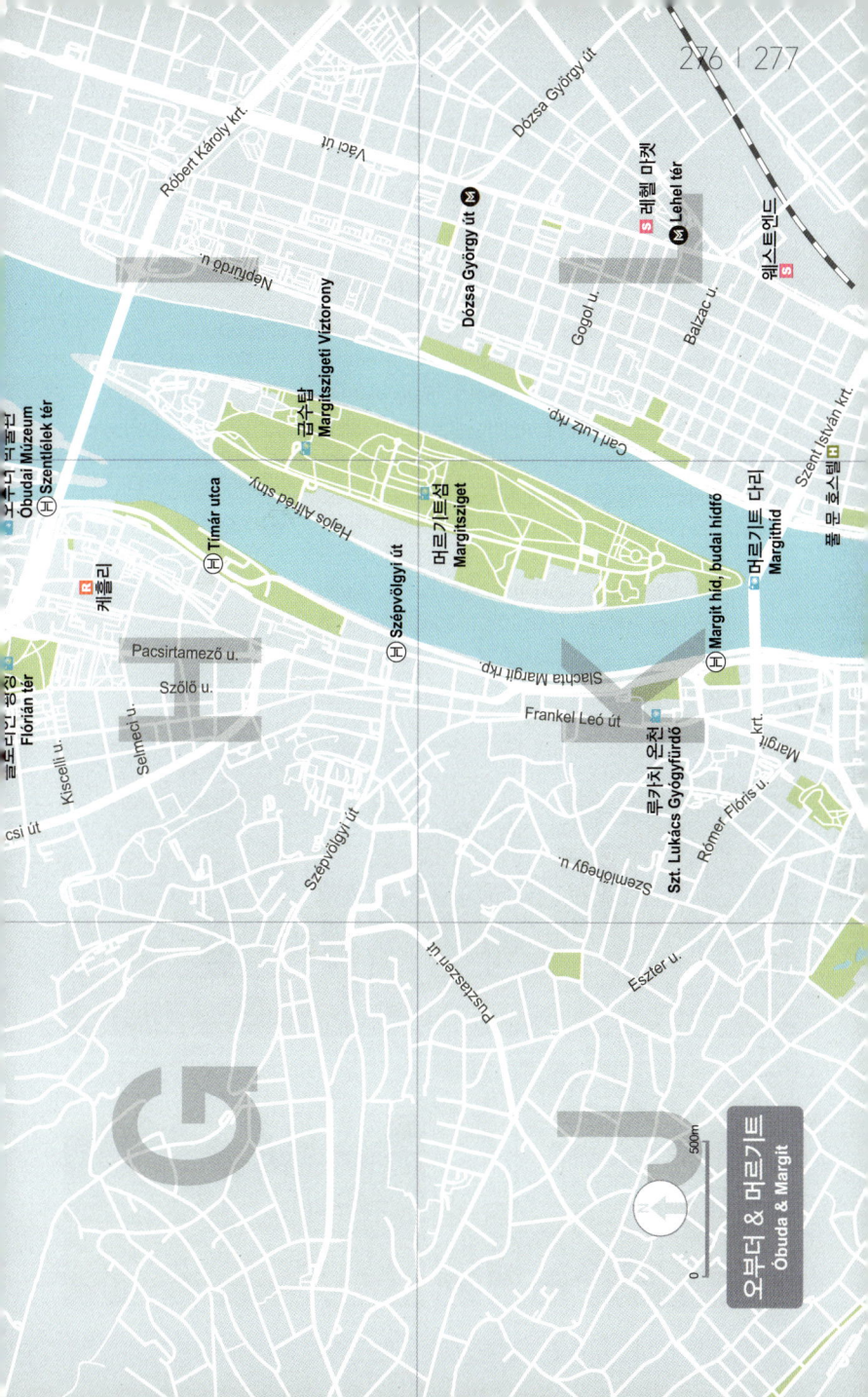

SEE

부다페스트가 여기서 시작되었다
아쿠인쿰 박물관 Aquincumi Múzeum | Aquincum Museum

헝가리어식으로 제대로 발음하면 어크빈쿰. 그러나 국내에서는 관용적으로 아쿠인쿰이라는 표기가 통용된다. 아쿠인쿰은 고대 로마 제국 동북부 끄트머리의 국경 도시 이름이다. 그리고 아쿠인쿰이 바로 오늘날 부다페스트. 당시 로마인이 만든 도시의 유적이 발굴되어 박물관으로 공개되어 있다. 2천 년 전에 온천 도시의 진가를 알아본 로마인은 목욕탕을 포함하여 모든 기능을 갖춘 도시를 만들었다. 사실상 부다페스트의 출발점이라 해도 과언이 아닌 그 흔적을 상세한 설명과 함께 하나하나 만날 수 있다. 유적을 눈으로 보는 데 그치지 않고 직접 그 안에서 걸으며 만질 수 있다. 실외의 유적 터, 실내의 박물관 등 넓은 부지에 충실한 전시품을 배치하고 있으며, 울타리가 낮아 주변 도로에서도 담 넘어 로마 유적 터를 두 눈으로 볼 수 있다.

Data 지도 276p-C
가는 법 H5호선 Aquincum역 하차 후 34·134번 버스 Záhony utca 정류장 하차
주소 Budapest, Szentendrei út 135 **전화** 1-430-1081
운영 시간 실외 유적 화~일 09:00~18:00(11~3월은 날씨가 좋을 때에만 개장), 실내 박물관 화~일 10:00~18:00 (11~3월 ~16:00), 월 휴무
요금 1,900포린트(11~3월 1,300포린트), 학생은 50% 할인
홈페이지 www.aquincum.hu
부다페스트카드 100%

로마 유적이 있는 공원
플로리안 광장 Flórián tér | Flórián Square

아쿠인쿰 박물관에서 멀지 않은 오부더 지역에 있는 광장. 잔디와 나무를 심어 광장보다는 공원이라고 하는 편이 맞겠다. 크게 대단치는 않지만 고대 로마의 유적이 드러나 있어 잠깐 구경할 만하다. 광장 이름은 성자 플로리안에게서 유래한다. 광장 한쪽에 있는 봉헌 제단Fogadalmi oltár에 높이 솟은 두 명의 조각 중 한 명이 성자 플로리안이다. 이 제단은 전염병이 물러간 것을 기념하여 1760년대에 세웠다.

Data 지도 277p-H
가는 법 1번 트램 또는 9·100·111번 버스 Flórián tér 정류장 하차

광장의 로마 유적

봉헌 제단

소박한 민속 박물관
오부더 박물관 Óbudai Múzeum | Óbuda Museum

중세부터 시작하여 산업화 시기를 거쳐 현대에 이르기까지 오부더 지역의 생활상을 전시해 놓은 박물관. 해당 시대에 오부더의 보통 사람들이 어떤 모습으로 살았는지 보여 주는, 말하자면 소박한 민속 박물관이다. 특히 19세기의 모습이 가장 뚜렷이 남아 있어 그 시대의 분위기를 느끼게 해준다.

Data 지도 277p-H
가는 법 H5번 광역철도 또는 29·118·134·137·218번 버스 Szentlélek tér 역 하차
주소 Budapest, Fő tér 1
전화 1-250-1020
운영 시간 화~일 10:00~18:00, 월 휴무
요금 성인 800포린트, 학생 400포린트
홈페이지 www.obudai muzeum.hu

구청과 신드바드

오부더의 중심 광장
푀 광장 Fő tér | Main Square

오부더 지역은 대도시 부다페스트와는 분위기가 전혀 다르다. 마치 유럽의 소도시를 보는 듯 나지막한 붉은 지붕의 건물들이 줄지어 있고 그 사이에 운치 있는 광장이 있다. 소도시 분위기가 가득한 오부더의 중심 광장인 푀 광장이다. 나란히 붙어 있어 자연스럽게 조화를 이루는 구청과 신드바드 Szindbád 앞에 위치한다.

신드바드 앞에는 오부더에서 살았던 작가 크루디 줄러의 조형물이 있는데, 그의 대표작인 〈신드바드의 모험Szindbád utazásai〉(천일야화에 나오는 신드바드의 선원 이야기를 각색한 소설)에서 착안했다. 뿐만 아니라 신드바드 건물 옆 도로 사이에 설치된 '기다림Várakozók', 오부더 박물관 입구 앞에 있는 '삼위일체 기념비Szentháromság-szobor' 등 광장을 아름답게 꾸며 주는 조형물도 눈에 띈다. 이 중 '기다림'은 헝가리의 조각가 버르거 임레Varga Imre의 작품이다. 그는 공산주의 시대에도 왕성한 활동을 했던 원로 예술가이며, 메멘토 공원(264p)에도 그가 만든 조각이 있다.

Data 지도 277p-H 가는 법 오부더 박물관이 푀 광장에 위치

기다림

삼위일체 기념비

|Theme|
오부더의 개성 만점 박물관

소박한 오부더 부근에 소소한 박물관이 여럿 있다.
시간 여유가 있다면 잠시 둘러볼 만한 개성 만점 박물관 세 곳을 소개한다.

1. 바사렐리 미술관 Vasarely Múzeum

헝가리 이름 바샤르헤이 죄죄Vásárhelyi Győző. 우리에게는 프랑스에서 활동한 이름인 빅토르 바사렐리Victor Vasarely로 친숙한 옵아트(착시 현상을 활용한 추상 미술)의 대부 바사렐리의 작품을 전시한 미술관. 그가 자신의 작품을 부다페스트에 기증하면서 1987년 개관하였다.

Data 주소 Budapest, Szentlélek tér 6
운영 시간 화~일 10:00~17:45, 월 휴관
요금 성인 1,400포린트, 학생 700포린트 홈페이지 www.vasarely.hu 부다페스트카드 100%

2. 부다페스트 갤러리
Budapest Galéria

응용 미술, 디자인, 판화, 사진 등 카테고리에 구애받지 않는 재기발랄한 현대적인 시각 예술에 특화된 미술관. 주제나 작가를 정하여 기획전 형태로 연중 전시회를 연다. 부다페스트 또는 헝가리의 젊은 화가의 작품도 접할 수 있다. 전시회는 홈페이지에서 확인할 수 있다.

Data 주소 Budapest, Lajos u .158
운영 시간 화~일 10:00~18:00, 월 휴관
요금 무료 홈페이지 www.budapestgaleria.hu

3. 헝가리 관광 산업 박물관 Magyar Kereskedelmi és Vendéglátóipari Múzeum

호텔관광학의 일종이라 할 수 있는 하스피탈리티 앤드 투어리즘Hospitality and Tourism 박물관이다. 1900년대의 포스터나 사진, 인테리어 등을 통해 옛날의 숙박업이나 요식업이 어떠했는지 생생하게 전달해 준다. 옛날 물건들을 수집한 개성적인 박물관을 보는 듯 재미있다.

Data 주소 Budapest, Korona tér 1
운영 시간 화~일 10:00~18:00, 월 휴관
요금 성인 1,000포린트, 학생 500포린트
홈페이지 www.mkvm.hu
부다페스트카드 50%

BUDAPEST BY AREA 05
오부더 & 머르기트

거대한 휴식 공간
머르기트섬 Margit-sziget | Margaret Island

다뉴브강에 있는 섬. 약 1km²에 달하는 넓은 섬에 드문드문 건물이 몇 개 있을 뿐 대부분 울창한 숲과 잔디밭이 뒤덮고 있는 거대한 휴식 공간이다. 오래전에는 섬에 몇몇 수도원만 덩그러니 있었다. 헝가리 국왕 벨러 4세의 딸인 성녀 머르기트 Szent Margit가 섬에 있는 도미니크회 수녀원에 살았기 때문에 머르기트섬이라 불리었다. 산책하기 좋은 정원이 곳곳에 있고, 종종 문화 행사가 열리는 오픈 스테이지, 음악과 함께 분수가 작동되는 음악 분수 등 볼거리도 충분하다.

Data 지도 277p-H
가는 법 26 · 226번 버스가 섬을 관통한다(Margitsziget / Margit híd 정류장부터 Margitsziget / Árpád híd 정류장까지)
운영 시간 24시간 요금 무료

다뉴브강의 등대
급수탑 Margitszigeti Víztorony | Margeret Island Water Tower

아르누보 양식의 급수탑은 머르기트섬에서 유일하게 우뚝 솟은 건축물이다. 용수 공급을 위해 1911년에 완공되었으며 오늘날에는 전망대로 사용된다. 울창한 숲보다 높이 머리를 드러내는 57m 높이의 급수탑은 다뉴브강을 유람할 때 멀리서도 잘 보여 마치 등대를 보는 듯하다. 전망대에 오르면 온통 녹색 빛으로 뒤덮인 섬이 잘 보인다. 하지만 다뉴브강의 전망이 좋은 편은 아니다.

Data 지도 277p-I
가는 법 26 · 226번 버스 Szabadtéri Színpad 정류장 하차
전화 1-340-4196
운영 시간 5~10월 11:00~22:00, 11~4월 휴무
요금 1,400포린트 부다페스트카드 20%

부더-섬-페슈트
머르기트 다리 Margithíd | Margaret Bridge

부다페스트에서 페슈트와 부더를 잇는, 세체니 다리에 이어 두 번째로 건설된 다리가 머르기트 다리다. 머르기트섬까지 함께 연결해 페슈트와 부더에서 머르기트 다리를 이용해 섬에 들어갈 수 있다. 세체니 다리 등 부다페스트의 주요 다리와 비교했을 때 다리 자체의 건축미는 덜하지만, 다리 위에서 바라보는 국회의사당과 다뉴브강의 풍경도 아름답기에 낮이든 밤이든 다리 위에 오를 이유는 충분하다.

다리 위에서 바라본 국회의사당

Data 지도 277p-K
가는 법 4 · 46번 트램 Margitsziget / Margit híd 정류장 하차

시게트 페스티벌의 무대
오부더섬 Óbudai-sziget | Óbuda Island

머르기트보다 조금 더 북쪽에 있는 또 하나의 큰 섬. 배를 만드는 곳이 있었기에 원래 이름은 '조선소섬'이라는 뜻의 허요자리섬Hajógyári sziget이었는데, 지금은 오부더섬이라 불린다. 머르기트섬이 쾌적하고 상쾌한 휴식 공간으로 조성되었다면, 오부더섬은 야생 그 자체라 해도 과언이 아닐 정도로 인공적인 손길이 거의 느껴지지 않는다. 그래서 여행자가 평소에 찾아갈 일은 없겠지만 매년 여름 시게트 페스티벌(0990p)이 열리면 수많은 군중이 섬을 가득 메운다.

시게트 페스티벌

Data 지도 276p-F
가는 법 226번 버스 Óbudai-sziget hajóállomás 정류장 하차

부다페스트 카드의 웰컴 서비스
루카치 온천 Szt. Lukács Gyógyfürdő | Lukács Thermal Bath

부다페스트의 이름난 온천 중 가장 현지인의 온천 문화가 넘치는 곳이다. 세체니 온천이나 겔레르트 온천처럼 세계적으로 이름난 곳은 아니기에 외국인 관광객은 거의 없지만 수질 좋은 온천수에 몸을 담그고 가족끼리 쉴 새 없이 대화를 나누며 시간을 보내는 현지인의 모습을 볼 수 있다. 온천수의 온도는 최대 40도. 온천탕이나 사우나 모두 남녀 구분 없이 수영복을 착용한다. 탕과 사우나의 개수가 많지 않은 소규모 온천이라 늘 북적거리는 편이다. 관광객이 적게 찾아서인지 영어 안내를 찾기 어렵고, 매표소를 제외하면 직원과 영어로 의사소통이 어려울 수 있다는 것은 단점. 그래도 외국인이 키를 들고 서성이면 직원이 먼저 찾아와 보디랭귀지로 친절하게 안내해 준다.

시내 중심부에 있는 것도 아닌데 이런 불편을 감수하면서 찾아가야 할 이유가 있다면 딱 하나. 부다페스트 카드 소지자는 무료로 이용 가능하기 때문이다. 루카치 온천 무료입장은 부다페스트의 온천 문화를 비용 부담 없이 체험할 수 있게 해준다는 점에서 부다페스트 카드의 많은 혜택 중에서도 가장 높은 가치를 지니는 웰컴 서비스라 할 수 있다. 라커와 캐빈으로 구분되는 기본적인 온천 규정과 이용 방법은 유명 온천과 큰 차이가 없다.

Data 지도 277p-K
가는 법 17·19·41번 트램 Szent Lukács Gyógyfürdő 정류장 하차
주소 Budapest, Frankel Leó út 25-29
전화 1-326-1695
운영 시간 06:00~22:00
요금 캐빈 사용 시 4,300포린트, 라커 사용 시 3,900포린트 (주말에는 200포린트 추가)
홈페이지 en.lukacsfurdo.hu
부다페스트카드 100%

© Budapest Gyógyfürdői Es Hevizei Zrt

EAT

가문의 이야기가 전통으로
케흘리 Kéhli Vendéglő

1899년 케흘리 가문에서 운영하는 여인숙이 문을 열었다. 여기에 딸린 작은 레스토랑은 입소문을 타고 금세 오부더의 맛집이 되었고, 오늘날에는 여인숙은 사라지고 레스토랑만 남아 대를 이어 운영하는 중이다. 헝가리 향토 음식을 판매하는데, 일부 음식은 가문의 스토리가 담겨 있다. 가령, 툍퇴트는 식당 주인의 어머니가 임신했을 때 즐겨 만들어 먹고서 체중 5kg의 우량아를 낳았고 그 아이는 어른이 되어 100kg를 넘겼다는 스토리와 함께 그 조리법 그대로 셰프에게 전수되어 지금도 판매하는 것이라고 한다. 이런 식으로 가문의 이야기가 곧 전통이 되어 맛있는 음식을 먹을 수 있는데다가 가격도 저렴하니 오부더 여행 중에는 무조건 가야 하는 곳, 오부더를 여행하지 않더라도 리스트에 올릴 가치가 충분한 곳이다. 케흘리에 다녀간 유명인도 굉장히 많은데, 그중 제 39대 미국 대통령 지미 카터나 제임스 본드 역을 연기했던 로저 무어 등의 이름도 보인다. 소박한 내부는 여러 방과 안뜰로 나뉘어 있고, 매일 저녁 8시에는 하우스 밴드의 흥겨운 음악도 들을 수 있다. 잔으로 주문할 수 있는 와인의 종류도 매우 다양하다. 툍퇴트 외에도 삼촌의 정성이 담긴 생선 요리, 곰 발바닥으로 고기 크기를 재단해 만든 허브 바비큐 등 가문의 스토리가 계승되는 요리가 주목받는다. 저녁 시간에는 홈페이지를 통한 테이블 예약을 강력히 권장한다.

Data 지도 277p-H
가는 법 플로리안 광장에서 도보 5분
주소 Budapest, Mókus u. 22
전화 1-368-0613
운영 시간 12:00~24:00
가격 구야시 1,190포린트, 헐라슬레 2,190포린트~, 툍퇴트 2,990포린트~
홈페이지 www.kehli.hu

툍퇴트

\ SPECIAL /
\ 1 DAY /
TOUR

01 센텐드레
02 다뉴브 벤드
03 벌러톤 호수

Special 1 Day Tour

01

센텐드레
Szentendre

성자 엔드레Szent Endre라는 이름을 가진
강변의 정겨운 소도시 센텐드레.
부다페스트에서 가장 인기 높은 근교 여행지다.

Szentendre
PREVIEW

SEE
돌바닥이 깔린 정겨운 골목 사이로 형형색색 낡은 건물이 가득하다. 정겨운 광장과 언덕 위의 교회, 예술가 마을에 어울리는 소규모 갤러리가 시선을 끈다. 부다페스트와 센텐드레를 연결하는 유람선 여행 또한 그냥 지나치기 서운하다.

EAT
센텐드레 구시가지에 소박한 레스토랑과 개성 있는 햄버거 가게, 서모시에서 운영하는 카페 등 다양한 먹거리가 있다. 관광객이 많이 찾는 곳인 만큼 먹거리를 걱정할 필요는 없다.

SLEEP
호텔이 없는 것은 아니지만 선택의 폭은 좁다. 부다페스트에서 가깝기 때문에 굳이 센텐드레에 숙박하기보다는 부다페스트에서 바람 쐬듯 여행하면 적당하다.

어떻게 갈까?

부다페스트에서 센텐드레를 찾아가는 방법은 크게 둘로 나뉜다. 가장 경제적이고 보편적인 방법은 광역철도 H5호선을 타는 것이다. 버차니 광장에서 H5호선을 타면 종점이 센텐드레인데, 일부 노선은 부다페스트의 경계인 베카슈메제르Békásmegyer까지만 운행하니 종점을 확인하고 탑승해야 차질이 없다. 부다페

스트 24시간권이나 부다페스트 카드가 없을 경우 1회권(350포린트)과 익스텐션 티켓(310포린트)을 함께 구입하면 센텐드레까지 편도 이용 가능하다. 총 40분 소요. 두 번째 방법은 유람선이다. 버차니 광장에서 하루 2회(10:40·14:10) 출발하며 1시간 20분 소요된다. 돌아오는 배편은 센텐드레에서 하루 2회(17:00·19:00) 출발하며 버차니 광장까지 50분 소요된다(월요일과 동절기 운휴). 요금은 편도 2,540포린트, 왕복 3,820포린트. 부다페스트 카드 소지자는 20% 할인된다.

어떻게 다닐까?

두 다리로 충분하다. 기차역부터 시가지 구석구석, 그리고 선착장까지도 모두 걸어서 다닐 수 있는 거리에 있다.

SPECIAL 1 DAY TOUR 01
센텐드레

Szentendre
ONE FINE DAY

센텐드레 구시가지는 아담하다. 아래 루트는 관광지 위주로 구성되었으나
어떤 특별한 명소보다는 마을 자체의 분위기가 낭만적인 곳이므로
이 골목 저 골목 구석구석 걸어 보기를 권장한다.

광역철도역에서
여행 시작하기

→ 도보 7분

지하도를 건너
Kossuth Lajos u.를
따라 걸으면 페렌치
박물관 도착하기

→ 도보 5분

서모시 카페나 박물관
간단히 관람하기

↓ 도보 5분

언덕을 내려와
유람선을 타고
부다페스트로 돌아가기

← 도보 5분

언덕 꼭대기의 성
야노시 성당에 오르기

← 도보 2분

시가지 중심 푀 광장과
시청사의 아담하지만
정겨운 모습을 구경하기

|Talk|
센텐드레는 예술가 마을

센텐드레는 역사적으로 늘 조그마한 마을이었고, 1800년대 들어서야 도시의 지위를 얻었지만 인구가 많지 않은 소도시였다. 1900년 초반부터 이 작은 도시에 예술가들이 모여들기 시작해 그들의 아지트를 만들었고, 여전히 약 200명의 예술가가 센텐드레에 거주하며 작품 활동 중이라 곳곳에 소규모 갤러리가 보인다. 물론 오늘날의 센텐드레는 부다페스트 근교 관광지의 성격이 강해 관광객을 상대하는 기념품 숍 등이 더 많이 보이기는 하지만 예술가 마을로서의 면모도 숨어 있으니 여유 있게 거닐어 보자. 대도시 근교에 있는 예술가들의 마을이지만 관광지의 모습이 좀 더 앞선다는 측면에서 센텐드레를 서울 근교의 파주 헤이리에 비유하는 사람도 많다.

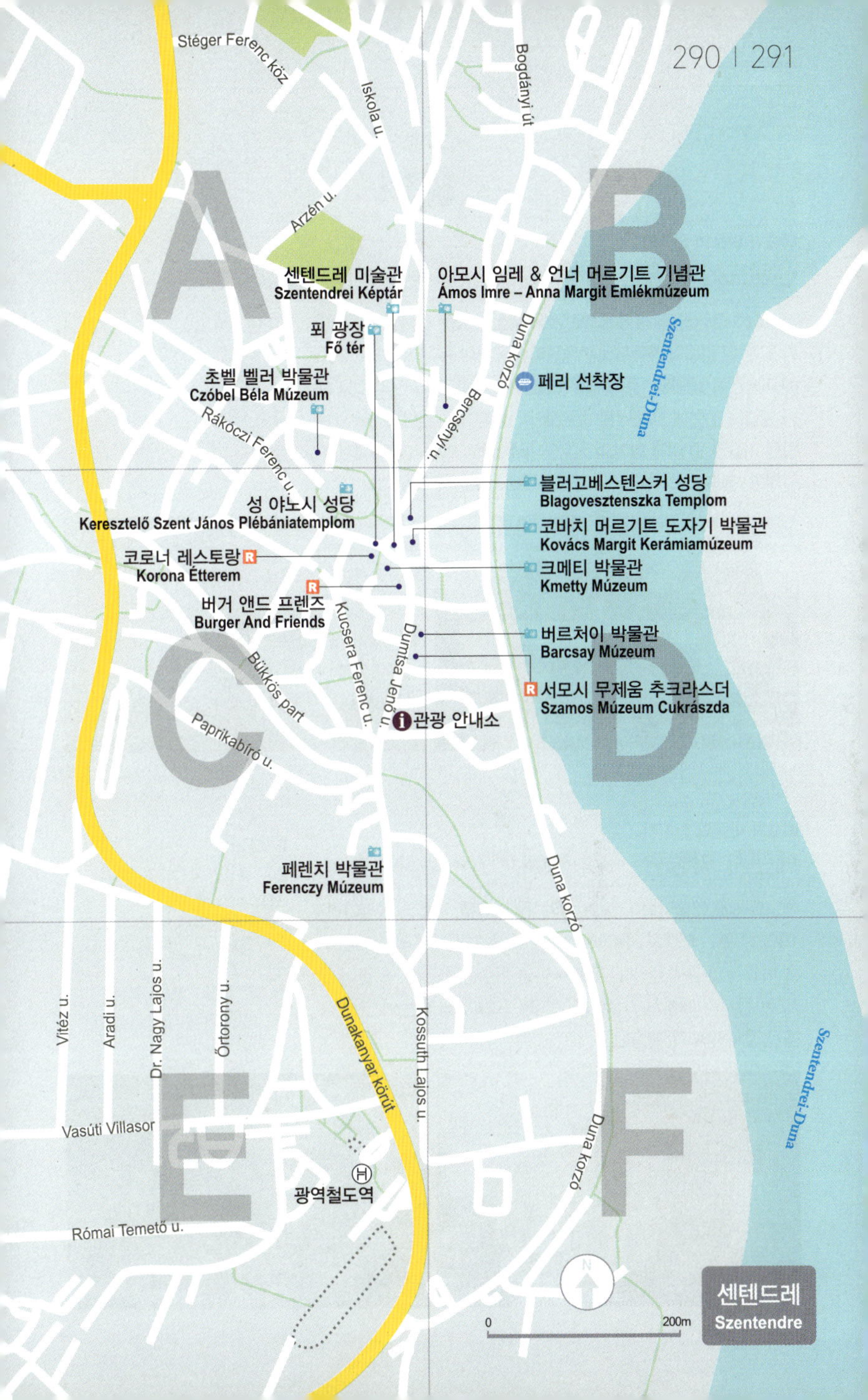
Stéger Ferenc köz
Iskola u.
Bogdányi út
Arzén u.
A
B
C
D
E
F
센텐드레 미술관
Szentendrei Képtár
아모시 임레 & 언너 머르기트 기념관
Ámos Imre – Anna Margit Emlékmúzeum
푀 광장
Fő tér
초벨 벨러 박물관
Czóbel Béla Múzeum
Duna korzó
페리 선착장
Szentendrei-Duna
Rákóczi Ferenc u.
Bercsényi u.
블러고베스텐스커 성당
Blagovesztenszka Templom
성 야노시 성당
Keresztelő Szent János Plébániatemplom
코바치 머르기트 도자기 박물관
Kovács Margit Kerámiamúzeum
코로너 레스토랑
Korona Étterem
크메티 박물관
Kmetty Múzeum
버거 앤드 프렌즈
Burger And Friends
Kucsera Ferenc u.
Dumtsa Jenő u.
버르처이 박물관
Barcsay Múzeum
Bükkös part
서모시 무제움 추크라스더
Szamos Múzeum Cukrászda
관광 안내소
Paprikabíró u.
페렌치 박물관
Ferenczy Múzeum
Duna korzó
Vitéz u.
Aradi u.
Dr. Nagy Lajos u.
Őrtorony u.
Dunakanyar körút
Kossuth Lajos u.
Szentendrei-Duna
Vasúti Villasor
광역철도역
Duna korzó
Római Temető u.
N
0
200m
센텐드레
Szentendre

SPECIAL 1 DAY TOUR 01
센텐드레

SEE

예술가 마을의 하이라이트
센텐드레 미술관 Szentendrei Képtár | Szentendre Gallery

시가지의 중심인 푀 광장에서도 가장 중심에 있는 건물. 가장 존재감 있는 이 건물이 센텐드레 미술관이다. 건물 1층(우리식으로 2층)에 미술관이 있는데, 1층의 창문을 없애고 센텐드레 출신의 주요 화가 얼굴을 창문에 그려서 붙여둔 것이 인상적이다. 센텐드레에 있는 많은 미술관 중 여러 화가의 작품을 두루두루 감상하며 20세기 초 만개한 센텐드레의 예술성을 가장 뚜렷하게 확인할 수 있다.

Data 지도 291p-C
가는 법 푀 광장에 위치
주소 Szentendre, Fő tér 2-5 전화 20-779-6657
운영 시간 화~일 10:00~18:00, 월 휴무 요금 1,400포린트
홈페이지 www.muzeumicentrum.hu

예술가 마을의 창시자
페렌치 박물관 Ferenczy Múzeum | Ferenczy Museum

센텐드레에 예술가들이 모여 살게 된 이유를 거슬러 올라가면, 1902년 화가 페렌치 카로이Ferenczy Károly가 센텐드레에 세운 미술 학교가 그 출발점이다. 페렌치 박물관은 센텐드레의 오늘이 있게 한 창시자 페렌치 카로이를 기리며 그와 그의 후손이 남긴 작품을 전시하며 기념한다.

Data 지도 291p-C
가는 법 기차역에서 도보 7분
주소 Szentendre, Kossuth Lajos u. 5
전화 20-779-6657
운영 시간 화~일 10:00~18:00, 월 휴무 요금 1,400포린트
홈페이지 www.muzeumicentrum.hu

|Theme|
페렌치 박물관 센터

페렌치 카로이를 비롯하여 센텐드레에서 활동한 예술가들의 흔적이 여기저기 보인다. 모두 소박한 미술관으로 문이 활짝 열려 있으며, 페렌치 박물관 센터 Ferenczy Múzeumi Centrum라는 통합 기관에서 관리한다. 센텐드레 미술관에서 이들의 작품을 먼저 만나 본 뒤 '내 취향'이다 싶은 여행자는 아래 미술관도 기억해 두면 좋다.

버르처이 박물관

코바치 머르기트 도자기 박물관

초벨 벨러 박물관
Czóbel Béla Múzeum
Data 지도 291p-A
가는 법 성 야노시 성당 옆
주소 Szentendre, Templom tér 1.

크메티 박물관
Kmetty Múzeum
Data 지도 291p-C
가는 법 푀 광장에 위치
주소 Szentendre, Fő tér 21

버르처이 박물관
Barcsay Múzeum
Data 지도 291p-C
가는 법 서모시머르치판 박물관 옆
주소 Szentendre, Dumtsa Jenő u. 10

아모시 임레 & 언너 머르기트 기념관
Ámos Imre - Anna Margit Emlékmúzeum
Data 지도 291p-B
가는 법 선착장 옆
주소 Szentendre, Bogdányi út 12

코바치 머르기트 도자기 박물관
Kovács Margit Kerámiamúzeum
Data 지도 291p-C
가는 법 센텐드레 미술관 옆
주소 Szentendre, Vastagh György u. 1

이 외에도 페렌치 박물관 센터에 속한 여러 박물관이 있으며, 홈페이지에서 확인할 수 있다. 모든 박물관의 운영 시간과 입장료는 동일하다.
Data 운영 시간 화~일 10:00~18:00, 월 휴무 요금 각각 1,400포린트, 통합권 1,700포린트
홈페이지 www.muzeumicentrum.hu

SPECIAL 1 DAY TOUR 01
센텐드레

센텐드레의 중심
푀 광장 Fő tér | Main Square

오부더의 푀 광장과 마찬가지로 '중심 광장'이라는 뜻의 푀 광장은 센텐드레 시가지의 중심지다. 좁은 골목이 만나는 아담한 광장이지만 삼면을 둘러싼 옛 건물들은 앙증맞고, 울퉁불퉁한 돌바닥이 깔리고 경사의 높낮이가 있어 운치 있으며, 교회의 첨탑, 레스토랑의 야외 테이블 등이 소박한 풍경을 완성한다. 광장 중앙의 기념비(흑사병 십자가Pestiskereszt)는 1763년 흑사병이 창궐했을 때 센텐드레에 아무 탈이 없었음을 기념하며 세웠는데, 그 아래에 거꾸로 묻힌 시신이 있다는 전설이 전해진다.

Data 지도 291p-C
가는 법 페렌치 박물관에서 도보 5분 **주소** Szentendre, Fő tér

세르비아 정교회 성당
블라고베스텐스커 성당

Blagovesztenszka Templom | Blagovestenska Church

푀 광장에서 흑사병 십자가 기념비와 함께 '높이'를 담당하는 블라고베스텐스커 성당은 1754년에 건축된 세르비아 정교회 성당 건물이다. 규모가 크지는 않지만 화사한 바로크 양식이어서 푀 광장의 운치에 한몫 거든다. 발음하기도 까다로운 이름은 세르비아어로 수태고지를 뜻하는데, 수태고지 장면을 그린 벽화가 있었기 때문이다. 지금 그 벽화는 다른 도시로 옮겨졌다고 한다.

Data 지도 291p-C **가는 법** 푀 광장에 위치
주소 Szentendre, Fő tér 5
운영 시간 주로 평일 낮 **요금** 400포린트

가파른 언덕 위에 숨다
성 야노시 성당 Keresztelő Szent János Plébániatemplom | St. John the Baptist Church

푀 광장 바로 옆에 블러고베스텐스커 성당보다 조금 더 큰(물론 아주 웅장하거나 거대하지는 않지만) 가톨릭 성당이 있다. 그런데 푀 광장에서 보이지 않는다. 바로 옆에 있으나 마치 요새처럼 높은 곳에 감추어져 있어 건물 틈 가파른 계단을 올라가야 보이기 때문이다.

이곳은 성 야노시 성당. 성자 야노시(세례요한)를 수호성인으로 한다. 높은 터 위에 성당을 짓고, 그 주변 마당을 깔끔한 공원으로 단장하였다. 무료로 개방된 내부는 화려하지 않지만 격조 높은 벽화와 제단으로 구석구석 장식되어 있으며, 볕이 잘 들어 내부가 화사하다. 높은 언덕 위에 있음에도 불구하고 건물들에 가려 주변 전망이 보이지 않지만 그만큼 조용하고 시내에서 독립된 느낌이 강하다. 성당 주변 공원의 나무 그늘에서 조용히 쉬기만 해도 여행의 피로를 금세 씻을 수 있다. 만약 계단을 오르기 부담된다면 푀 광장에서 시청사Városháza 방향으로 경사로를 천천히 올라 돌아가는 방법도 있다.

Data **지도** 291p-C **가는 법** 푀 광장에서 건물들 사이의 계단으로 오른다.
주소 Szentendre, Templom tér **전화** 26-312-545 **운영 시간** 주로 평일 낮 **요금** 무료
홈페이지 www.szentendre-plebania.hu

시청사

EAT

전통음식과 아이스크림
코로너 레스토랑 Korona Étterem

푀 광장의 아담한 노란 건물은 센텐드레가 번영하기 이전인 1770년부터 영업을 시작한 코로너 레스토랑이다. 날씨가 좋은 날에는 광장의 야외 테이블에서, 그렇지 않은 날에는 실내 정원이 보이는 테라스에서 정겹게 식사가 가능하다. 구야시, 푸아그라 등 헝가리 전통 요리를 바탕으로 닭다리 구이 등 보편적인 육류 요리까지 선택의 폭이 넓다. 또한 여름철에는 아이스크림 바가 설치되어 시원한 젤라토도 먹을 수 있다.

Data 지도 291p-C 가는 법 푀 광장에 위치
주소 Szentendre, Fő tér 18 전화 70-373-5011
운영 시간 10:00~22:00
가격 구야시 1,650포린트, 푸아그라 3,980포린트
홈페이지 www.koronarestaurant.hu

햄버거 파는 오두막
버거 앤드 프렌즈 Burger And Friends

마치 오두막을 보는 것 같은 특이한 외관이 시선을 강탈하는 곳. 버거 앤드 프렌즈는 아담한 햄버거 전문점이다. 삐뚤삐뚤 대충 담은 것 같아 보여도 직접 조리하여 제조하는 햄버거의 맛은 의문의 여지가 없다. 기본 사이즈는 작은 편이지만 성인 남성도 든든히 배를 채울 만한 더블버거도 판매한다. 종류는 치즈버거, 소시지버거, 베지버거 등 보편적인 제품 위주. 가격도 저렴해 부담 없이 한 끼 해결할 수 있다.

Data 지도 291p-C 가는 법 푀 광장에서 도보 2분
주소 Szentendre, Péter Pál u. 4
전화 31-781-2460
운영 시간 11:00~20:00(금·토 ~22:00)
가격 햄버거 1,000~2,000포린트
홈페이지 www.facebook.com/Burger-and-Friends-Szentendre-1574263732606003

© Burger And Friends

박물관 베이커리
서모시 무제움 추크라스더 Szamos Múzeum Cukrászda

헝가리 대표 제빵 제과 기업인 서모시에서 운영하는 카페가 센텐드레에 두 곳 있는데, 한 곳은 카페 음료와 케이크를, 한 곳은 마지팬과 사탕 등 주전부리를 주력으로 파는 차이가 있지만 바로 옆 건물이므로 사실상 한 몸으로 보아도 큰 무리는 없다. 유명한 마지팬도 먹어볼 수 있고 자허토르테 등 달달한 디저트 메뉴도 고를 수 있으니 커피 등 음료와 함께 휴식의 시간을 가지기에 더할 나위 없이 좋다. 매장에서 먹을 때에는 자리에서 주문하는데 서비스 요금이 더해지고, 테이크아웃 주문은 계산대에서 바로 가능하다. 더운 날 매장 밖에서 파는 젤라토 역시 저렴한 가격에 속을 시원하게 해준다.

Data 지도 291p-C
가는 법 뫼 광장에서 도보 5분
주소 Szentendre, Dumtsa Jenő u. 14
운영 시간 09:00~19:00 (토·일 10:00~)
가격 케이크 500~700포린트, 마지팬 300~500포린트
홈페이지 www.szamos.hu

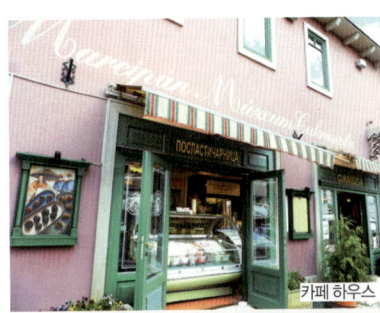
카페 하우스

마지팬 하우스

> **Tip 놓치면 큰일! 서모시 머르치판 박물관**
> 무제움 추크라스더라는 카페 이름이 '박물관 베이커리'라는 뜻이다. 부다페스트의 서모시 카페에 초콜릿 박물관(172p)이 있는 것처럼 센텐드레의 서모시 카페에도 박물관이 있기 때문이다. 서모시 머르치판 박물관Szamos Marcipán Múzeum은 특이하게도 마지팬(머르치판)으로 특정 장소나 인물을 재현하여 전시한다. 가령, 부다페스트의 국회의사당 등 유명한 장소를 재현한 예술적인 마지팬을 유쾌하게 감상할 수 있다. (운영 시간 09:00~19:00, 입장료 별도)

Special 1 Day Tour

02

다뉴브 벤드
Dunakanyar

두너커녀르, 즉 다뉴브 벤드는 다뉴브강의 곡선이라는 뜻.
크게 굽이치며 흐르는 평화로운 강과
아름다운 도시가 공존한다.

Dunakanyar
GET AROUND

에스테르곰을 지나 동쪽으로 흐르는 다뉴브강이 갑자기 비셰그라드에서 남쪽으로 방향을 바꾸어 부다페스트로 향한다. 다뉴브강이 S자 모양으로 크게 곡선을 그리며 굽이친다 하여 다뉴브 벤드라는 이름이 붙었다. 엄밀히 말해 비셰그라드 부근의 곡선 구간만 진정한 다뉴브 벤드지만, 오늘날에는 부다페스트에서 에스테르곰까지의 다뉴브강 물줄기를 다뉴브 벤드라 칭한다. 에스테르곰과 비셰그라드, 그리고 부다페스트 근교의 바츠, 이 세 도시는 다뉴브 벤드의 관문이다. 나아가 다뉴브강에서 갈라진 지류에 형성된 센텐드레까지도 넓은 의미에서 다뉴브 벤드의 일원으로 대접받는다. 이 도시들은 그 자체로도 훌륭한 관광지이기에 부다페스트의 원데이 투어 여행지로 손색이 없고, 강의 물줄기를 따라 연결되므로 여름 성수기 시즌에는 부다페스트에서 유람선을 타고 여행하는 코스로도 매우 빼어난 경쟁력을 자랑한다.

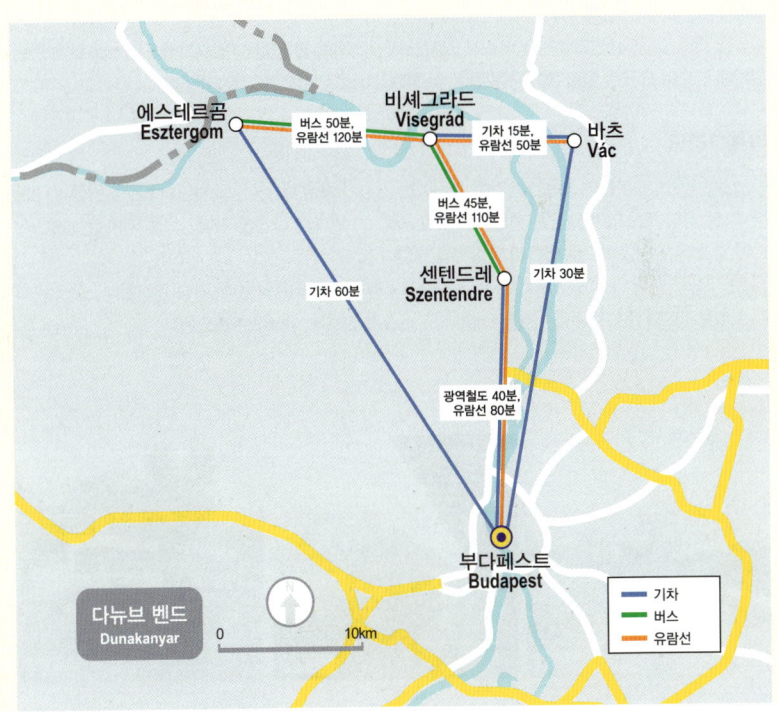

교통 안내

부다페스트에서 다뉴브 벤드의 세 도시를 왕복할 때 기차와 버스 중 편리한 교통수단은 아래와 같다 (센텐드레 교통은 289p에 설명되어 있으므로 여기서는 정리하지 않는다).

바츠

부다페스트에서 뉴거티 기차역에서 고속열차 EC로 27분 거리. 요금은 편도 650포린트. EC 열차는 1시간에 1대씩 운행하고, 그 외에도 약 40분 소요되는 완행열차가 수시로 다닌다.

다뉴브 벤드에서 센텐드레와 에스테르곰에서 바로 가는 교통편은 없다. 하지만 비셰그라드에서는 기차로 가깝다. 고속열차 EC와 완행열차 모두 14~15분 소요되며 요금은 370포린트.

에스테르곰

부다페스트에서 뉴거티 기차역에서 통근열차 개념의 G72호선과 Z72호선 기차로 1시간 정도 소요된다. 요금은 편도 1,120포린트. 부다페스트에서 에스테르곰까지 가는 버스도 있지만 좁은 길을 돌아가기 때문에 시간도 오래 걸리고 승차감도 훨씬 나쁘다. 배를 타고 가기에도 먼 거리이므로 에스테르곰은 무조건 기차다.

다뉴브 벤드에서 센텐드레에서 버스가 있지만 마찬가지로 불편하다. 비셰그라드는 버스로 갈만한 위치에 있으며 요금은 편도 300포린트다. 바츠까지 바로 연결되는 교통편은 없다.

비셰그라드

부다페스트에서 부다페스트에서 바로 가기에는 기차가 조금 더 낫다. 고속열차 EC와 완행열차 모두 44분 정도 소요되며 요금은 편도 1,120포린트. 이 열차가 바츠를 지나가므로 기차로 비셰그라드에 갈 때에는 일반적으로 바츠까지 함께 여행한다.

다뉴브 벤드에서 바츠에서 기차로, 에스테르곰에서 버스로 이동하는 게 가장 편리하다. 요금은 각각 370포린트와 300포린트. 센텐드레에서도 버스가 있으며, 약 50분 소요된다.

에스테르곰 기차역

EC 열차

비셰그라드 버스

다뉴브 벤드 유람선

여름철 성수기에 부다페스트에서 에스테르곰까지 유람선이 다닌다. 여러 업체 중 하루 1회 왕복 운행하는 머허르트MAHART가 가장 유명하다. 기본 노선은 부다페스트-센텐드레-비셰그라드-에스테르곰 라인이지만 다뉴브강의 수위가 낮을 때에는 부다페스트-바츠-비셰그라드-에스테르곰 라인으로 다닌다. 노선 운행 현황은 홈페이지(www.mahartpassnave.hu)에서 확인할 수 있다.

시간표 (2020년 기준)

5~8월은 주 6일(월 휴무), 4·9월은 토요일에만 운행한다. 나머지 시즌은 운행하지 않는다.

상행	하행
09:00 부다페스트(비거도 광장)	**16:00 에스테르곰**
09:10 부다페스트(버차니 광장)	16:45 Zebegény
10:30 센텐드레	17:00 Dömös
10:50 Leányfalu	17:15 Nagymaros
11:10 Tahitótfalu	**17:40 비셰그라드**
12:20 비셰그라드	18:20 Tahitótfalu
12:30 Nagymaros	18:35 Leányfalu
12:55 Dömös	**19:00 센텐드레**
13:10 Zebegény	**19:50 부다페스트(버차니 광장)**
14:20 에스테르곰	**20:00 부다페스트(비거도 광장)**

* 센텐드레 대신 바츠를 지나갈 때에도 부다페스트·비셰그라드·에스테르곰의 출발·도착 시간은 같다.

요금 (2020년 기준)

편도 운임표는 아래와 같다. 전체 운임표는 홈페이지에서 확인할 수 있다.

편도 운임	부다페스트 (비거도 광장)	부다페스트 (버차니 광장)	센텐드레	비셰그라드	에스테르곰
부다페스트 (비거도 광장)		460포린트	2,540포린트	3,180포린트	3,820포린트
부다페스트 (버차니 광장)	460포린트		2,540포린트	3,180포린트	3,820포린트
센텐드레	2,540포린트	2,540포린트		1,900포린트	3,120포린트
비셰그라드	3,180포린트	3,180포린트	1,900포린트		2,540포린트
에스테르곰	3,820포린트	3,820포린트	3,120포린트	2,540포린트	

바츠 유람선

다뉴브 벤드 유람선의 노선에서 비껴 있는 바츠는 유람선으로 여행하기 불편하다. 그러나 성수기에는 바츠와 비셰그라드를 연결하는 노선이 뜸하게 다녀 스케줄이 맞으면 기차보다 유람선이 훨씬 편리하다.

시간표 (2018년 기준)

6월 20일부터 8월 26일까지 매주 수요일과 일요일에 두 차례씩 운행한다.
요금은 편도 1,500포린트.
- **비셰그라드 → 바츠** 10:00 / 18:00 출발 (45분 소요)
- **바츠 → 비셰그라드** 11:10 / 19:10 출발 (50분 소요)

© MAHART PASSNAVE

부다페스트의 머허르트 선착장

|Talk|
쾌속선으로 여행하기

부다페스트부터 에스테르곰까지 다뉴브 벤드 전 구간을 배로 여행하려면 4~5시간 소요되므로 지루할지 모른다. 전 구간을 유람선으로 여행하고 싶은 사람을 위해 머허르트에서는 수중익선 Hydrofoil(선체가 수면 위에 부양한 상태로 빠르게 달리는 쾌속선)을 투입한 노선을 별도로 운행한다. 요금은 더 비싸지만, 불과 1시간 30분 만에 다뉴브 벤드를 주파할 수 있어 시간도 절약하고 풍경도 즐길 수 있다. 5~9월에 주 6일(월요일 휴무) 하루 1회씩 운행한다. 요금은 전체 구간 편도 5,300포린트. 바츠와 비셰그라드에도 정박한다.

© MAHART PASSNAVE

- **부다페스트(비거도 광장) → 에스테르곰** 10:00 출발 (90분 소요)
- **에스테르곰 → 부다페스트(비거도 광장)** 17:00 출발 (90분 소요)

Dunakanyar
ONE FINE DAY

다뉴브 벤드에 속하는 4개의 도시를 하루 만에 여행하는 것은 불가능하다. 도시를 여행하고 싶다면 하루에 한 도시, 조금 부지런히 두 도시를 다니면 적당하고, 강의 풍경 위주로 하루를 알차게 채우고 싶다면 하루에 세 도시를 여행하는 코스까지 구성할 수 있다.

1 COURSE MENU 바쁠 때 딱 한 도시만

- 부다페스트(광역철도) → 센텐드레(광역철도) → 부다페스트
- 부다페스트(기차) → 바츠(기차) → 부다페스트
- 부다페스트(기차) → 에스테르곰(기차) → 부다페스트

2 COURSE MENU 그래도 두 도시는

- 부다페스트(버스) → 비셰그라드(버스) → 에스테르곰(기차) → 부다페스트
- 부다페스트(버스) → 비셰그라드(기차) → 바츠(기차) → 부다페스트
- 부다페스트(광역철도) → 센텐드레(버스) → 비셰그라드(기차) → 부다페스트

3 COURSE MENU 힘내서 세 도시를

- 부다페스트(기차) → 바츠(기차) → 비셰그라드(버스) → 에스테르곰(기차) → 부다페스트
- 부다페스트(광역철도) → 센텐드레(버스) → 비셰그라드(버스) → 에스테르곰(기차) → 부다페스트

에스테르곰행 G72호선 기차

바츠행 EC 기차

비고

- 센텐드레는 부다페스트에서 멀지 않아 왕복 여정 중 한 번은 유람선을 타도 좋다.
- 진정한 의미의 다뉴브 벤드인 비셰그라드-에스테르곰 구간만큼은 버스 대신 유람선으로 여행하면 가장 좋다.

SPECIAL 1 DAY TOUR 02
다뉴브 벤드

바츠
Vác

부다페스트 북부 근교 도시. 다뉴브강 동안에 위치하고 있다. 몽골의 침입, 오스만 제국의 점령 등 헝가리가 외세에 공격 받을 때 부다페스트로 가는 길목에 있는 바츠는 늘 막대한 피해를 입었지만, 지금은 옛 모습을 되찾고 소박한 매력을 뽐낸다. 다뉴브 벤드의 도시 중 가장 볼거리가 많은 곳이기도 하다.

PLAN

시가지의 중심인 3월 15일 광장을 기준으로 사방에 관광지가 분포되어 있다. 기차역에서 3월 15일 광장까지 도보로 약 10~15분 거리. 이후 모든 관광지는 걸어서 이동할 수 있으며, 다뉴브강의 평화로운 풍경을 바라보며 잠시 쉬었다 걷기를 반복하면 바츠를 정복하는 데에 총 3~4시간 걸린다. 만약 다뉴브 벤드의 여러 도시를 하루에 여행할 목적이라면 3월 15일 광장에서 가까운 명소 위주로 1~2시간 구경하면 된다.

시청사

옛 병원

폐허가 광장으로
3월 15일 광장 Március 15. tér | March 15. Square

기차역에 내려 돌바닥이 정겹게 깔린 세체니 이슈트반 거리 Széchenyi István u.를 따라 걷다 보면 탁 트인 넓은 사랑방, 3월 15일 광장이 나온다. 옛 건물과 교회 등이 광장의 사면을 둘러싸고 있으며, 주변 상점의 야외 테이블에서 한가로이 수다를 떠는 현지인을 볼 수 있는 전형적인 소도시의 메인 광장이다. 큰 교회가 무너지고 공터가 된 자리를 중심으로 광장이 형성되었다.
무너진 성 미하이 성당 Szent Mihály Altemplom의 유적을 볼 수 있으며, 현지인이 걸터앉아 쉬거나 아이들이 뛰어다니는 광장의 일부로 자연스럽게 어우러진다. 오스트리아의 마리아 테레지아 여왕의 참석 하에 복원을 마친 유서 깊은 시청사 Városháza와 옛 병원 등 중세의 건축 양식이 잘 보존된 건축물 사이로 산뜻한 꽃밭과 기념비가 광장의 분위기를 더해 주니 차근차근 둘러보자. 제1차 세계대전의 희생자의 넋을 기리는 커다란 기념비도 확인할 수 있다. 광장 이름은 부다페스트의 3월 15일 광장(305p)과 마찬가지로 1848년 혁명을 기념하는 명칭이다.

Data 지도 304p-C **가는 법** 기차역에서 도보 10~15분

성 미하이 성당의 유적지

제1차 세계대전 기념비

SPECIAL 1 DAY TOUR 02
다뉴브 벤드

오싹한 미라 박물관
메멘토 모리 Memento Mori | Memento Mori

바츠의 주요 박물관은 하나의 협회에서 관리한다. 바츠 출신의 법학자 트러고르 이그나츠Tragor Ignác의 이름을 따서 트러고르 이그나츠 박물관이라 부르며, 각 박물관마다 별도의 명칭을 붙이는데, 3월 15일 광장에 있는 메멘토 모리가 그 중 하나다. 메멘토 모리는 '미라 박물관'이다. 공사 도중 지하에서 18~19세기 것으로 추정되는 262개의 관이 출토되었는데, 시신의 보존 상태가 양호해 당시의 장례 문화를 엿볼 수 있는 박물관이 되었다. 오싹하지만 개성적인, 적어도 헝가리 어디에도 유사한 사례가 없는 박물관이다.

Data 지도 304p-C
가는 법 3월 15일 광장에 위치
주소 Vác, Március 15. tér 19
전화 27-305-988
운영 시간 화~일 10:00~18:00
(11월~3월 ~17:00), 월 휴무
요금 1,200포린트
홈페이지 www.muzeumvac.hu

© Tragor Ignác Múzeum Vác

© Tragor Ignác Múzeum Vác

산뜻한 종교 박물관
주교궁 Nagypréposti Palota | Provost's Palace

3월 15일 광장의 한쪽 구석에 있는 산뜻한 바로크 양식의 건물은 바츠의 주교가 머물던 저택이었다. 오늘날의 모습은 1800년대 지어진 것으로 특히 중앙 입구 부근의 정교한 장식과 테라스가 아름답다. 내부는 대성당에서 운영하는 보물관 Székesegyházi Kincstár és Egyházmegyei Gyűjtemény으로 사용 중이다. 중세 시대의 회화, 조각 등 대성당이 소유하거나 생산한 종교 예술 위주로 전시하고 있으며, 여름철에만 개장한다.

Data 지도 304p-C 가는 법 3월 15일 광장에 위치 주소 Vác, Március 15. tér 4
전화 27-319-494 운영 시간 5~10월 수~금 14:00~18:00, 토·일 10:00~18:00, 월·화 휴무
요금 성인 600포린트, 학생 300포린트 홈페이지 www.vaciegyhazmegye.hu

광장의 하얀 주인공
성모마리아 성당 Szűz Mária-templom | Church of the Virgin Mary

3월 15일 광장에서 가장 눈에 띄는 건물은 성모마리아 성당이다. 르네상스 양식의 전면 파사드가 바로크 양식의 큰 건물과 붙어있다. 크지 않지만 거대한 제단이 압도적인 카리스마를 뿜내는 내부 역시 바로크 양식. 현지인은 하얀 교회Fehérek temploma라는 애칭으로 부른다. 당시 성당에 머문 수도사가 하얀 옷을 입는 백의수도회 소속이었기 때문이라고 한다. 광장 지하에 있는 성모마리아 성당의 비밀 무덤에서 수백 구의 미라가 발굴되어 지금의 메멘토 모리에 전시되어 있다.

Data 지도 304p-C
가는 법 3월 15일 광장에 위치
주소 Vác, Március 15. tér 22
전화 27-311-275
운영 시간 월~토 09:00~12:00, 14:00~17:00, 일 15:00~18:00
요금 무료
홈페이지 www.feherektemploma.hu

선생님들의 교회
성 언너 성당 Szent Anna-templom | St. Anna's Church

피아리스트Piarist(로마가톨릭 학교 교육에 종사하는 수도사)의 교회, 쉽게 말하자면 선생님들의 교회로 1745년 완공되었다. 그래서 교회 부설 학교는 바츠를 너머 부다페스트까지 명성을 떨친 명문 학교였다고 한다. 내부의 아름다운 거대한 제단이 하이라이트. 주로 문이 닫혀 있으나 언제든지 유리문 너머로 내부를 바라볼 수 있다. 1755년 교회 정면에 설치된 삼위일체 기념비 Szentháromság-oszlop도 눈에 띈다.

Data 지도 304p-D
가는 법 3월 15일 광장에서 도보 2분
주소 Vác, Köztársaság út 1
전화 27-502-630
요금 무료
홈페이지 vacitemplom.piarista.hu

헝가리에서 세 번째로 거대한
대성당 Székesegyház | Cathedral

1777년 완공된 대성당은 바츠의 주교좌 교회로 가장 거대한 위엄을 갖추었다. 신전을 연상케 하는 신고전주의 양식에 18세기 유행한 바로크 양식을 섞은 특이한 모습과 교회 하나가 더 들어갈 정도로 넓은 정면의 광장이 묘한 조화를 이룬다. 정면 높은 곳에 D.O.M이라고 적혀있어 오스트리아 지배하에 있던 건축 당시 독일어로 대성당을 뜻하는 돔Dom을 적은 것처럼 보이지만, 이것은 '신에게 가장 좋은 것'이라는 뜻의 '데오 옵티모 막시모Deo Optimo Maximo'의 약자라고 한다. 중앙 제단의 그림, 그리고 제단 위 천장 돔의 프레스코화가 유명하다. 모두 오스트리아의 화가 프란츠 안톤 마울버취Franz Anton Maulbertsch의 작품.

대성당의 규모는 에스테르곰 대성당(317p)과 부다페스트의 성 이슈트반 대성당(166p)에 이어 헝가리에서 세 번째로 크다. 대성당 앞 콘스탄틴 광장Schuszter Konstantin tér 맞은편에 헝가리 초대 국왕인 성 이슈트반 1세의 동상도 있다.

성 이슈트반 1세

Data 지도 304p-D
가는 법 3월 15일 광장에서 도보 5분 주소 Vác, Schuszter Konstantin tér 11
전화 27-814-184 운영 시간 3~10월 월~토 10:00~12:00 · 14:00~17:00, 일 휴무, 11~2월 휴무
요금 무료 홈페이지 www.vaciegyhazmegye.hu

여왕을 맞이하라
개선문 Diadalív | The Arch

1764년 오스트리아의 마리아 테레지아 여왕이 바츠를 방문한다는 소식을 듣고 바츠의 주교는 여왕의 마차가 통과할 개선문을 5개월 만에 급하게 건축하였다. 여왕은 배를 타고 바츠에 방문하기로 되어 있었다. 이에 선착장 부근에 20m 높이의 개선문을 만들었으나 급하게 만든 개선문의 만듦새가 불안했는지 막상 여왕은 마차를 타지 않고 걸어서 빠르게 통과했다고 한다.

이듬해 마리아 테레지아의 남편 프란츠 1세가 서거한 날 개선문 기둥 위 장식이 바닥에 떨어졌다고 전해진다. 프랑스 파리의 에투알 개선문과 같은 스타일로 만들어 마치 주택가 사이에 개선문의 축소판이 있는 것 같은 생경한 느낌이다.

Data 지도 304p-A 가는 법 3월 15일 광장에서 도보 15분
주소 Vác, Köztársaság út 65-67 운영 시간 24시간 요금 무료

💬 |Talk|
바츠의 다뉴브강

다뉴브 벤드의 도시들 중 바츠는 다뉴브강의 가장 평화로운 모습을 볼 수 있는 곳이기도 하다. 바츠의 다뉴브 강변은 깔끔하게 관리되는 산책로와 공원이다. 벤치가 줄지어 있는 산책로에서 강을 바라보며 쉴 수 있고, 군데군데 기념비와 조형물이 세워진 푸른 공원에서 여유를 즐길 수 있다. 산책로의 거리명은 리스트 페렌츠 산책로Liszt Ferenc Stny, 그리고 공원의 거리명은 어디 엔드레 산책로Ady Endre Stny. 부다페스트의 다뉴브 강변처럼 관광 명소가 많은 것은 아니지만 바츠의 다뉴브강은 또 다른 매력이 있어 잠시라도 걸어 보라고 추천하고 싶다. 서쪽을 바라보고 있어 일몰 시간에 맞춰 가면 분위기가 더 좋다.

SPECIAL 1 DAY TOUR 02
다뉴브 벤드

비셰그라드
Visegrád

비셰그라드는 다뉴브강이 크게 휘어지는 곳, 즉 다뉴브 벤드의 중심이다. 인구 2천 명 이하의 매우 작은 마을이지만 오랜 역사를 가진 고성이 산 위에 우뚝 서 있어 중세의 느낌이 가득하다. 비셰그라드라는 이름이 슬라브어로 '높은 성'을 뜻하는 단어에서 유래하였다.

PLAN

다뉴브 벤드의 중심이지만 가장 여행하기 힘든 곳이기도 하다. 우선 비셰그라드 성은 대중교통으로 접근하기 어려워 걸어서 올라가야 하는데 40분 이상의 가파른 등산이 필요해 자동차가 없는 여행자에게 권장하기는 어렵다. 대신 비셰그라드성 아래 야트막한 언덕 위의 셜러몬 타워에 올라 다뉴브강의 굽이치는 풍경을 바라보면 모든 피로가 싹 풀릴 만큼 시원하다. 바츠를 지나 부다페스트까지 가는 기차는 비교적 자주 다니지만 기차역이 강 건너편에 있다. 버스 정류장은 셜러몬 타워 부근이지만 버스가 매우 뜸하게 다닌다. 따라서 버스 이용 시 미리 정류장에 게시된 시간표를 확인할 필요가 있다.

Visegrád
GET AROUND

대중교통으로 비셰그라드를 여행하려면 크게 두 가지 루트를 이용하게 된다.
첫째, 버스를 타고 에스테르곰-비셰그라드-센텐드레 여행하기. 둘째, 기차를 타고
바츠-비셰그라드 여행하기. 그런데 버스는 노선 번호나 안내 방송도 없는 시골 버스이고 기차는
강 건너편에 정차해 둘 다 난이도가 높다. 어떻게 하면 헤매지 않고 비셰그라드를 여행할 수 있을까?

기차

가까운 기차역은 다뉴브강 건너편의 너지머로시Nagymaros에 있다. 기차역 이름은 Nagymaros–Visegrád. 기차로 도착하거나 떠날 경우 비셰그라드와 너지머로시를 연결하는 페리의 이용이 필수다. 기차역에서 너지머로시 페리 선착장까지 도보 5분 거리, 그리고 비셰그라드 페리 선착장과 셜러몬 타워는 도보 20분 거리다. 양편을 연결하는 페리(편도 1,200포린트, 선착장 앞 매표소에서 구입)는 자동차와 사람이 함께 건너는 소형 바지선이다.
따로 승객을 위한 객실이 없고, 갑판 위에서 자동차와 사람이 빈자리에 적당히 정렬한다.

기차역

페리 매표소

페리 시간표 (2018년 기준)
- **비셰그라드 출발** 첫차 06:20, 이후 07:45부터 19:45까지 매시 45분 출발
- **너지머로시 출발** 첫차 06:30, 이후 08:00부터 20:00까지 매시 정각 출발

버스

비셰그라드에 세 곳의 버스 정류장이 있다. 첫 번째 정류장 너지머로시 레브Nagymarosi rév에 내리면 너지머로시로 가는 페리를 타는 선착장이 바로 강변에 있다. 두 번째 정류장 키라이 펄로터Királyi Palota는 왕궁에서 가깝고, 세 번째 정류장 허요알로마시Hajóállomás는 셜러몬 타워로 오르는 길 입구다. 머허르트 유람선을 타는 선착장도 이 부근에 있다. 비셰그라드성을 산 아래에서 올려다볼 때 전망이 가장 좋은 곳은 너지머로시 레브Nagymarosi rév 부근이다.
안내 방송이 따로 없어 내릴 곳은 직접 확인해야 한다. 스마트폰으로 내 위치를 확인하는 것도 좋은 방법이다. 버스에 탈 때에도 기사에게 목적지를 물어보아야 한다. "에스테르곰?"처럼 도시 이름만 물어보면 충분히 의사소통이 가능하며, 티켓도 기사에게 구입한다. 단, 잔돈이 부족할 수 있으니 동전이나 소액권을 준비해 두자.

정류장 표시

SPECIAL 1 DAY TOUR 02
다뉴브 벤드

SEE

한 폭의 그림 같은 요새
비셰그라드성 Fellegvár | The Citadel

비셰그라드성은 높은 곳과 낮은 곳의 이중 구조로 되어 있는데, 그 중 산꼭대기 높은 곳의 단단한 요새(시타델)를 일반적으로 비셰그라드성이라 부른다. 판타지 영화나 게임에 나올 법한 웅장한 모습의 고성이 잔잔히 흐르는 강을 내려다보고 있는 그 모습은 그야말로 한 폭의 그림 같다. 아직 에스테르곰이 헝가리의 수도였던 1246년, 몽골의 침입을 대비해 국왕 벨러 4세가 에스테르곰의 길목에 요새를 만든 것에서 시작되었다. 당시에는 강 너머에서 쳐들어오는 적군을 감시하는 망루가 높이 솟은 삼각형 모양의 요새였다. 터키 점령기에 오스트리아의 공격으로 훼손되었지만 그 나름대로의 운치가 있어 여전히 관광객의 발걸음이 끊이지 않는다. 비셰그라드에서는 성을 복원할 계획도 가지고 있다고 한다.

Data 지도 310p-B
가는 법 Nagymarosi rév 정류장에서 도보 40분
운영 시간 5~9월 09:00~18:00, 3·4·10월 09:00~17:00, 11월 09:00~16:00, 12~2월 금~일 10:00~16:00
요금 성인 1,700포린트, 학생 850포린트

Tip 비셰그라드성에 오르려면 Nagymarosi rév 정류장에서 약 40분 걸어 올라가야 한다. 경사가 제법 있어 평소 등산에 단련되지 않은 여행자는 그보다 훨씬 오랜 시간을 감수해야 한다. 특히 성에서 가까운 구간은 왕복 2차선 차도의 가장자리를 걸어야 하는 코스이므로 보편적으로 권장하고 싶지는 않다. 걸어서 오르는 길은 온라인 지도(주소 www.goo.gl/maps/VXsVWNV5KWz)에 접속하면 확인할 수 있다. Nagymarosi rév 정류장에서 883번 버스(노선 번호는 버스에 적혀 있지 않다)를 타고 오르는 방법도 있지만 1시간에 1대꼴로 다녀 시간 맞추기가 매우 어렵다. 따라서 안타깝지만 성은 산 아래에서 감상하고 설러몬 타워에 오르는 것을 추천한다.

성 아래 성
셜러몬 타워 Salamon-torony | Solomon Tower

비셰그라드성을 구성하는 낮은 곳의 성이 대부분 허물어지고 성탑이었던 셜러몬 타워만 남았다. 그리 높지 않은 언덕배기에 있어 부담 없이 올라갈 수 있으며, 탑의 꼭대기에 오르면 다뉴브강이 한눈에 들어와 전망대로도 그만이다.

벨러 4세가 비셰그라드성의 요새를 건설하면서 동시에 셜러몬 타워를 지었고, 군사 목적의 요새와 달리 이곳은 거주 및 관리 목적의 시설이었다고 한다. 11세기 헝가리를 다스린 셜러몬왕이 여기에 살았다는 이유로 후대에 셜러몬 타워라고 이름을 붙였지만 그 시기에는 탑이 존재하지도 않았으니 누군가의 실수로 이름이 붙여진 셈이다. 탑의 내부는 비셰그라드의 역사를 알려 주는 5층짜리 정갈한 박물관이다. 또한 입장하자마자 옛 왕궁 정원에 있었던 거대한 분수를 볼 수 있다.

Data 지도 310p-B
가는 법 Hajóállomás 정류장에서 도보 10분
주소 Visegrád, Salamon Torony utca
전화 26-398-026
운영 시간 5~9월 수~일 09:00~17:00, 월·화·10~4월 휴무
요금 성인 700포린트, 학생 350포린트
홈페이지 www.visegradmuzeum.hu

1. 언덕에서 보이는 타워 **2.** 타워의 입구 **3.** 왕궁 정원에 있던 분수 **4.** 탑 꼭대기에서 보는 다뉴브강

SPECIAL 1 DAY TOUR 02
다뉴브 벤드

헝가리 왕실의 궁전
왕궁 Királyi Palota | Royal Palace

비셰그라드성 건설 이후 헝가리 국왕 카로이 1세. Károly가 산 아래에 저택을 짓기 시작하였고, 이후 후임 왕에 의해 점점 건물이 늘어나 하나의 콤플렉스를 이루는 왕궁이 되었다. 왕과 왕비의 거처, 장미 정원, 왕실의 예배당 등 갖출 것은 다 갖춘 르네상스 왕궁의 탄생은 1366년. 수도를 부다페스트로 옮긴 뒤였기에 왕궁은 자연스레 왕실의 관심에서 멀어졌지만 마차시 성당(255p)으로 유명한 마차시 1세에 의해 복원되었다.

오늘날 궁전 건물은 많이 훼손되었으나 여전히 왕실의 숨결을 느낄 수 있으며, 마차시 박물관Mátyás Király Museum이라는 이름으로 개방되어 복원된 왕궁의 내부와 정원 등을 관람할 수 있다. 셜러몬 타워 내에 있는 분수가 원래 왕궁 정원에 있었으며, 현재 왕궁 정원에 복제본이 설치되어 있다. 역사 속에서 잊혀진 비셰그라드를 되살린 국왕 마차시 1세의 두상이 왕궁에서 멀지 않은 대로변에 있다.

Data 지도 310p-D 가는 법 Királyi Palota 정류장에서 도보 5분 주소 Visegrád, Fő utca 29 전화 26-597-010 운영 시간 3~10월 화~일 09:00~17:00, 11~2월 화~일 10:00~16:00, 월 휴무 요금 성인 1,300포린트, 학생 650포린트 홈페이지 www.visegradmuzeum.hu

마차시 1세의 두상

에스테르곰
Esztergom

다뉴브강을 사이에 두고 슬로바키아와 국경을 맞댄 에스테르곰은 성 이슈트반 1세가 헝가리 왕국을 건국하며 최초의 수도로 삼은 곳이다. 1천 년 전의 수도의 영광을 간직한 거대한 대성당과 궁전이 언덕 위에 웅장하게 서 있고, 여행을 즐기는 관광객과 단체 학생이 수없이 찾아오지만, 변방의 국경 도시답게 푸근한 시골 느낌이 가득하다.

> **PLAN**
> 언덕 위에 나란히 있는 대성당과 궁전을 먼저 보고, 언덕 아래로 내려와 소박한 시가지를 관람한다. 강변으로 나가 시원한 풍경을 즐기면 에스테르곰 여행의 끝. 기왕 온 김에 다뉴브강 건너편에서 대성당의 웅장한 모습까지 구경해 보자. 그러면 어느새 헝가리를 떠나 다른 나라의 땅을 밟고 있는 자신을 보게 될 것이다.

에스테르곰 대중교통

부다페스트에서 가장 편하게 갈 수 있는 교통수단은 기차이지만 에스테르곰 기차역과 에스테레곰 대성당의 거리가 멀어 시내버스를 타고 이동해야 한다. 기차역 밖으로 나와 1번 또는 11번 버스를 타고 베케 광장Béke tér 정류장에 내리면 대성당 바로 앞이다. 요금은 150포린트. 기사에게 표를 구입하며 소액권이나 동전을 준비하면 편리하다. 안내 방송이 따로 없고, 아홉 번째 정류장에 하차한다.

비셰그라드와 에스테르곰을 연결하는 버스도 베케 광장에 정차한다. 버스를 타고 에스테르곰에 도착할 때 또는 버스를 타고 비셰그라드로 넘어갈 때 모두 이 정류장에서 타고 내리면 편리하다. 비셰그라드와 에스테르곰을 연결하는 버스도 베케 광장에 정차한다. 버스를 타고 에스테르곰에 도착할 때 또는 버스를 타고 비셰그라드로 넘어갈 때 모두 이 정류장에서 타고 내리면 편리하다.

1. 1번 버스
2. 기차역 버스 정류장
3. 베케 광장 버스 정류장

SEE

헝가리의 주춧돌
에스테르곰 대성당 Esztergomi Bazilika | Esztergomi Bazilika

1000년, 로마 교황청으로부터 국왕의 작위를 받고 본격적으로 헝가리 왕국의 시작을 알린 초대 국왕 성 이슈트반 1세가 이듬해 수도 에스테르곰에 대성당을 만들었다. 헝가리가 왕국으로 격상된 역사를 함축하는 장소인 셈이므로 에스테르곰 대성당은 헝가리 왕국 역사의 주춧돌과 같은 중요한 명소라 할 수 있다. 터키의 침공으로 파괴된 뒤 19세기에 들어 재건되는 과정에서 당시 헝가리의 민족주의 열풍에 힘입어 크고 웅장한 신고전주의 양식으로 완성되었다. 중앙 돔의 높이는 100m. 헝가리 성당 중 가장 규모가 크다. 대리석으로 웅장하게 단장한 내부는 성 이슈트반 대성당(166p)의 화려함에도 뒤지지 않는다. 헝가리 르네상스 양식의 보물이라 일컬어지는 버코츠 예배당Bakócz-kápolna도 본당 내부에서 구경할 수 있다. 위층의 보물관과 지하의 납골당, 그리고 거대한 돔에 올라 주변 다뉴브강을 360도 파노라마로 조망할 수 있는 전망대는 유료로 개방된다. 단, 보물관은 내부 보수공사로 인해 당분간 폐쇄되며 (일정 미정), 400개의 계단 위에 있는 전망대에서 바라보는 다뉴브강의 전망이 탁월하지만 꼭 전망대에 오르지 않아도 대성당 앞 테라스에서의 전망도 훌륭하다는 점을 덧붙인다.

Data 지도 316p-B
가는 법 기차역에서 1·11번 버스 Béke tér 정류장 하차 **주소** Esztergom, Szent István tér 1
전화 33-402-354 **운영 시간** 하절기 본당 08:00~19:00, 보물관 09:00~18:00 (시즌마다 운영 시간에 차이가 있으니 홈페이지에서 확인) **요금** 본당 무료, 보물관 성인 900포린트, 학생 450포린트, 통합권 성인 1,500포린트, 학생 1,000포린트 **홈페이지** www.bazilika-esztergom.hu

버코츠 예배당

본당 내부

SPECIAL 1 DAY TOUR 02
다뉴브 벤드

|Theme|
대성당 정원 산책

에스테르곰 대성당은 헝가리 민족주의 열풍에 힘입어 재건되었기 때문에 단순한 종교 장소에 그치지 않고 민족의 자부심을 표현하는 공간이다. 대성당 주변의 한적한 정원 곳곳에 눈에 띄는 기념비를 구경하며 기분 좋게 산책해 보자.

대성당 아래 터널
쇠테트커푸 Sötétkapu | Dark Gate

대성당 아래를 가로지르는 터널. 그 이름은 '다크 게이트', 즉 '어두운 문'이라는 뜻이다. 대성당을 언덕 위에 건축하면서 마치 성을 쌓듯 주변 지대를 정비해 더욱 웅장한 느낌을 주는데, 쇠테트커푸와 주변 성벽에서 그 느낌이 극대화된다. 나치와 공산주의에 저항하며 많은 박해를 받았던 종교 지도자 민드센티 요제프Mindszenty József의 동상도 성벽 앞에 있다. 약 100m 길이의 터널을 가로질러 반대편으로 가면 대성당 앞까지 엘리베이터를 타고 오를 수 있다.

Data 지도 316p-B
가는 법 Béke tér 정류장에서 도보 5분

민드센티 요제프 동상

론델라 갤러리

헝가리 최초의 수도
에스테르곰성 Esztergomi Vár | Esztergom Castle

에스테르곰이 헝가리 최초의 수도라 불리는 이유, 바로 성 이슈트반 1세가 만든 에스테르곰성의 존재 때문이다. 군사적 목적이 강해 화려함과는 거리가 멀지만 가파른 절벽 위에 견고히 서 있는 성의 모습은 바로 이웃한 대성당과 함께 매우 아름다운 풍경을 만든다. 에스테르곰성은 수도를 부다페스트로 옮기기 이전까지 헝가리 왕실의 심장이었고, 이후에도 에스테르곰 대주교의 거처로 늘 권력의 중심에 있었다. 터키의 침공으로 함락된 이후 점차 파손되어 방치되었다가 에스테르곰 대성당의 재건과 함께 유적으로 관리되기 시작했다. 마침내 2000년대 들어 복원을 진행해 2015년 지금의 모습을 되찾았다. 내부는 부다페스트의 국립 박물관(218p)에서 운영하는 역사박물관으로 에스테르곰의 역사와 성의 역사에 대한 자료를 전시하여 자연스럽게 헝가리의 오랜 역사를 만나도록 돕는다. 성의 측면 방어벽 내에 론델라 갤러리Rondella Gallery라는 무료 미술관을 열고 있으니 이 또한 잠시 관람하면 좋다.

Data 지도 316p-B
가는 법 에스테르곰 대성당 옆
주소 Esztergom, Szent István tér 1
전화 33-415-986
운영 시간 4~10월 화~일 10:00~18:00, 11~3월 화~일 10:00~16:00, 월 휴무
요금 성인 1,600포린트, 학생 800포린트
홈페이지 www.varmegom.hu

SPECIAL 1 DAY TOUR 02
다뉴브 벤드

성 이그나츠 성당

벌러서 발린트 박물관

소박한 시골길
민드센티 광장 Mindszenty Hercegprímás tere | Mindszenty Square

대성당과 성이 있는 언덕에서 내려오면 강변의 구시가를 기분 좋게 거닐 수 있는데, 민드센티 광장이 그 중심에 해당된다. 좁은 길 곳곳에 자동차가 주차된, 관광지라기보다는 사람 사는 마을에 있는 기분이다. 소박한 광장의 주인공은 단연 화사한 바로크 양식의 성 이그나츠 성당Szent Ignác-plébániatemplom. 그리고 성당 맞은편 옛 건물을 빌린 벌러서 발린트 박물관Balassa Bálint Múzeum도 보인다. 벌러서 발린트 박물관은 국립 박물관 산하의 자연사 컬렉션을 소소하게 전시한다.

벌러서 발린트 박물관
Data 지도 316p-B
가는 법 쇠테트커푸에서 도보 5분
주소 Esztergom, Mindszenty hercegprímás tere 5
전화 33-500-175
운영 시간 화~일 10:00~17:30, 월 휴무
요금 성인 1,200포린트, 학생 600포린트

유럽의 종교 예술을 한눈에
크리스천 박물관 Keresztény Múzeum | Christian Museum

헝가리어로 케레스테니 무제움, 즉 크리스천 박물관은 에스테르곰 대주교에 의해 만들어진 종교 미술관이다. 헝가리의 예술품뿐 아니라 독일과 오스트리아, 네덜란드, 이탈리아 등 유럽 각지에서 창조된 고딕 시대, 르네상스 시대, 바로크 시대를 아우르는 회화, 조각, 제단, 장신구 등을 알차게 전시하여 유럽의 종교 예술이 어떻게 진화했는지 한눈에 볼 수 있다.

Data 지도 316p-B
가는 법 성 이그나츠 교회 옆
주소 Esztergom, Mindszenty hercegprímás tere 2
전화 33-413-880
운영 시간 3~12월 수~일 10:00~17:00, 월·화·1·2월 휴무
요금 900포린트
홈페이지 www.kereszteny muzeum.hu

© Keresztény Múzeum

국경을 넘는 다리
마리 발레리 다리 Mária Valéria Híd | Mária Valéria Bridge

사람과 자동차가 다뉴브강을 건널 수 있는 긴 다리. 부다페스트의 서버드샤그 다리(223p)를 만든 건축가 페케테하지 야노시Feketeházy János의 설계로 1895년 완공되었다. 다리 이름은 당시 오스트리아-헝가리 이중제국의 황제 프란츠 요제프의 막내딸 마리 발레리Marie Valerie Von Österreich의 이름을 헝가리어로 붙인 것이다. 당시 오스트리아-헝가리 이중제국의 출범을 전후하여 양국의 감정이 매우 안 좋았는데, 헝가리에서 태어난 황제의 막내딸이 화제가 되면서 이후 양국의 감정도 풀리기 시작해 마리 발레리에 대한 헝가리인의 애정이 각별했다고 한다.

이런 배경 정보가 아니더라도 일부러 찾아갈 만한 가치는 충분하다. 다리에 오르면 다뉴브강을 끼고 언덕 위에 당당히 서 있는 대성당과 에스테르곰성이 한눈에 들어오고, 다리의 중간이 슬로바키아와의 국경이라 의미를 더한다. 다리를 건너면 헝가리를 벗어나 슬로바키아 슈투로보Štúrovo에 발을 들인 것이다. 비록 국경 심사가 없어 실감이 덜하기는 하지만 걸어서 국경을 넘는 경험도 덤으로 즐길 수 있고, 건너갈수록 대성당의 전망이 더 좋으니 끝까지 건너가 보자. 혹시 다리 건너편에서 음료 등 뭔가를 사려거든 슬로바키아는 유로화를 사용하는 점을 잊지 말자.

Data 지도 316p-A **가는 법** 민드센티 광장에서 도보 5분 이내

SPECIAL 1 DAY TOUR 02
다뉴브 벤드

EAT

동굴에서 밥 먹는 기분
칠뢰크 차르더 Csülök Csárda

헝가리어로 칠뢰크는 돼지 발목 부위로 만드는 전통 요리, 차르더는 펍을 의미한다. 칠뢰크 차르더는 헝가리 전통 음식을 파는 펍이다. 겉에서 보기에는 평범한 식당이지만 내부로 들어가면 마치 동굴에 들어온 것처럼 인테리어를 세련되게 꾸며 두었다. 시그니처 메뉴는 다양한 방식으로 조리한 칠뢰크. 그 외에도 구야시 수프와 치르케퍼프리커시, 푸아그라 등 헝가리 전통 음식을 두루 판매한다.

Data 지도 316p-B
가는 법 에스테르곰 대성당에서 도보 5분
주소 Esztergom, Batthyány Lajos u. 9
전화 33-412-420 **운영 시간** 12:00~22:00
가격 칠뢰크 2,890포린트, 구야시 1,980포린트
홈페이지 www.csulokcsarda.hu

© Csülök Csárda

SLEEP

대성당 옆 알뜰 호텔
성 아달베르트 호텔 Szt. Adalbert Hotel

대성당 옆에 있는 성 아달베르트 센터Szent Adalbert Központ라는 교육 기관에 딸린 호텔. 이렇게 이야기하면 유스호스텔처럼 느껴질지 모르겠지만 전혀 부족함 없는 시설과 합리적인 가격으로 에스테르곰에서 인기가 높은 3성급 호텔이다. 싱글룸과 더블룸 모두 객실 공간이 넓지는 않으나 침대가 편안하고 깔끔하며 냉방 시설도 갖추고 있다. 저렴한 가격으로 편안한 호텔에서 숙박하면서 대성당의 야경까지 덤으로 즐길 수 있다.

Data 지도 316p-B **가는 법** 대성당에서 도보 5분
주소 Esztergom, Dózsa György tér 1
전화 33-541-972 **요금** 싱글룸 37유로~, 더블룸 50유로~
홈페이지 www.szentadalbert.hu

Special 1 Day Tour

03

벌러톤 호수
Balaton

'헝가리의 바다'라 불리는 드넓은 호수.
깨끗한 자연을 벗하며 살아가는 사람들, 그들이 지켜 온
오랜 민속 문화, 그리고 정겨운 도시까지 만난다.

SPECIAL 1 DAY TOUR 03
벌러톤 호수

Balaton
GET AROUND

벌러톤 호수는 좌우로 긴 형상을 띈다. 다시 말해, 호수 연안의 도시가 많다. 대부분 호수를 배경 삼아 어업과 농업 또는 관광업으로 성장한 도시들이기에 작은 집이 올망졸망 모인 소도시가 많다. 그 중 '큰 형님' 노릇을 하는 세 곳이 벌러톤퓌레드와 시오포크, 그리고 부다페스트에서 가장 멀어 원데이 투어로는 적절하지 않아 이 책에는 소개하지 않은 케스트헤이Keszthely다. 관광지로 가장 이름 높은 곳은 호수에 툭 튀어나온 티허니 반도. 마침 벌러톤퓌레드와 시오포크는 티허니에서 가깝다. 그래서 부다페스트의 원데이 투어로 벌러톤 호수를 여행한다고 하면 벌러톤퓌레드, 시오포크, 그리고 티허니 세 곳을 먼저 찾게 된다. 이 중 벌러톤퓌레드와 시오포크는 부다페스트 델리 기차역에서 편하게 연결된다.

© www.keszthely.hu

Balaton
ONE FINE DAY

부다페스트에서 벌러톤 호수를 여행한다면 어떤 루트가 최선일까?
여행의 목적이 관광이냐 휴양이냐에 따라 아래와 같이 생각해 볼 수 있다.

1 관광이 목적이라면
당일치기
부다페스트(기차) → 벌러톤퓌레드(버스) → 티허니(유람선) → 벌러톤퓌레드(기차) → 부다페스트

2 휴양이 목적이라면
당일치기
부다페스트(기차) → 벌러톤퓌레드(유람선) → 시오포크(기차) → 부다페스트
1박 2일
[Day 1] 부다페스트(기차) → 벌러톤퓌레드 또는 시오포크
[Day 2] 벌러톤퓌레드 또는 시오포크(기차) → 부다페스트

3 관광과 휴양을 동시에 즐기려면
1박 2일
[Day 1] 부다페스트(기차) → 벌러톤퓌레드
[Day 2] 벌러톤퓌레드(버스) → 티허니(유람선) → 벌러톤퓌레드 또는 시오포크(기차) → 부다페스트

4 관광과 휴양과 나이트라이프까지 동시에 즐기려면
1박 2일
[Day 1] 부다페스트(기차) → 벌러톤퓌레드(버스) → 티허니(유람선) → 시오포크
[Day 2] 시오포크(기차) → 부다페스트

> **Tip** 방문 목적에 휴양이 포함된다면 빡빡하게 시간을 쪼개어 여행하는 것은 적절치 않으니 벌러톤 호수에서 하루 정도 숙박하는 것을 권한다. 유럽에서 소문난 시오포크의 나이트라이프를 한 번 체험해 보고 싶다면 마찬가지로 시오포크에서 하루 숙박이 필요하다.

* 이 책에서는 원데이 투어 여행지로 벌러톤 호수를 소개하고 있지만, 여행지의 성격상 부다페스트를 떠나 벌러톤 호수에서 숙박할 경우의 수까지 고려하여 벌러톤퓌레드와 시오포크의 숙박 업소를 함께 소개하였음을 알린다.

SEE

헝가리의 바다
벌러톤 호수 Balaton | Balaton Lake

화산 활동으로 형성된 부다페스트 서남쪽의 거대한 호수. 헝가리인은 벌러톤을 '헝가리의 바다Magyar tenger'라는 애칭으로 부른다. 바다가 없는 내륙국 헝가리에서 가장 큰 호수임은 물론 중부 유럽 전체를 통틀어도 가장 크고, 기후가 좋고 물이 깨끗해 실제로 바다에서 물놀이하듯 호수에서 레저를 즐기기 때문이다.

벌러톤 호수가 휴양지로 명성을 떨치게 된 것은 19세기부터. 철도 등 교통 환경의 개선으로 부다페스트의 귀족이 벌러톤을 쉽게 찾게 되면서 휴양지로 개발되었다. 호수의 면적은 592㎢. 호수의 북쪽은 오래 전부터 포도와 라벤더 재배가 활성화되어 와인으로 유명하고, 호수의 남쪽은 휴양지의 느낌이 더 강하다. 이 책에 소개된 벌러톤퓌레드가 북쪽, 시오포크가 남쪽의 대표 도시다. 겨울에는 수면이 살짝 얼어붙는다. 따라서 벌러톤 호수의 성수기는 단연 봄부터 가을까지. 특히 여름철에 깨끗한 호수에서 수영을 하거나 배를 타며 시간을 보내다 보면 여느 바다가 부럽지 않은 신나는 휴가를 즐길 수 있다.

Data 지도 324p

 |Plus|

벌러톤 호수 유람선

호수 여행의 꽃은 뭐니 뭐니 해도 유람선! 시원한 바람을 맞으며 호수를 가로지르면 땅에서 바라보는 것과는 전혀 다른 시각의 쾌감을 즐길 수 있다. 뿐만 아니라 벌러톤 호수는 좌우로 길기 때문에 반대편 도시까지 육로로 가려면 먼 길을 돌아가야 하는데, 배를 타고 가로지르면 짧은 시간 안에 갈 수 있어 대중교통으로도 효용 가치가 높다.

유람선 노선
벌러톤 호수 유람선은 모두 버허르트BAHART; Balatoni Hajózási Zrt.에서 운행한다. 크고 작은 대부분의 도시에서 배를 타고 내릴 수 있는데, 노선을 짧게 운행하므로 먼 거리를 갈 때에는 환승 등의 불편이 따른다. 이 책에 소개된 벌러톤퓌레드와 시오포크, 그리고 티허니는 모두 가까운 거리이므로 유람선으로 편하게 연결된다. 버허르트 홈페이지(en.balatonihajozas.hu)에서 전체 노선을 확인할 수 있다.

운행 스케줄
노선마다 차이가 있으나 주로 4월 초부터 10월 말까지 운행하며, 극성수기인 7~8월은 배선 간격도 촘촘해 거의 기다리지 않고 탑승할 수 있다. 날짜별 운행 스케줄 역시 버허르트 홈페이지에서 모두 조회할 수 있다.

티켓 구입 및 요금 (2020년 기준)
선착장 앞에 매표소가 있으며, 현금 또는 신용카드로 구입한다. 배에 오를 때 직원에게 티켓을 보여주면 끝. 이 책에 소개된 도시의 유람선 운임은 다음과 같다.
- 벌러톤퓌레드 → 티허니 1,500포린트
- 벌러톤퓌레드 → 시오포크 1,800포린트
- 티허니 → 벌러톤퓌레드 → 시오포크 2,000포린트

유람선 이용 방법
1층은 냉방을 가동하는 실내, 2층은 지붕이 덮인 실외 갑판이다. 지정석은 없고 빈 좌석에 자유롭게 착석한다. 내릴 때에는 배가 멈춘 뒤 직원의 안내에 따라 하선한다.

시오포크의 매표소

SPECIAL 1 DAY TOUR 03
벌러톤 호수

벌러톤퓌레드
Balatonfüred

벌러톤퓌레드는 인근의 큰 도시 베스프렘Veszprém을 배경으로 성장한 휴양 도시다. 공식적으로 지정된 건 아니지만 '벌러톤 호수 북안의 수도'로 꼽히며, 특히 낚시와 요트로 유명하다. 부다페스트에서 기차로 약 2시간 거리, 요금은 열차 종류마다 차이가 있으나 평균 2,700포린트 안팎이다. 티허니로 가는 버스도 여기서 출발하므로 휴양이든 관광이든 벌러톤 호수에서 반드시 거쳐야 할 관문이다.

PLAN

벌러톤퓌레드의 관광지는 헝가리의 작가 요커이 모르의 기념관 정도가 유일하다. 관광보다는 호수와 항구의 운치를 즐기며 쉬기에 좋다. 벌러톤퓌레드에서 1박을 하며 호수의 풍경도 즐기고 티허니도 여유롭게 관광하면 '휴양지'를 보다 제대로 즐길 수 있다. 기차역에서 항구까지 도보 10~15분 거리, 티허니행 버스도 기차역 앞에서 타고 내린다.

SEE

조각 공원을 보는 듯
항구 Hajóállomás | Harbour

벌러톤퓌레드 여행은 항구 하나로 모든 게 정리된다. 배를 타지 않을 사람도 드넓은 호수를 배경 삼아 깨끗하게 펼쳐진 벌러톤퓌레드 항구에 감탄하며 하염없이 시간을 보내게 될 테니까. 보트와 요트, 페리, 그리고 옛날 스타일의 범선까지 여기저기 정박한 항구 본연의 모습도 쾌적하지만, 항구 주변에 조성된 공원은 더더욱 시원하다. 타고르 산책로 Tagore stny.라 불리는 이 공원은 1926년 인도의 시인 타고르가 휴양차 벌러톤퓌레드를 찾았다가 나무를 심은 장소가 이렇게 발전한 것이다. 하늘이 보이지 않을 정도로 울창한 가로수 아래로 발이 푹푹 빠지며 사각거리는 자갈길은 매우 운치 있고, 군데군데 마치 조각 공원이라 해도 어색하지 않을 만큼 많은 조각과 기념비가 가득하다.

그 중 가장 유명한 것은 어부와 뱃사공의 동상 Halász-Révész Szobor. 이러한 조각과 기념비는 호수를 배경으로 사진 찍는 재미를 더해 주고, 나무 그늘 아래에서 시원하게 쉬다 보면 낚싯대를 들고 한가로이 거니는 현지인의 여유도 닮게 된다. 자갈길이 많은 만큼 슬리퍼나 샌들보다는 운동화 착용을 권장하며, 주변에 풍경 좋은 레스토랑에서 맥주 한잔하며 여유를 즐기는 것도 벌러톤퓌레드 항구가 주는 소소한 즐거움이다.

Data **지도** 328p-D **가는 법** 기차역에서 도보 15분. 항구로 가는 길은 내리막이지만 항구에서 기차역으로 가는 길은 오르막이라 은근히 힘들다.

타고르 산책로의 조형물

타고르 산책로

어부와 뱃사공의 동상

SPECIAL 1 DAY TOUR 03
벌러톤 호수

유명한 문인의 기념관
요커이 모르 기념관 Jókai Mór Emlékház | Jókai Mór Memorial House

19세기 활동한 헝가리의 극작가 요커이 모르가 벌러톤퓌레드에 실제 거주하며 작품을 남긴 저택은 시간이 지나 요커이 모르 기념관이 되었다. 부다페스트 언드라시 거리(190p)에 있는 그의 동상에서, 또는 헝가리 전통 음식을 파는 수많은 레스토랑의 메뉴판에 있는 요커이 콩 수프(105p)에서 그를 만나 보았을 것이다. 그는 유명한 문인임과 동시에 1848년 헝가리 혁명의 지도자로 민족에 지대한 영향을 끼친 위인이기도 하다. 기념관 내부는 그가 실제 거주할 당시의 인테리어를 보존하면서 그의 작품과 생애에 대한 자료를 전시한다.

Data 지도 328p-B
가는 법 항구에서 도보 5분
주소 Balatonfüred, Honvéd u. 1
전화 87-950-876
운영 시간 화~일 10:00~18:00, 월 휴무 요금 성인 1,600포린트, 학생 800포린트
홈페이지 kultura.balatonfured.hu

항구의 인기 레스토랑
벌러톤 레스토랑 Balaton Étterem

벌러톤퓌레드 항구의 공원에 자리 잡은 레스토랑. 위치가 좋아 손님이 많고, 그러면서 가격이 지나치게 과하지 않고 맛도 무난하여 좋은 평가를 받는다. 호수가 보이는 야외 테이블에서 맥주나 아이스크림을 먹으며 잠시 쉬어도 좋고, 구야시 같은 헝가리 전통 요리나 슈니첼 등 대중적인 유럽 스타일의 육류 요리로 배를 채워도 좋다.

Data 지도 328p-B 가는 법 항구에 위치
주소 Balatonfüred, Kisfaludy u. 5 전화 87-785-105
운영 시간 11:00~22:00(비수기 화·수 휴무) 가격 구야시 1,990포린트, 슈니첼 3,290포린트 홈페이지 www.balatonetterem.hu

잉어 필렛 요리

호수에 왔으니 생선 요리를
헐라스케르트 Halászkert

레스토랑 이름을 직역하면 '어부의 정원'이라는 뜻. 벌러톤퓨레드의 레스토랑은 대개 생선 요리를 판매하지만 그중에서도 헐라스케르트는 '이름값'을 하는 곳으로 유명하다. 호수에 온 김에 생선 요리를 먹기로 했다면 가장 먼저 고려할 만한 곳이다. 항구 부근에 있으나 호수가 보이는 위치는 아니어서 전망은 덜하지만 음식의 맛과 질은 전혀 부족하지 않다. 연어, 메기, 잉어 등을 굽고 튀기거나 수프로 만든 다양한 메뉴가 있다. 물론 구야시와 기타 육류 요리도 판매한다.

Data 지도 328p-C
가는 법 항구에서 도보 5분
주소 Balatonfüred, Zákonyi Ferenc u. 3
전화 87-581-055
운영 시간 12:00~23:00
가격 생선 요리 2,200~3,800포린트, 구야시 1,990포린트
홈페이지 www.halaszkert.hu

가성비로 승부하는
햄 앤드 햄 버거바 Ham & Ham Burgerbár

저렴한 가격으로 가볍게 한 끼 해결할 수 있는 햄버거 전문점. 특별히 개성적이거나 맛이 빼어나지는 않지만 저렴한 가격과 20가지 이상의 다양한 햄버거 메뉴로 선택의 폭이 넓고, 햄버거의 주인공인 패티를 손님의 취향에 맞춰 즉석에서 조리하는 것이 장점이다. 기차역에서는 가깝지만 항구와 반대 방향에 있다.

Data 지도 328p-A
가는 법 기차역에서 도보 5분
주소 Balatonfüred, Vasút u. 1
전화 20-503-5682
운영 시간 화~일 11:00~21:00, 월 휴무
가격 햄버거 1,590포린트~
홈페이지 www.ham-hamburgerbar.hu

SLEEP

전망 좋은 올인클루시브 리조트
호텔 마리나 Hotel Marina

서양식 뷔페 위주로 삼시 세끼 제공되고, 호수에 몸을 담글 수 있는 프라이빗 비치와 넓은 휴게 공간을 갖춘, 문자 그대로 휴양지에 딱 어울리는 올인클루시브 리조트. 다누비우스 호텔 그룹에서 운영한다. 벌러톤퓨레드에 몇 없는 고층 건물이므로 상층부 객실에서 호수의 전망이 매우 빼어나다. 냉정히 이야기하여 여느 아파트를 보는 것 같은 투박한 건물과 좁은 객실이 우리가 흔히 생각하는 리조트의 눈높이를 충족시켜 주지는 못하지만, 그 대신 올인클루시브 치고는 가격이 비싸지 않아 가족 단위로 부담 없이 숙박할 수 있다.

Data **지도** 328p-C **가는 법** 기차역 또는 항구에서 도보 10~15분
주소 Balatonfüred, Széchenyi István u. 26
전화 87-889-531 **요금** 더블룸 130유로~
홈페이지 www.danubiushotels.com

친절한 민박, 2020년에 만나요
블리스 빌라 Bliss Villa

휴양지 벌러톤퓨레드에서 호스텔 등 저렴한 숙소를 찾기는 쉽지 않다. 민박 개념의 일부 아파트먼트(빌라)가 호스텔의 대안이 되는데, 블리스 빌라가 대표적이다. 시설이 낡았고 와이파이 신호가 약하며 냉방 시설이 없는 만만치 않은 단점은 있지만, 기차역과 항구의 중간 위치에 있어 양쪽으로의 접근이 편하고 무엇보다 저렴한 가격으로 욕실이 딸린 독립된 방에서 숙박할 수 있다는 큰 장점이 있다.

친절한 주인이 혼자 운영하는 관계로 체크인 시간이 제한적 (14:00~18:00)임을 유념할 것. 단, 2018년 대대적인 보수 공사로 인해 숙박이 제한되고 2020년에 다시 문을 연다고 하니 홈페이지에서 확인이 필요하다.

Data **지도** 328p-A **가는 법** 기차역에서 도보 7분
주소 Balatonfüred, Vörösmarty Mihály u. 2
전화 30-575-0403 **요금** 더블룸 24유로~
홈페이지 www.blissvilla.hu

티허니
Tihany

'벌러톤의 진주'라 불리는 티허니는 호수에서 툭 튀어나온 반도 지형으로 높은 언덕 위 큰 수도원을 중심으로 11세기부터 발전하였다. 특히 수도원의 설립 헌장은 현존하는 가장 오래된 헝가리어 문서로 꼽힐 정도로 헝가리 역사에 중요한 의의를 갖는다. 휴양 위주의 벌러톤 호수에서 관광에 최적화된 장소이기도 하고, 라벤더로 유명해 보라색으로 물든 들판을 볼 수 있다. 수도원 부근 언덕 위에서 내려다보이는 벌러톤 호수의 풍경 역시 놓칠 수 없다.

PLAN

기차가 다니지 않으므로 버스 또는 유람선으로 찾아가야 한다. 모두 벌러톤퓌레드에서 탑승할 수 있다. 다만, 항구는 언덕 아래 있는 관계로 수도원까지 높이 걸어 올라가야 해 배보다는 버스를 권장한다. 벌러톤퓌레드에서 버스로 찾아간 뒤 언덕에서 항구까지 내려와 배를 타고 벌러톤퓌레드 또는 시오포크로 가는 루트가 가장 무난하다. 수도원과 에코 힐, 두 개의 언덕을 연결하는 산책로에서 호수의 전망이 일품이고, 라벤더 박물관도 흥미를 자극한다.

Tip 티허니 대중교통

벌러톤퓌레드 기차역에 있는 버스 터미널에서 티허니행 버스를 타고 수도원 부근 포슈터Posta 정류장에 내린다. 약 15분 정도 소요되며, 가격은 편도 310포린트. 티켓은 기사에게 구입할 수 있다. 이 버스는 티허니 항구에도 정차한다. 만약 배를 타고 티허니에 도착했다면 버스를 타고 수도원으로 이동할 수 있지만, 그럴 바에는 처음부터 버스로 이동하는 게 낫다.

벌러톤퓌레드 버스 터미널

티허니행 버스

티허니 포슈터 정류장

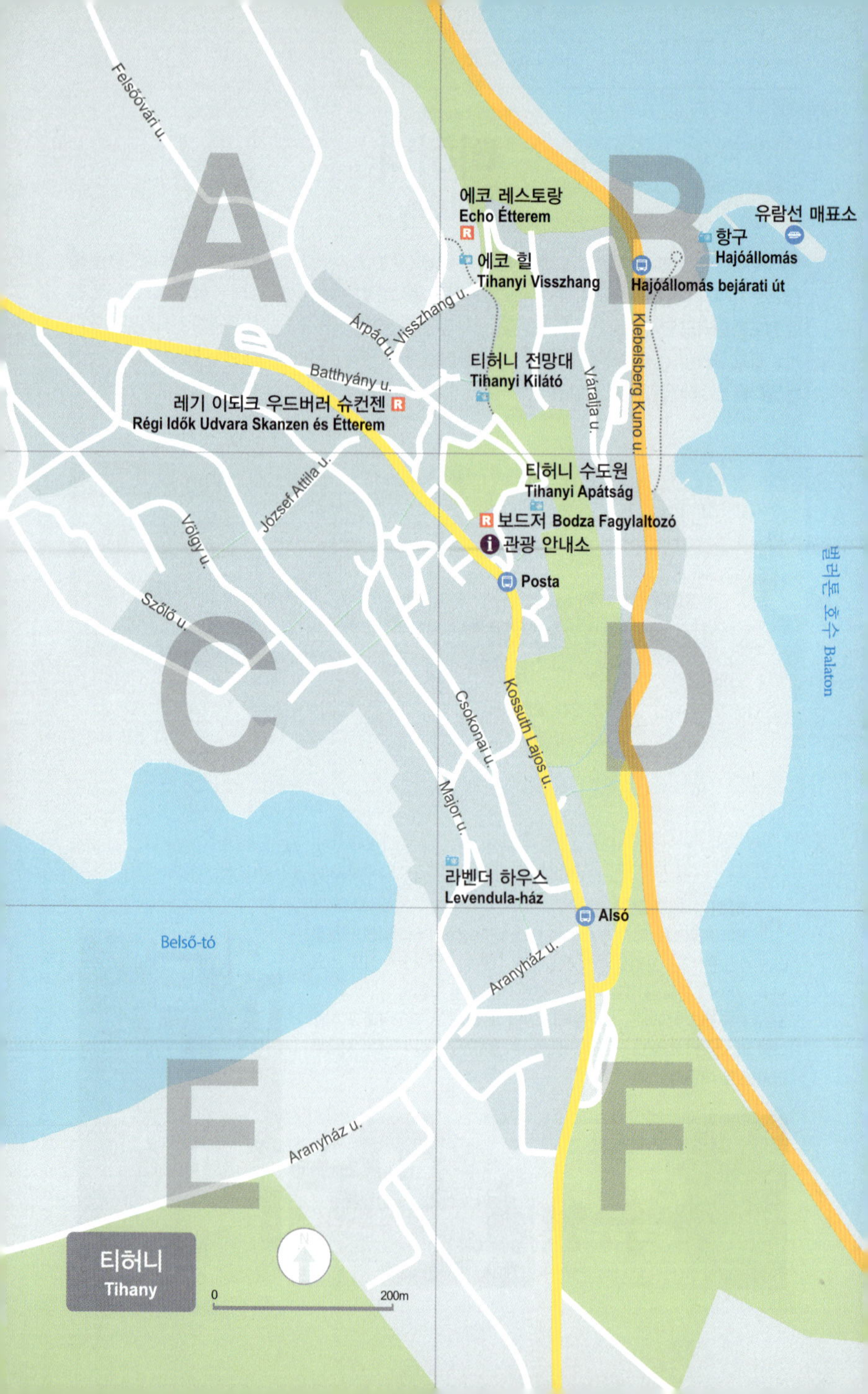

티허니
Tihany
에코 레스토랑
Echo Étterem
에코 힐
Tihanyi Visszhang
유람선 매표소
항구
Hajóállomás
Hajóállomás bejárati út
티허니 전망대
Tihanyi Kilátó
레기 이되크 우드버러 슈컨젠
Régi Idők Udvara Skanzen és Étterem
티허니 수도원
Tihanyi Apátság
보드저 Bodza Fagylaltozó
관광 안내소
Posta
라벤더 하우스
Levendula-ház
Alsó
Belső-tó
벌러톤 호수 Balaton
Felsőóvári u.
Árpád u.
Visszhang u.
Batthyány u.
Váralja u.
Klebelsberg Kuno u.
József Attila u.
Völgy u.
Szőlő u.
Csokonai u.
Kossuth Lajos u.
Major u.
Aranyház u.
Aranyház u.
0
200m

SEE

벌러톤의 진주, 진주의 상징
티허니 수도원 Tihanyi Apátság | Tihany Abbey

티허니 관광의 하이라이트는 티허니 수도원이다. 높은 첨탑으로 하늘을 찌르는 거대한 수도원이 호숫가 언덕 위에 있다 보니 벌러톤퓨레드에서도 보일 정도다. 수도원의 역사는 1055년까지 거슬러 올라간다. 헝가리 왕국의 국왕 언드라시 1세I. András의 명으로 세운 도미니칸 수도원이 1천 년에 육박하는 역사를 지키며 오늘날에 이르고 있다. 바로크 양식으로 재건된 것은 1763년.

수도원 옆에 따로 마련된 매표소에서 입장권을 구입해 수도원 내부로 들어가면 온통 화려하게 장식된 제단과 오르간, 설교단 등이 황금빛을 뽐내고, 천장과 벽을 가리지 않고 화사한 벽화가 온기를 덧입힌다. 지하로 내려가면 수도원의 아버지나 마찬가지인 언드라시 1세의 무덤과 옛 수도원 건물에서 나온 잔해 등을 볼 수 있고, 티허니 지역의 역사와 식생에 얽힌 자료도 전시되어 있어 역사박물관의 역할까지 하는, 그야말로 티허니의 1천 년 역사를 증언하는 산증인이다.

Data 지도 334p-D
가는 법 Posta 정류장에서 도보 5분
주소 Tihany, I. András tér 1
전화 87-538-200
운영 시간 09:00~18:00
(일 11:15~)
요금 성인 800포린트, 학생 600포린트
홈페이지 www.tihanyiapatsag.hu

언드라시 1세의 무덤

티허니에서 가장 높은 곳
에코 힐 Tihanyi Visszhang | Echo of Tihany

티허니에서 가장 해발고도가 높은 최정상 언덕을 에코 힐이라고 부른다. 19세기 초 티허니를 여행한 사람들이 하나같이 언덕 위에서 수도원의 종소리 메아리가 또렷하게 들린다고 이야기하여 '메아리 언덕'이라는 뜻의 에코 힐이라 불린다. 실제로 언덕 위에서 메아리가 유독 잘 들린다는 인상은 받지 못했지만, 어쨌든 메아리가 아니더라도 티허니의 가장 높은 곳에서 호수와 수도원을 바라보며 상쾌한 바람을 즐기는 경험은 충분한 가치가 있다.

Data 지도 334p-B 가는 법 티허니 수도원에서 도보 10분 주소 Tihany, Alsóóvári u. 1

언덕에서 보이는 수도원

사랑스러운 쉼터
티허니 전망대 Tihanyi Kilátó | Tihany Lookout

티허니 수도원과 에코 힐 사이에 전망대 겸 산책로가 있다. 길은 언덕의 지형을 그대로 느낄 수 있게 오르막 내리막이 교차하고, 호수 방면으로 테라스라 해도 될 정도로 깨끗한 전망대를 설치하였으며, 곳곳에 호수가 보이는 벤치를 두어 호수를 바라보며 하염없이 쉬었다 갈 수 있게 하였다. 또한 산뜻한 잔디밭과 나무 사이에 눈에 띄는 조각도 설치되어 있어 목적지를 정하지 않고 마냥 돌아다니며 호수를 배경으로 사진을 찍을 수 있다.

Data 지도 334p-B 가는 법 티허니 수도원과 에코 힐 사이 주소 Tihany, Pisky stny.

보랏빛으로 물들다.
라벤더 하우스 Levendula-ház | Lavender House

티허니의 라벤더는 헝가리쿰(122p)이다. 그만큼 헝가리를 대표하는 아이콘이어서 많은 기념품 가게에서 라벤더 관련 용품을 진열하고 관광객에게 손짓한다. 이런 티허니의 라벤더를 조금 더 자세히 알고 싶다면 라벤더 하우스로 가자. 입장 후 먼저 유럽과 티허니에서의 라벤더의 역사 및 인류와 라벤더의 관계에 대한 동영상(영어)을 보여 주고, 약 30분 분량의 영상이 끝나면 자유롭게 박물관을 관람한다. 박물관의 규모는 크지 않지만 과거에 사용한 농기구 등 민속 자료도 일부 볼 수 있으며, 작은 라벤더숍을 끝으로 관람을 마치게 된다. 박물관 주변은 라벤더 밭이 펼쳐져 있어 티허니의 분주한 관광지에서 벗어나 시골의 평화로운 풍경을 보는 것 같은 여유를 선사한다.

Data **지도** 334p-D **가는 법** Posta 정류장에서 도보 10분 **주소** Tihany, Major u. 67 **전화** 87-538-033 **운영 시간** 3·4·10월 10:00~16:00, 5월 09:00~17:00, 6~8월 09:00~19:00, 9월 10:00~17:00, 11~2월 토·일 10:00~15:00 **요금** 성인 1,200포린트, 학생 1,000포린트 **홈페이지** www.levendulahaz.eu

> **Tip** 수도원 앞 포슈터Posta 정류장에서 라벤더 하우스까지 도보 10분 이내. 거리상으로 가깝지만 복잡한 골목을 이리저리 꺾어 가야 한다. 자세한 루트는 온라인 지도(www.goo.gl/maps/9iJxgx7KyS82)를 참조. 정류장에서 라벤더 하우스까지는 계속 내리막이다. 반대로 다시 정류장이나 수도원까지 가려면 오르막을 쭉 걸어야 한다. 만약 라벤더 하우스를 방문할 계획이라면 벌러톤퓨레드에서 버스 타고 티허니로 갈 때 포슈터 정류장보다 한 정거장 전에 있는 얼쉐Alsó 정류장에서 내리면 편리하다.

SPECIAL 1 DAY TOUR 03
벌러톤 호수

걷는 기분이 좋은 항구
항구 Hajóállomás | Harbour

티허니 항구는 벌러톤퓌레드 등의 휴양지에서 느껴지는 분주함은 덜하다. 유람선이 오갈 때 잠시 분주해졌다가 이내 조용해진다. 물은 정말 깨끗해 바닥까지 들여다보일 정도. 고개를 들면 티허니 수도원이 머리 위에 보인다. 호수를 따라 구불구불한 산책로가 깔끔하게 닦여 있어 유람선 타기 전 10~20분이라도 항구 주변을 걸어 보는 것을 권한다. 조각이나 기념비로 곳곳을 장식하는 것은 티허니 항구 역시 마찬가지. 항구에서 차도를 건너면 에코 힐까지 바로 연결되는 계단 길도 있는데, 걸어서 올라가기에 매우 고되다. 그래서 벌러톤퓌레드에서 티허니로 갈 때에는 버스를 타고, 티허니 관광을 마친 뒤 계단 길로 내려와 항구에서 유람선을 타고 되돌아가는 루트가 이상적이다.

Data 지도 334p-B 가는 법 Hajóállomás Bejárati Út 버스 정류장 하차 또는 에코 힐에서 도보 10분

EAT

가장 독특한 레스토랑
레기 이되크 우드버러 슈컨젠 Régi Idők Udvara Skanzen és Étterem

티허니에 슈컨젠Skanzen이라는 이름의 작은 민속촌이 있다. 그런데 꼭 민속촌에 들르지 않더라도 티허니의 평범한 옛 사람들이 어떤 모습으로 살았을지 짐작케 하는 레스토랑이 있다. 민속촌에서 운영하는 곳인데, 레스토랑을 민속촌의 일부처럼 꾸며 건물과 안뜰, 심지어 접시와 컵까지 무엇 하나 시선을 떼기 어렵다. 부다페스트에서도 이보다 개성 넘치는 독특한 레스토랑은 보지 못했으니 티허니에서 반드시 찾아갈 당위가 있다. 까다로운 발음의 이름은 '슈컨젠의 옛 뜰'이라는 의미. 어디를 둘러봐도 특이한 볼거리가 가득한 레스토랑에서 생선 요리나 소시지 등 가볍게 먹을 수 있는 음식 위주로 먹을 수 있다. 무엇보다 이 집의 '히든카드'는 직접 만든 라벤더 맥주. 독특한 향이 나는 시원한 맥주가 인상적이다.

Data **지도** 334p-A
가는 법 티허니 수도원에서 도보 5분 **주소** Tihany, Batthyány u. 3
전화 70-413-0391
운영 시간 12:00~22:00
가격 요리 2,500~3,500포린트, 라벤더 맥주 900포린트

라벤더 맥주

SPECIAL 1 DAY TOUR 03
벌러톤 호수

호수 전망이 끝내주는 곳
에코 레스토랑 Echo Étterem

에코 힐의 푸근한 정취를 완성시키는 버섯 모양의 건물은 전망 좋은 레스토랑 겸 카페다. 호수 방향의 야외 테라스 자리에서 벌러톤 호수를 바라보며 분위기를 즐길 수 있는 곳으로 인기가 높다. 음식까지 먹는 레스토랑과 음료만 먹는 카페의 영역이 구분되어 있으며, 굳이 따지자면 상층부를 사용하는 레스토랑의 전망이 더 근사하지만 카페에서도 충분히 전망과 분위기를 즐길 수 있다. 가격은 비싼 편이지만 그만큼의 만족을 보장한다. 리소토 등 저렴한 메뉴도 있으나 양이 적은 편이다.

Data 지도 334p-B
가는 법 에코 힐에 위치
주소 Tihany, Viszhangdomb 23
전화 70-946-6687
운영 시간 10:00~22:00
가격 구야시 2,450포린트, 리소토 1,900포린트
홈페이지 www.echoetterem.hu

라벤더 아이스크림도 팝니다
보드저 Bodza Fagylaltozó

버스 정류장에서 티허니 수도원으로 올라가는 길목에 있는 아이스크림 가게. 동화 속에 나올 것 같은 앙증맞은 건물에서 알록달록 아이스크림을 팔고 있어 지나가는 사람의 시선을 끈다. 더운 날 여기서 아이스크림을 사서 천천히 수도원으로 올라가 전망대에서 호수를 바라보고 먹으며 땀을 식힌 뒤 수도원 관람을 시작하면 이보다 좋을 수 없다. 약 10가지 맛의 아이스크림을 파는데, 그중 티허니에 잘 어울리는 라벤더 맛도 있다.

Data 지도 334p-D
가는 법 티허니 수도원 앞
주소 Tihany, Borsos Miklós tér 1
운영 시간 09:30~20:30
가격 아이스크림 250포린트
홈페이지 www.facebook.com/BodzaFagylaltozo

시오포크
Siófok

시오포크는 벌러톤 호수 연안의 도시 중 가장 크다. 그래서 '벌러톤의 수도'로 불린다. 호수 남쪽에 있으며, 부다페스트에서 현지인이 주말에 놀러 오는 휴양지로 가장 유명하다. 특히 젊은 여행자도 많이 찾는데, 그 이유는 헝가리에서 소문난 클럽 문화 때문. 부다페스트에서 기차로 약 1시간 20분 정도 소요되며, 요금은 열차 종류에 따라 다르지만 평균 2,600포린트 안팎이다.

PLAN

휴양지임과 동시에 벌러톤 호수 연안의 가장 큰 도시이기도 하다. 즉, 휴양지의 모습과 주거지의 모습이 혼재되어 다른 도시들과 분위기가 다르다. 번화가는 큰 쇼핑몰과 다양한 레스토랑이 밀집되어 있어 여행하기에 편리한 인프라를 갖추고 있다. 관광 명소는 사실상 급수탑이 전부. 호수와 항구에서 쉬엄쉬엄 놀다가 어두워지면 클럽 문화도 경험해 보자. 항구와 번화가 모두 기차역에서 걸어서 이동할 수 있는 거리에 있다.

시오포크 Siófok
벌러톤 호수 Balaton

호텔 리도 Hotel Lido
플라즈 Plázs
호텔 코르소 Hotel Corso
항구 Hajóállomás
Petőfi stny.
Köztársaság u.
버스 터미널
Vitorlás u.
무스타파 Mustafa
Martírok útja
Batthyány Lajos u.
기차역
Kiss János altábornagy u.
Damjanich u.
Kálmán Imre stny.
Fő u.
로고 위베그 Lógó Üveg Kult Kocsma
급수탑 Víztorony
Tanácsház u.

SPECIAL 1 DAY TOUR 03
벌러톤 호수

SEE

붉은 노을이 함께 하는
항구 Hajóállomás | Harbour

시오포크도 벌러톤퓌레드처럼 관광지보다는 휴양지이므로 관광 명소는 거의 없지만, 마찬가지로 항구 하나로 모든 여행을 정리할 수 있다. 벌러톤 호수 연안에서 규모가 가장 큰 도시인만큼 항구에 정박된 요트나 보트의 수도 훨씬 많고 낚시를 즐기는 현지인도 더 많이 보여 분위기가 매우 활기차다. 항구 주변은 나무가 울창한 공원으로 호수를 바라보며 쉴 수 있는 공간이 아주 많다. 무엇보다, 시오포크 항구는 북서쪽을 향하고 있어 일몰 시간에 맞춰 가면 새빨갛게 물든 항구의 아름다운 풍경에 시간 가는 줄 모른다.

Data 지도 341p-A 가는 법 기차역에서 도보 10분

항구 주변의 공원

|Talk|
시오포크에서 수영하기

항구에서 이어지는 시오포크 호숫가는 마치 해변을 닮은 모래사장과 아이들을 위한 놀이터까지 딸려 수영하기 좋은 장소다. 그런데 아쉽게도 시오포크의 수영 장소는 인근 클럽의 프라이빗 비치로 통제되어 있어 해당 업소의 손님만 이용할 수 있다. 업소에서 설치한 파라솔에 하나 같이 코카콜라 로고가 있어서 '코카콜라 비치Coca-Cola Beach'라는 재미있는 별명이 있다. 만약 클럽 문화를 체험하고 싶다면, 현지에서 가장 유명한 플라지Plázs(주소 Siófok, Petőfi Sétány 3)를 추천한다.

100년 동안 도시의 이정표
급수탑 Víztorony | Water Tower

기차역 부근 시오포크의 번화가 정중앙에 있는 급수탑은, 고층 건물이 거의 없는 시오포크에서 이정표 역할을 한다. 벌라톤 호수의 물을 끌어와 식수로 공급하려는 목적으로 1912년 건설되었으며 1973년까지 급수 역할을 담당하였다. 오늘날 급수탑은 내부에 전망대와 레스토랑, 모바일 체험관이 있는 시민의 문화 공간이다. 급수탑 지층에 관광 안내소가 있고, 바로 옆에 대형 쇼핑몰 시오 플라자Sió Plaza와 여러 레스토랑, 은행 ATM기, 슈퍼마켓 등이 모여 있어 여행 중 반드시 지나게 된다. 벨베데레Belvedere라는 이름의 전망대는 엘리베이터를 타고 올라가 주변 풍경을 360도 파노라마로 볼 수 있는 곳이다.

급수탑 주변은 차량 통행이 통제된 보행자 구역이며 쾌적한 공원도 조성되어 있다. 공원 구석구석 금속 조형물이 설치되어 세련된 모습으로 아늑하게 쉴 수 있는 공간을 마련해 준다. 밤에는 산뜻하게 조명을 밝혀 건물에 낭만을 더한다.

Data 지도 341p-D 가는 법 기차역에서 도보 2분
주소 Siófok, Fő tér 11 전화 30-244-8888
운영 시간 6~9월 09:00~24:00, 10~5월 화~목 · 일 10:00~17:00, 금 10:00~21:00, 토 10:00~22:00, 월 휴무
요금 850포린트 홈페이지 www.viztorony.com

SPECIAL 1 DAY TOUR 03
벌러톤 호수

EAT

호숫가 핫 플레이스
무스타파 Mustafa

그리스식 케밥인 지로스와 피자를 파는 테이크아웃 전문 임비스에서 출발해 지금은 2개의 매장을 항구 부근에 운영하며 스테이크, 생선 튀김, 구야시 수프 등 다양한 요리를 판다. 빈자리를 찾아보기 어려운 핫 플레이스. 지로스는 항구 주변 공원을 산책하는 사람들의 손에 들린 모습도 심심치 않게 보일 정도로 인기가 높다. 2개의 매장은 한 블록 떨어져 있지만 직원이 양쪽에서 음식을 나르는 것을 보아 가격과 메뉴가 통합된 것으로 보인다. 지로스는 2개 세트로, 또는 초대형 사이즈로, 기타 다양한 방식으로 판매하여 고르는 재미가 있다.

Data 지도 341p-C 가는 법 항구에 위치
주소 Siófok, Mártírok útja 9 전화 70-943-8078
운영 시간 09:00~23:55 가격 지로스 750포린트
홈페이지 www.mustafa-restaurant.com

술병이 매달려 있네
로고 위베그 Lógó Üveg Kult Kocsma

번화가의 조용하고 독특한 펍. 그 이름은 '행잉 글라스Hanging Glass', 즉 '매달려 있는 병'의 펍이라는 뜻이다. 실제로 빈 술병을 천장에 가득 매달아 인테리어가 매우 인상적이고, 뒤뜰의 야외 테이블은 색상이 계속 변하는 조명이 있어 분위기가 몽환적이다. 헝가리 보르쇼디 맥주 외에 독일 맥주 3종(에르딩어Erdinger, 쾨스트리처Köstritzer, 비트부르거Bitburger)과 체코 맥주 1종(스타로프라멘Staropramen)의 생맥주와 수많은 세계 맥주를 판매한다. 작은 바에서 직접 주문하여 자유롭게 빈자리에서 마실 수 있고, 몇 가지 스낵을 안주로 주문할 수 있다.

Data 지도 341p-D 가는 법 급수탑 옆
주소 Siófok, Fő u. 55 전화 70-949-3155
운영 시간 월~목 10:00~23:00, 금·토 10:00~02:00, 일 휴무
가격 맥주 790포린트 홈페이지 logouveg.hu

SLEEP

호수가 보이는 가성비 호텔
호텔 리도 Hotel Lido

벌러톤 호수와 바로 연결되는 프라이빗 비치를 가진 호텔. 이렇게 이야기하면 휴양지의 고급 리조트처럼 생각되지만, 객실에서 와이파이 사용이 불가능하고(공용 공간에서만 가능) 24시간 체크인이 불가능한 3성급 호텔이다. 하지만 깨끗하게 관리되는 비치에서 신나게 놀고, 호수가 보이는 객실에서 최고의 전망을 즐길 수 있다. 무엇보다 가격이 저렴해 모든 단점을 상쇄하고도 남는다.

Data 지도 341p-B
가는 법 항구에서 도보 7분
주소 Siófok, Petőfi stny. 11
전화 30-966-6042
요금 더블룸 50유로~
홈페이지 www.siofok-hotel.com

모던한 디자인 호텔
호텔 코르소 Hotel Corso

지층에 유명 샌드위치 프랜차이즈가 있는 아담한 빌라. 겉에서 보기에는 소형 민박집 같지만 내부는 매우 깔끔하고 모던한 디자인의 3성급 호텔이다. 가격도 저렴하고, 엘리베이터는 없지만 에어컨은 있다. 또 일부 객실은 테라스가 있어 시원한 호수 바람을 맞으며 여유 있는 시간을 보낼 수 있다. 단, 소위 '코카콜라 비치'로 불리는 클럽 밀집 지역 부근이라 주말에는 밤 늦게까지 시끄러울 수 있다는 점을 덧붙인다.

Data 지도 341p-B
가는 법 항구에서 도보 7분
주소 Siófok, Petőfi stny. 8
전화 20-248-2780
요금 더블룸 37유로~
홈페이지 www.hotel-corso.hu

여행 준비 컨설팅

누구나 시작은 두렵기 마련. 처음 준비하는 자유 여행이라면, 그리고 그 여행지가
낯선 동유럽이라면, 누구나 막연한 두려움과 어려움을 느끼는 게 당연하다.
하지만 일단 계획과 준비를 시작하면 "어랏, 별 거 아니었네."라며 생각하게 될 것이다.
〈부다페스트 홀리데이〉가 그 준비를 돕고자 한다.

D-90

MISSION 1 여행을 결정하자

---

1. 여행 시즌을 정하자

여름에 갈까, 겨울에 갈까? 휴가철에 갈까, 명절 연휴에 갈까? 유럽 여행은 2박 3일로 다녀올 수 없다. 직장인은 휴가를, 학생은 방학을 이용해야 한다. 따라서 내가 여행할 수 있는 시즌은 내가 길게 시간을 낼 수 있는 시즌이다. 그것이 성수기이든 비수기이든, 저마다의 방법으로 알차게 즐길 수 있는 풍성한 정보를 〈부다페스트 홀리데이〉에 수록하였다.

2. 여행 기간을 정하자

일반적으로 부다페스트만 여행한다면 2~3일, 근교의 다뉴브 벤드나 벌러톤 호수 등 헝가리를 여행하면 길게는 1주일 정도의 기간이 필요하다. 이 책의 「Step 02 – 부다페스트를 그리다」(030p~075p)를 정독하고 대략적인 개념을 확립한 뒤 계획을 세우자. 부다페스트 외에 체코, 오스트리아, 크로아티아 등 동유럽을 함께 여행하고픈 분들을 위해 「부다페스트에서 동유럽 여행」(052p)을 따로 정리해 두었다.

3. 여권을 체크하자

여권의 유효성을 가장 먼저 확인하자. 출국일을 기준으로 여권의 잔여 유효 기간은 6개월 이상 남아있어야 한다. 유효 기간이 남아있어도 이미 사용한 단수여권은 사용할 수 없다. 유효한 여권이 없다면 미리 다시 발급해 두자. 아직 기간이 많이 남았다고 미루면 나중에 시간에 쫓겨 허둥지둥하게 된다.

Notice 이 단계에서 너무 완벽한 계획을 세울 필요는 없다. 부다페스트에서 보고 싶은 것, 하고 싶은 것을 쭉 생각하여 대략 며칠 정도 여행하면 적당할 것인지만 정하자. 혹 여행의 결정이 늦어 90일 미만으로 남았다 하더라도 걱정하지 말자. 남은 일정에 관계없이 다음 단계를 순서대로 진행하면 된다.

D-80

MISSION 2 항공권을 예약하자

대략적인 계획을 세웠다면 이제 항공권부터 예약해야 된다. 저렴한 항공권을 확보하지 못하면 여행 경비가 크게 늘어날 뿐 아니라 항공권을 구하지 못해 여행 자체가 취소될 수도 있으니 모든 준비에 앞서 항공권이 확정되어야 한다.

1. 부다페스트 취항 항공사

LOT폴란드 항공에서 직항을 운행한다. 또한 루프트한자, 에어프랑스, KLM, 핀에어, 아에로플로트 등 수많은 항공사가 1회 환승 루트로 부다페스트 노선을 운행한다.

2. 저렴한 항공권을 구하려면

'손품'을 많이 파는 것 외에는 답이 없다. 각 항공사 홈페이지와 항공권 판매 사이트를 틈틈이 방문해 프로모션 정보를 찾고 가격을 검색한다. 일반적으로 유럽 왕복 항공권은 성수기 기준 100~120만 원, 비수기 기준 70만 원(2019년 환율과 유류할증료 기준)이면 저렴한 편에 속한다.

주요 항공사 홈페이지
- LOT폴란드 항공 www.lot.com
- 루프트한자 www.lufthansa.com
- 에어프랑스 www.airfrance.co.kr
- KLM 항공 www.klm.com
- 핀에어 www.finnair.co.kr
- 아에로플로트 www.aeroflot.com

유명 항공권 사이트
- 하나투어 www.hanatour.com
- 인터파크 www.interpark.com
- 와이페이모어 www.whypaymore.co.kr

항공권 가격 비교 사이트
- 스카이스캐너 www.skyscanner.co.kr

3. 뉴스레터 활용

각 항공사 홈페이지에서 뉴스레터 수신을 신청해 두면 해당 항공사의 프로모션을 이메일로 알려준다. 모든 사이트를 매번 확인하는 것이 매우 번거로우니 뉴스레터를 적극 활용하면 보다 편리하게 정보를 확인할 수 있다는 장점이 있다. 단, 외국 항공사가 보내는 메일은 발신지가 해외이므로 네이버, 다음 등 국내 메일 업체에서 스팸메일로 분류하니 스팸메일함으로 수신된다는 점은 유의하기 바란다.

4. 항공권 주의 사항

여권의 영문 성명과 항공권 탑승자 성명은 반드시 일치해야 하니 예약 시 실수가 없도록 주의하자. 잘못된 성명으로 예약한 경우 추후 변경이 불가능하거나 변경 수수료를 적잖이 부담해야 된다.
항공권 예약 전 요금 규정도 반드시 확인해야 된다. 저렴한 항공권일수록 환불이나 변경이 어렵다. 저렴하다고 해서 서둘러 예약했는데 나중에 여행 계획을 변경해야 되면 항공권 비용만 날리고 새로 예약해야 되는 불상사가 생길 수 있다.

D-70

MISSION 3 예산을 결정하자

내가 쓸 수 있는 예산이 얼마인지 결정할 시간이다. 가장 큰 비중을 차지하는 항공권의 예약이 끝났고, 이제 남은 예산에 따라 숙소나 식사 등 세부적인 여행 계획이 결정되므로 예산을 먼저 체크할 필요가 있다.

1. 필수 예산

항공권, 교통비, 유료 입장료는 절약하고 싶어도 절약하기 어려운 고정 지출 비용이다. 교통비는 크게 시내 대중교통과 근교 교통으로 나눌 수 있으며, 도시가 넓기 때문에 시내 대중교통 이용은 필수라고 보아야 한다. 대중교통 티켓의 종류와 요금(055p)을 참조. 부다페스트만 여행할 경우 부다페스트 카드(060p)로, 기차로 근교를 여행할 경우 유레일패스(051p)로 비용을 절감할 수 있다.

2. 조절 가능 예산

숙박비와 식비는 예산에 따라 조절이 가능하다. 다행히 부다페스트는 물가가 저렴한 편이라 숙식에 드는 돈이 적은 편에 속한다. 예산이 부족하면 저렴한 호스텔에 숙박하거나 식사를 간단히 해결하고, 예산이 넉넉하면 하루쯤은 고급 호텔에서 호사를 부려보거나 미슐랭 스타 레스토랑에서 분위기 있는 식사를 즐길 수도 있을 것이다.

3. 1일 평균 지출

절약하며 먹고 호스텔에서 자면, 최대한 절약할 수 있는 하루 평균 지출액은 4~5만원. 하지만 매일 이렇게 여행하기란 무리이므로 일반적으로 하루 예산은 호스텔 숙박 시 6~7만원, 저렴한 호텔 숙박 시 12~15만원이 적당하다.

4. 기타

그 외에 세면용품이나 옷 등 여행에 필요한 물품을 구매하거나 기념품 또는 선물을 살 예산도 필요하다. 부다페스트에서 온천을 즐기거나 유람선을 타려면 예산이 더 필요하지만 그만큼 여행의 만족도가 높아진다.

D-50
MISSION 4 여행 계획을 완성하자

이제 여행 일정도 정했고 예산도 정했으니 여행 계획을 완성할 수 있다. 나중에 계획이 변경될 수도 있지만 일단 계획을 완성해야 그에 맞추어 숙소를 예약할 수 있으니 50~60일 전 한 번 계획을 완성시켜 보자.

1. 여행 정보의 수집

어디를 갈 것인지 대략적으로 정해야 그에 맞춘 여행 계획의 수립이 가능하다. 이 책의 「Step 01 -부다페스트를 꿈꾸다」(016p~029p), 「Step 03-부다페스트를 즐기다」(076p~101p)를 살펴보면 부다페스트가 어떤 곳인지, 부다페스트에서 무얼 보아야 하는지, 부다페스트를 어떻게 즐겨야 하는지, 감을 잡을 수 있을 것이다.

마음에 드는 장소는 인터넷 검색을 통해 좀 더 자세한 내용을 찾아보아도 도움이 된다. 지면 관계상 미처 수록할 수 없는 사진과 내용들이 있는데, 인터넷에 퍼진 정보를 취합하여 부족한 부분을 보충할 수 있다.

2. 부다페스트 지도와 친해지자

이 책에 수록된 부다페스트 전도 또는 구글맵(maps.google.co.kr) 등 글로벌 지도 서비스를 틈틈이 들여다보자. 페슈트 지구와 부더 지구가 어디인지, 세 개의 기차역은 어디에 있는지, 부더 지구의 전망대는 어디에 있는지, 대략적으로 위치를 파악하다보면 동선을 결정하는 데에 큰 도움이 된다.

특히 구글맵 내비게이션 기능은 A 지점에서 B 지점까지 가는 방법도 알려 준다. 걸어서 갈 때, 대중교통으로 갈 때, 자동차로 갈 때의 최적의 루트와 그 소요 시간까지 알 수 있다.

3. 관광청을 활용하자

부다페스트관광청(www.budapestinfo.hu)과 헝가리관광청(www.hellohungary.com) 사이트에서 영어로 작성된 많은 여행 정보를 확인할 수 있다. 헝가리 관광청은 몇 해 전까지 한국어 페이지를 지원하였으나 최근 삭제된 것이 안타깝다.

이상을 바탕으로 일별 계획을 정리해 본다. 이 책의 「부다페스트 2박 3일 기본 코스」(064p)를 참고하여, 이와 같은 식으로 오전부터 저녁까지 대략적인 계획을 짜보자. 지금 단계에서의 계획이 완벽할 수도 없고 완벽하지 않아도 된다. 자신이 이 날 어디를 가고 어떻게 시간을 보낼 것인지, 식사는 어느 지역에서 하게 될 것인지, 대략적인 그림을 그리기 위한 정도의 계획만 완성해도 충분하다.

D-45
MISSION 5 숙소를 예약하자

계획이 완성되었다면 그에 맞추어 숙소를 예약한다. 숙소 예약을 일찍 할수록 요금이 저렴하지는 않지만, 숙소를 미리 확보해 두지 않았다가 나중에 원하는 숙소를 구하지 못할 경우 여행 계획을 다시 세워야 하는 불상사가 생길 수 있으니 예약을 미룰 이유는 없다.

1. 숙소 위치 선정
한인 민박을 포함하여 부다페스트에 어떤 숙박업소가 있는지, 위치별로 어떤 여행 전략의 수립이 가능한지, 「Step 06 부다페스트에서 자다」(134p~149p)에 자세하게 정리되어 있다. 내 예산에 맞추어 호텔이나 호스텔 또는 한인 민박 중 어디서 잘 것인지 결정한 다음 어느 지역에서 숙박할 것인지 위치를 결정한다.

2. 숙소 테마 결정
'유럽 3대 야경'으로 꼽히는 부다페스트의 아름다운 야경이 보이는 전망 좋은 호텔도 있고, 영화 〈그랜드 부다페스트 호텔〉의 모티브가 된 호텔 등 100년 이상의 역사를 가진 유서 깊은 호텔도 있으며, 온천으로 유명한 부다페스트에 어울리는 스파 호텔도 있다. 위치를 결정했다면, 이번에는 어떤 호텔에 숙박할 것인지 테마도 결정하자. 부다페스트는 호텔에서 잠만 자는 게 아니라 호텔에서 잠을 자는 행위 자체가 여행의 특별한 기억으로 남게 될 옵션이 많다.

3. 현지에서 예약하려면
당일 숙박업소에 바로 찾아가 투숙하는 것도 물론 가능하다. 꽉 짜인 계획보다는 그 날의 날씨와 분위기에 따라 즉흥적으로 여행하는 '자유로운 영혼'을 가진 여행자라면 숙소를 미리 정하는 것이 걸림돌이 될 수 있다. 성수기만 아니라면 얼마든지 시도해 보아도 무방하다. 한편 낡은 건물을 개조한 호텔의 경우 설비가 전반적으로 노후하므로 예민한 여행자라면 직접 눈으로 보고 숙박을 결정하는 것이 좋을 수 있다.

D-30
MISSION 6 환전 및 카드를 준비하자

항공권과 숙박 예약이 끝났다면 이제 목돈이 들어갈 일은 다 끝난 것이다. 식비, 대중교통비, 유료 입장료 등 기본적인 경비의 지출만 남은 것이니 그에 맞추어 환전을 준비하면 된다. 이 단계는 꼭 30일 전에 해야 하는 것은 아니고, 환율의 변동 추이를 보며 더 일찍 또는 더 늦게 해도 된다. 하지만 이 또한 미루다 보면 나중에 출발에 임박하여 서둘러 환전해야 하는 번거로움이 발생할 수 있으니 여유 있게 준비를 마치고 남은 기간 동안 여행의 설렘만 즐기시기를!

1. 환전 방법
한국에서 포린트화 환전이 불가능하지는 않지만 편하지도 않다. 유로로 환전한 뒤 부다페스트 현지에서 포린트로 환전하거나 은행 ATM기에서 포린트를 인출하는 게 무난한 방법. 이에 대한 자세한 내용은 「부다페스트 여행 체크리스트」(038p)에 정리해 두었다.

2. 현금과 카드의 분산
여행 중 현금을 지나치게 많이 들고 다니는 것은 소매치기의 타깃이 되어 위험하다. 따라서 현금 사용은 최소화하고 신용카드나 체크카드를 적극적으로 사용하는 것이 좋다. 물론 카드 사용이 불가능한 곳도 있으니 현금 없이 여행하는 것도 불가능하다. 즉, 현금과 카드를 분산 사용하는 것이 가장 좋고, 숙박비 결제나 쇼핑 등 한 번에 큰 금액을 쓸 때는 카드 사용 위주로, 슈퍼마켓이나 관광지 입장료 등 적은 금액을 쓸 때는 현금 사용 위주로 고려하자.
신용카드와 체크카드 모두 VISA 또는 MASTER 등 해외 결제가 가능한 카드만 사용할 수 있다. 첫 해외여행이라면 내 카드의 해외 결제가 차단되지 않았는지, 해외 결제 한도액이 얼마인지 미리 확인하고 출국하면 더욱 좋다.

3. 환율의 이해
현금 환전이나 카드 사용 시 알아 두면 도움이 되는 토막 상식. 흔히 포털 사이트나 스마트폰으로 환율을 조회할 때 나오는 금액은 '기준 환율'이고, 환율을 자세히 들여다보면 현찰 살 때와 팔 때, 송금 보낼 때와 받을 때 등 여러 환율을 확인할 수 있다.
한국에서 현금으로 환전할 때 적용되는 것은 '현찰 살 때', 해외에서 카드를 사용하거나 ATM기에서 인출할 때 적용되는 것은 '송금 보낼 때' 환율이다.

D-20
MISSION 7 계획을 최종 검토하자

준비는 사실상 다 끝났다. 뿐만 아니라 그동안 여행을 준비하면서 분명히 부다페스트와 많이 친해졌을 것이다. 이제 자신의 계획을 다시 한 번 점검하자. 혹시 내가 놓친 것은 없는지 체크하고, 하루에 너무 많은 곳을 돌아다니는 건 아닌지 계획의 현실성을 냉정히 검토하고, 항공권이나 숙소 등 예약한 것의 날짜 오류가 없는지 확인한다.

1. 준비 시작
지금부터는 쇼핑의 시간. 가방이나 옷 등 여행에 필요한 것 중 새로 사야할 것을 열심히 구매할 타이밍이다. 여행에 필요한 것은 다음 단계 「MISSION 8 - 짐을 꾸리자」에 정리해둔 것을 기본으로 하여 자신의 스타일에 맞게 결정하면 된다.

2. 증명서 발급
국제학생증, 국제운전면허증, 유스호스텔 회원증 등 현지에서 필요한 각종 증명서를 발급한다. 현지에서 렌터카 운전을 하려면 국제운전면허증은 필수. 그런데 부다페스트의 많은 관광지는 유럽연합 거주 학생만 할인해 주므로 국제학생증이 있어도 할인을 받지 못하는 경우가 많다.

3. 여행자보험 가입
여행자보험은 필수가 아닌 선택. 하지만 비용이 크게 부담되지 않으므로 가급적 가입하는 것을 권장한다. 현지에서 사고나 질병으로 병원, 약국을 이용할 때 그 비용을 나중에 보험사를 통해 지급받을 수 있다. 가급적 그런 일은 없어야겠으나 만약 사고를 당해 병원에 입원하여 진료를 받게 되면 그 진료비가 천문학적이므로 여행자보험을 들어 두는 것이 좋다.

대부분의 보험사에서 가입할 수 있고, 인터넷으로 가입하는 다이렉트 여행자보험도 있다. 인터넷 검색으로 쉽게 정보를 얻을 수 있다.

D-7
MISSION 8 짐을 꾸리자

일반적으로 출발 1~2일 전에 짐을 꾸리지만 필자는 1주일 전에 짐을 한 번 꾸려 보라고 권장한다. 아무리 완벽하게 준비한다고 해도 막상 짐을 꾸리다 보면 꼭 빠진 게 한두 가지 나온다. 빠진 물건을 새로 구입해야 할 시간적 여유까지 고려하여 1주일 전에 최종 리허설을 해본다.

1. 항공사 수하물 규정 확인

아무리 똑똑하게 짐을 꾸려도 항공사 수하물 규정에 어긋나면 아무 소용없다. 예약한 항공사의 수하물 규정을 먼저 확인해 두자. 수하물은 크게 위탁수하물(짐칸으로 부치는 짐)과 기내수하물(비행기에 들고 타는 짐)로 나뉜다.

2. 여행 필수품

저자도 짐을 꾸릴 때마다 빠진 것이 없는지 몇 번씩 확인하지만 찜찜한 마음이 든다. 그럴 때마다 항상 "여권과 돈만 챙기면 어쨌든 여행은 할 수 있다"는 결론을 내리고 마음의 짐을 덜어낸다. 실제로 필수품은 여권과 돈이 전부다. 나머지는 모두 선택. 게다가 빠진 것이 있다면 현지에서 구입해도 되니 '혹시 빠진 것이 없는지' 너무 스트레스 받지 말기 바란다.

3. 기본 준비물

■ 옷 : 「부다페스트 연중 기후」(059p)를 참고해 계절에 맞는 옷을 고른다. 온천을 즐기려면 수영복과 수영모 등 관련 용품을 함께 챙기자. 클래식 공연 관람 정도를 제외하면 특별히 '드레스 코드'를 갖출 일은 없으니 자유롭게 취향대로 입어도 된다.

■ 신발 : 많이 걸어야 하니 무조건 편한 신발이어야 한다. 여름에도 샌들보다는 운동화가 좋다. 숙박업소의 객실에서 사용할 슬리퍼도 필요한데, 일회용 슬리퍼를 가져가서 다 쓰고 버리고 오면 간편하다.

■ 가방 : 엘리베이터나 에스컬레이터가 없는 장소가 많기 때문에 캐리어보다 배낭이 편리하지만 개인의 취향과 선호에 따라 결정하면 된다. 큰 짐은 주로 숙소에 두고 귀중품과 휴대품만 챙겨 여행하게 되므로 이 때 사용할 작은 크로스백을 챙기자. 소매치기의 타깃이 될 수 있으니 튼튼한 재질일수록 좋다.

■ 지갑 : 소매치기를 만나지 말아야겠지만 만약의 경우를 대비하여 현금은 분산 보관해야 된다. 그에 맞추어 지갑을 준비하자. 유로화 사용 시 거스름돈으로 동전이 엄청나게 쌓이므로 동전지갑도 있다면 훨씬 편리하다.

■ 복대 : 소매치기로부터 가장 안전하게 귀중품을 보관하는 것은 복대다. 복대가 옷 밖으로 나오면 무용지물. 바지 속으로 넣을 수 있을 얇은 제품을 권장한다. 복대는 매우 귀찮고 번거로울 것이다. 하지만 가장 안전하다. 결정에 참고하기 바란다.

■ 세면용품 : 호텔 투숙 시에도 칫솔과 치약은 제공되지 않는 편이다. 호스텔 투숙 시에는 수건과 샴푸, 비누도 제공되지 않을 수 있다. 세면용품은 빠트리지 말고 챙기도록 하자. 기타 개인별로 필요한 위생용품 역시 마찬가지다.

D-7

MISSION 8 짐을 꾸리자

- **화장품** : 너무 많은 짐은 여행의 장애물. 꼭 필요한 최소한의 화장품만 챙기는 것이 좋고, 큰 병보다는 작은 샘플병에 덜어 여행 기간 중 필요한 만큼만 가져가면 더욱 좋다. 여름에 여행할 때에는 선크림과 데오드란트 제품도 유용하다.
- **카메라** : SD카드 등 메모리는 현지에서도 구입이 가능하지만 미리 충분히 챙겨두면 더 편리하다.
- **충전기** : 헝가리는 한국과 똑같은 '돼지코' 모양의 콘센트를 사용하며 전압은 230v다. 따라서 대부분의 충전기는 별도의 어댑터나 변압기 없이 사용할 수 있다. 호스텔 투숙 시 콘센트가 충분치 않을 수 있으니 만약 스마트폰이나 카메라, 보조 배터리 등 여러 제품을 충전하고자 하면 멀티탭도 가져가는 것이 좋다.
- **자물쇠** : 호스텔 투숙 시 객실의 사물함을 이용하려면 자물쇠는 직접 지참해야 된다. 호스텔마다 사물함의 규격이 다르니 너무 두껍고 튼튼한 것보다는 적당한 사이즈로 챙기자.
- **상비약** : 진통제, 감기약, 멀미약, 복통약 등 일반 상비약을 가지고 가면 좋다.
- **여권 사진** : 해외에서 여권을 분실할 경우 재발급을 위해 여권 사본과 여권 사진을 가지고 있으면 큰 도움이 된다.

4. 액체류 주의 사항

비행기를 탈 때 액체류는 개별용량 100ml 이하의 것만 1리터 이하의 비닐팩에 넣어야 기내반입이 가능하다. 위탁수하물은 따로 제한이 없으니 액체류는 모두 위탁수하물로 부친다고 생각하자. 샴푸, 로션, 치약 등이 여기 해당된다. 아울러 액체류 중에서도 가연성 스프레이는 위탁수하물로도 부칠 수 없음을 주의할 것.

5. 프린트 주의 사항

항공권 e-ticket은 출력하여 지참하는 것이 좋다. 또한 기차나 고속버스 등 교통편 티켓을 예약했다면 이 또한 출력해야 된다. 호텔 바우처는 굳이 출력하지 않아도 관계없다. 현지에서는 프린터 이용도 만만치 않으니 출력할 것은 모두 한국에서 준비를 끝내는 편이 좋다.

MISSION 9 부다페스트로 떠나자

인천공항에서 출국

1. 면세품 수령 등의 변수를 고려하지 않았을 때 출발 2시간 전까지 공항에 도착해야 여유롭다. 1터미널과 2터미널 중 어디서 수속하는지 확실히 확인해 두자. 일단 탑승할 항공사 카운터를 찾아가 수속하고, 위탁수하물을 부치고 보딩 패스 Boarding Pass를 받는다. 환전, 여행자보험 가입, 이통사 로밍 차단, 출국 세관 신고 등 출국 전 할 일이 있다면 입국장에 들어가기 전까지 모두 마무리해야 된다.
2. 입국장에 들어가 보안 검색과 출국 심사를 받는다.
3. 출국 심사를 받고 면세 구역으로 들어간다. 인터넷 면세점이나 시내 면세점에서 구매한 물품이 있다면 여기서 수령하고, 공항 면세점 쇼핑도 가능하다. 보딩 패스에 탑승 시간이 적혀 있으니 그 시간에 늦지 않게 탑승 게이트로 이동한다.
4. 탑승 게이트에서 기다리다가 탑승이 시작되면 비행기에 오른다. 휴대폰 전원은 미리 꺼두는 센스는 기본. 이제 한국을 떠나 부다페스트로 간다.

부다페스트 공항에서 입국

직항이 없으므로 어딘가에서 환승하여 부다페스트에 도착했을 것이다. 환승지가 솅엔조약 가입국이면 환승지에서 입국심사를 받고, 환승지가 영국 등 솅엔조약 비가입국이거나 유럽이 아닌 경우 부다페스트에서 입국 심사를 받는다.
특별한 언급이 없는 이상 수하물은 최종 목적지 부다페스트에서 찾는다. 'Baggage claims' 표지판을 따라가면 위탁수하물을 찾는 곳이 나온다. 자신의 짐이 나오면 수취하여 공항 밖으로 나간다. 출구는 녹색과 적색 두 가지인데, 세관에 신고할 것이 없으면 녹색 출구로, 신고할 것이 있으면 적색 출구로 나간다.

헝가리 세관 신고 규정

술 1리터, 담배 1보루, 헝가리에서 선물로 주거나 판매할 목적의 일반 공산품 430유로어치를 초과 지참하여 헝가리에 입국할 경우 세관 신고가 필요하다. 적색 출구로 나가면 세관신고대로 연결되며, 세관신고서는 거기서 작성한다. 녹색 출구로 나가는 여행자 중 무작위로 지목하여 검사할 수 있으며, 신고할 것이 있음에도 불구하고 신고하지 않고 녹색 출구로 나가다가 적발된 경우 벌금을 부과한다. 세관에 신고할 것이 없다면 부다페스트 입국 시 작성할 출입국신고서 등의 서류는 없다.

> **Tip 자동 출입국 심사**
> 언제나 긴 출국 심사 줄에 지쳤다면 자동 출입국 심사 서비스를 이용하자. 만 19세 이상 대한민국 여권 소지자라면 사전 등록 없이 바로 이용할 수 있다. 만 7~18세 또는 인적 사항이 변경되었거나 주민등록증을 발급받은 지 30년이 지난 경우에는 여권과 얼굴 사진을 지참하고 등록 센터(1터미널 3층 체크인 카운터 G구역 앞, 2터미널 2층 정부 종합 행정 센터)에서 사전 등록을 해야 한다. 등록 센터는 두 곳 모두 07:00~19:00까지 운영한다.
> **Data** 자동출입국심사서비스 www.ses.go.kr

꼭 알아야 할 부다페스트 필수 정보

아무리 급해도 이것만은 꼭 알고 갑시다. 한눈에 보는 부다페스트 기본 상식.

시차	한국보다 8시간 느리다(서머타임 기간에는 7시간 느림).
언어	헝가리어. 부다페스트와 같은 대도시에서는 영어도 곧잘 통하는 편이다.
인구	약 180만 명
종교	국교 로마 가톨릭
기후	연교차가 큰 대륙성 기후로 여름 평균 26도, 겨울 평균 영하 2도이다. 부다페스트를 여행하기에는 봄과 가을이 가장 좋은 시기이다.
통화	1포린트(HUF) = 4.00원, 1,000포린트 = 3.1유로. 한국에서 포린트를 환전하기 힘들기 때문에 국내에서 유로를 환전해 부다페스트에서 환전하는 것이 가장 좋은 방법이다.
전압	230V, 50Hz. 따로 한국에서 어댑터를 준비해 갈 필요는 없다.
전화	국가번호 36, 부다페스트 지역번호 1
비자	헝가리는 셍엔 조약국으로 90일 내라면 무비자로 체류 가능하다.

유용한 전화번호

헝가리 대한민국 대사관

근무 시간	월~목 09:00~17:00, 금 09:00~16:00, 점심시간 12:00~13:30
전화	1-462-3080(근무 시간) 30-550-9922(근무 시간 외 긴급한 사건, 사고)
홈페이지	overseas.mofa.go.kr/hu-ko/index.do

대한민국 외교부 영사콜센터

근무 시간	24시간
전화	(+82)2-3210-0404(해외에서 이용 시) 02-3210-0404(한국에서 이용 시)

INDEX

SEE

1956 혁명 기념비	198
1956년 헝가리 혁명 기념관	161
3월 15일 광장(부다페스트)	170
3월 15일 광장(바츠)	305
개선문	309
겔레르트 온천	083, 259
공포의 집	095, 192
괴될뢰 왕궁	227
국립 극장	225
국립 미술관	252
국립 박물관	218
국립 오페라 극장	191
국회의사당	158
군사 역사박물관	257
급수탑(머르기트섬)	282
급수탑(시오포크)	343
너지 임레 동상	172
네흐루 파르트	223
다뉴브 강변의 신발	163
다뉴브 산책로	169
대성당	308
델리 론델라	251
도로원표	248
도심 교구 교회	170
도하니 거리 시너고그	220
독립 전쟁 기념비	253
동굴 성당	259
라벤더 하우스	337
라피다리움	161
루더시 온천	083, 258
루카치 온천	083, 284
루트비히 박물관	224
리스트 박물관	192
마리 발레리 다리	321
마차시 분수	251
마차시 성당	255
머르기트 다리	159, 283
머르기트섬	282
메멘토 공원	264
메멘토 모리	306
뮈처르노크	195
뮈퍼	224
미니버숨	193
민드센티 광장	320
민족 박물관	162
바사렐리 미술관	281
버르체이 박물관	293
버이더후녀드성	197
버차니 광장	159, 262
벌러톤 호수	326
뵈뢰슈머르티 광장	165
부다페스트 갤러리	281
부다페스트 미술관	195
부다페스트 아이	169
부다페스트 역사박물관	252
부더 타워	256
부더성	250
부더성 정원	253
부더성 터널	249
블러고베스텐스커 성당	294
비셰그라드성	312
산도르 궁전	249
서모시 초콜릿 박물관	172
서버드샤그 광장	171
서버드샤그 다리	223
성 야노시 성당	295
성 언너 성당	307
성 이슈트반 대성당	166
성모마리아 성당	307
세체니 다리	164
세체니 온천	082, 199
세체니 이슈트반 광장	165
센텐드레 미술관	292
설러몬 타워	313
쇠테트커푸	318
시민 공원	196
시타델	260
아모시 임레 & 언너 머르기트 기념관	293
아쿠인쿰 박물관	278
암굴 병원	257
어부의 요새	159, 254
언드라시 거리	089, 190
에르제베트 다리	258
에스테르곰 대성당	317
에스테르곰성	319
에코 힐	336
오부더 박물관	279
오부더섬	283
오이겐 공의 기마상	251
왕궁	314

INDEX

요카이 모르 기념관	330
유람선	159
응용 미술 박물관	221
자유의 여신상	260
주교궁	306
중앙 시장	222
즈바크 우니쿰 박물관	226
지구라트	225
지하철 박물관	168
초벨 벨러 박물관	293
칼빈 광장	220
코다이 졸탄 기념관	193
코바치 머르기트 도자기 박물관	293
코슈트 광장	160
코퍼시 가트	263
크리스천 박물관	320
크메티 박물관	293
투롤	251
티허니 수도원	335
티허니 전망대	336
파노라마 타워	167
펄러토 지구	219
페렌치 박물관	292
푀 광장(오부더)	280
푀 광장(센텐드레)	294
플로리안 광장	279
항구(벌러톤퓌레드)	329
항구(시오포크)	342
항구(티허니)	338
헝가리 관광 산업 박물관	281
호프 페렌츠 미술관	193
홀로코스트 메모리얼 센터	221
회쇠크 광장	194

EAT

21 헝가리안 키친	265
360 바	204
군델	200
뉴욕 카페	233
더 포인터 펍	178
레기 이되크 우드버러 슈컨젠	339
레베시 조르시에테렘	229
로고 위베그	344
루스부름	266
맥도날드 뉴거티	204
멘자	202
몰나르의 굴뚝빵	178
무스타파	344
미트 부티크	268
미트올로지	201
발저 카페	266
버거 앤드 프렌즈	296
버크버리우	201
벌러톤 레스타랑	330
보드저	340
보르코니허 와인키친	113, 175
뵈뢰시 포슈터코치 레스타랑	228
부다페스트 비스트로	177
비빔밥 팔라	267
서모시 무제움 추크라스더	297
서울의 집	267
스트리트 푸드 캐러밴	231
심플러 케르트	232
아스토리아 카페	234
앰버스 프렌치 베이커리 앤드 카페	228
에코 레스토랑	340
엘쇠 페슈티 레테스하즈	176
오닉스	113, 174
제이미스 이탈리안	265
첸트랄 카페	234
칠뢰크 차르더	322
칠리스 버거	229
카페 제르보	111, 174
컴 셰 스와	177
케흘리	285
코로너 레스토랑	296
코스테스 다운타운	113, 175
틸퇴	231
파울라너	268
페슈티 디스노	203
포 세일 펍	230
피지차	203
햄 앤드 햄 버거바	331
힐라스케르트	331
헝가리쿰 비스트로	173
헝그리?	176

SLEEP

12 레버이 호텔	145, 207
SOUS44 호텔	145, 237
겔레르트 호텔	143, 269
그레거슨 아트 포인트 호스텔	146, 241
그레샴 팰리스 호텔	142, 180
노보텔 다뉴브	142, 271
노보텔 센트룸	237
뉴욕 팰리스 호텔	236
더 매거진 호텔	145, 181
리츠칼튼 호텔	179
마르마라 호텔	211
부다 바 호텔	144, 181
부다민박	149
브리스톨 호텔	235
블리스 빌라	332
성 아달베르트 호텔	322
아스토리아 호텔	144, 238
아트오텔	271
애비뉴 호스텔	147, 209
액티비티 호스텔	210
에센셜 호스텔	182
오페라 호텔	206
움밧 호스텔	147, 208
유로 부다페스트	149, 183
이지 호텔	207
좋은가부다	149, 239
최고집민박	149
코르비누스 호텔	143, 179
코린티아 호텔	143, 205
팔스 미니 호스텔	210
팔스 호스텔	146, 182
페슈트 부더 호텔	144, 270
풀 문 호스텔	146, 211
프레이저 레지던스	241
플로우 호스텔	240
헝가리아 호텔	235
호텔 리도	345
호텔 마리나	332
호텔 모멘츠	206
호텔 코르소	345
힐튼 호텔	142, 270
힙스터 호스텔	147, 240

BUY

MOM 파크	126
다운타운 마켓	129
데엠	131
레헬 마켓	129
로스만	131
멈무트 몰	126
뮐러	131
바치 거리	127
아레나 몰	126
언드라시 거리	127
에체리 마켓	129
웨스트엔드	126
중앙 시장	128
코르빈 플라자	126
패션 스트리트	127

"당신의 여행 컬러는?"

MEMO